Weltweit stammt jede zweite verkaufte Kamera, jede dritte Klimaanlage und jeder vierte Fernseher aus dem Reich der Mitte. Ob beim Einkaufen oder beim Tanken: Die Konsequenzen des wirtschaftlichen Aufstiegs Chinas werden enorm und direkt spürbar sein. Und das ist erst der Anfang: Die Volksrepublik ist auf dem Weg zu einer Weltmacht, erst wirtschaftlich, dann politisch und militärisch. In Europa, USA und Japan werden De-Industrialisierung und damit die Massenarbeitslosigkeit sowie die Umweltverschmutzung weiter voranschreiten. Die Preise auf den Weltmärkten, ob für Öl oder andere Rohstoffe, werden explodieren. Ob Verbraucher, Arbeitnehmer oder Manager – wir werden alle die Auswirkungen des chinesischen Wirtschaftsbooms noch sehr viel stärker zu spüren bekommen, als es bisher schon der Fall ist.

Wolfgang Hirn, geboren 1954, studierte Volkswirtschaftslehre und Politische Wissenschaften in Tübingen. Danach arbeitete er als Wirtschaftsredakteur für den »Kölner Stadtanzeiger« und die »Wirtschaftswoche«. Derzeit ist er Reporter beim »manager magazin«. Seit 1986 reist er regelmäßig nach China.

Wolfgang Hirn

Herausforderung China

Wie der chinesische Aufstieg unser Leben verändert

S. Fischer

7. Auflage: September 2005

Karte: bitmap, Mannheim
Satz: H & G Herstellung, Hamburg
Druck und Bindung: Clausen & Bosse, Leck
Printed in Germany
ISBN-13: 978-3-10-030409-4
ISBN-10: 3-10-030409-8

Inhalt

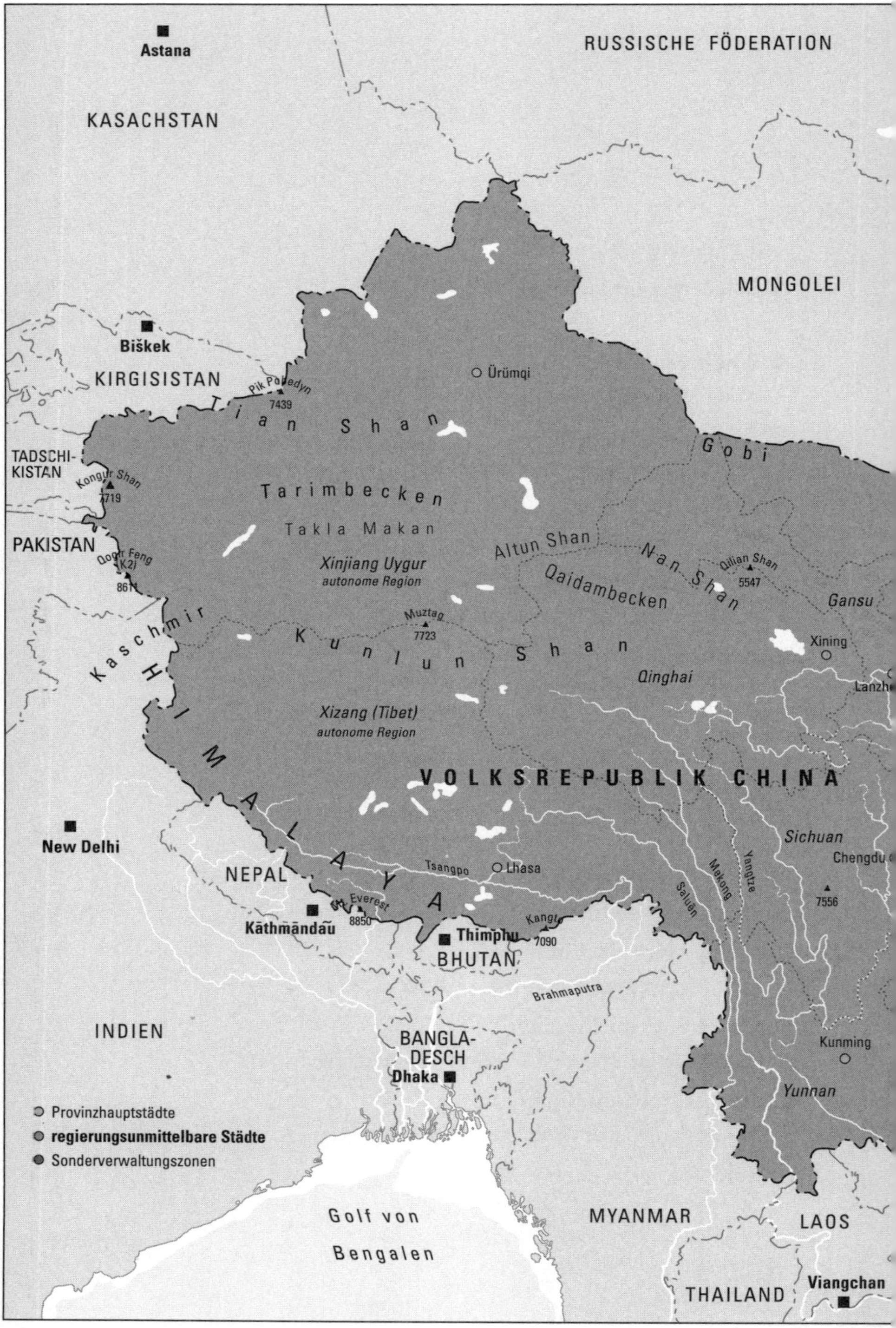

Astana
RUSSISCHE FÖDERATION
KASACHSTAN
MONGOLEI
Biškek
KIRGISISTAN
Ürümqi
Tian Shan
Pik Pobedyn
7439
TADSCHI-KISTAN
Kongur Shan
7719
Tarimbecken
Gobi
PAKISTAN
Takla Makan
Altun Shan
Nan Shan
Qilian Shan
5547
Xinjiang Uygur autonome Region
Qaidambecken
Gansu
Kaschmir
Muztag
7723
Kunlun Shan
Xining
Qinghai
Lanzh
Xizang (Tibet) autonome Region
HIMALAYA
VOLKSREPUBLIK CHINA
New Delhi
Sichuan
Chengdu
Tsangpo
Lhasa
NEPAL
Saluen
Mekong
Yangtze
7556
Kāthmāndau
Mt. Everest
8850
Thimphu
Kangt
7090
BHUTAN
Brahmaputra
INDIEN
BANGLA-DESCH
Dhaka
Kunming
Yunnan
Provinzhauptstädte
regierungsunmittelbare Städte
Sonderverwaltungszonen
Golf von Bengalen
MYANMAR
LAOS
THAILAND
Viangchan

RUSSISCHE FÖDERATION
Sachalin
Baikalsee
Amur
Kleiner Chingan
Großer Chingan
Ulaanbaatar
Harbin
Heilongjiang
Changchun
Jilin
Nei Monggol (Innere Mongolei) autonome Region
Gobi
Shenyang
Liaoning
Hebei
Hohhot
Beijing Shi
Beijing
Tianjin
Tianjin Shi
DVR KOREA
P'yŏngyang
Sŏul
REP. KOREA
Ostmeer (Japanisches Meer)
JAPAN
Shijiazhuang
Yinchuan
Taiyuan
Shanxi
Shaanxi
Jinan
Huang He (Gelber Fluss)
Shandong
Westmeer (Gelbes Meer)
Zhengzhou
Jiangsu
Xi'an
Henan
Hefei
Nanjing
Shanghai
Shanghai Shi
Anhui
Hubei
Chang Jiang (Yangtze)
Wuhan
Hangzhou
Chong-qing Shi
Chongqing
Zhejiang
Ostchinesisches Meer
Nanchang
Changsha
Jiangxi
Hunan
Guizhou
Guiyang
Fuzhou
Fujian
T'aipei
REP. CHINA (TAIWAN)
PAZIFISCHER OZEAN
Guangxi Zhuangzu autonome Region
Guangdong
Xi
Guangzhou (Kanton)
Xianggang (Hongkong)
Aomen (Macau)
Nanning
Golf von Tongking
Haikou
Hainan Dao
Hainan
Südchinesisches Meer
PHILIPPINEN
Luzon
200 km

Einleitung

Wir stehen am Beginn einer epochalen Umwälzung der Weltwirtschaft und internationalen Politik. Denn das Riesenreich China ist auf dem Weg zurück zu einer Weltmacht – erst wirtschaftlich, dann zwangsläufig politisch und militärisch. Zum ersten Mal in der Geschichte der Menschheit kehrt damit eine ehemalige Weltmacht zurück. China, das bis ins 18. Jahrhundert eine der fortgeschrittensten Nationen der Welt war, wird in der ersten Hälfte dieses Jahrhunderts die Weltwirtschaft (mit) dominieren.

Die Konsequenzen dieses historischen Aufstiegs werden enorm sein. Sie wird jeder spüren, ob Verbraucher, Arbeitnehmer oder Manager, ob in Deutschland, den USA oder Japan. Das »neue« China wird unser Leben verändern, und zwar gravierend.

Warum explodieren Öl- und Getreidepreise? Warum wird Stahl knapp? Warum steigt in den westlichen Industrienationen die Arbeitslosigkeit? Warum wird das Ozonloch immer größer? Warum nimmt die Kriegsgefahr in Zentralasien und im Pazifik zu? Die Antwort ist immer dieselbe: Nicht nur, aber vor allem wegen China.

Während viele – vor allem amerikanische – Apokalyptiker wunschdenkend schon seit Jahren den Zusammenbruch des postkommunistischen Systems prophezeien, wird – im Gegenteil – China wirtschaftlich immer stärker. China ist eine Jahrtausende alte Händlernation, Chinesen sind begnadete Kaufleute, die im reformierten China endlich dürfen, was sie besonders gerne tun: Geld verdienen.

Seit 1978, seit der Machtübernahme des großen kleinen Mannes Deng Xiaoping ist China auf Reformkurs Richtung Kapitalismus. Seit 1986 fahre ich beruflich wie privat regelmäßig nach China, ein Land, das mich von der ersten Stunde an fasziniert hat.

Zuletzt tourte ich in der ersten Jahreshälfte 2004 mehrere Monate durch die Volksrepublik. Die Eindrücke meiner Aufenthalte in Beijing und Shanghai, meiner Abstecher von dort in den kalten Norden, den tropischen Süden und den unentdeckten Westen des Landes, und die vielen Gespräche, die ich während dieser Zeit führte, flossen in dieses Buch ein.

Einer meiner Gesprächspartner, Jörg Wuttke, Chef von BASF China und langjähriger Präsident der Deutschen Handelskammer in China, sagte: »Das ist das spannendste Land der Welt.« Er hat zweifellos Recht. Und man muss hinzufügen: China ist derzeit auch das dynamischste Land der Welt – eine Dynamik, die man eigentlich nur so richtig begreifen kann, wenn man weiß, wie es vor 15 oder 20 Jahren dort ausgesehen hat und dadurch den Vergleich zum Jetzt ziehen kann.

Ich sah noch auf Beijings Straßen, wo sich heute Audis, BMWs und Volkswagen stauen, Pferdefuhrwerke und Armeen von Radfahrern. Ich blickte Anfang der 90er Jahre von der Shanghaier Bund-Promenade hinüber nach Pudong auf Äcker und Bauernhöfe, wo heute Hunderte von Hochhäusern aus dem sumpfigen Boden sprießen und eine Skyline bilden, die fast schon so berühmt ist wie die von Manhattan. Ich pflügte mit Hongkonger Unternehmern auf Standortsuche durch verschlammte Wege in der benachbarten Guangdong-Provinz, wo heute sechsspurige Autobahnen pulsierende Mega-Städte verbinden, und wo inzwischen die größte Fabrikdichte der Welt herrscht.

Die Schnelligkeit der Veränderungen ist atemberaubend. Man muss es so pathetisch ausdrücken: In der Weltgeschichte gab es bisher nichts Vergleichbares. Noch nie hat ein so großes Volk, ein so riesiges Land sich in einer solchen Geschwindigkeit auf seinen Weg in die Weltwirtschaft gemacht.

Natürlich gibt es bei dieser Aufholjagd Probleme. Es herrscht ein regionales wie soziales Ungleichgewicht, das Bankensystem kriselt, die Staatsunternehmen sind marode. Doch ich glaube nicht an einen Crash. Die Regierung ist sich all der Probleme bewusst und versucht – bisher mit bemerkenswertem Erfolg – gegenzusteuern.

Sicher wird es immer wieder einmal Wachstumsdellen geben, aber mittelfristig – da sind sich die meisten China-Auguren einig – bewegt sich die Volksrepublik in Wachstumsraten von jährlich sieben, acht Prozent.

Diese Aussichten auf weiteres Wachstum und das damit verbundene schnelle Geld locken Zehntausende von Chinesen an, die an Amerikas Elite-Universitäten studiert haben, die als Entrepreneure bereits im Silicon Valley reüssiert haben und jetzt in ihr Heimatland zurückkehren – ebenso wie die Milliarden von Dollars, die reiche Überseechinesen – vor allem aus Hongkong und Taiwan – in der Volksrepublik investieren.

Diese einmalige Mischung aus Kapital, Know-how, jeder Menge billiger Arbeitskraft und einem riesigen Markt lässt die Wirtschaft boomen wie in keinem anderen Land der Welt.

Schon heute zeichnet sich ab, dass China zur »Fabrik der Welt« wird. Mit seinem nahezu unerschöpflichen Reservoir an billigen Arbeitskräften – noch sind 700 bis 800 Millionen Chinesen bereit, für zwei Dollar am Tag zu arbeiten – lockt das Riesenreich immer mehr ausländische Firmen an, die von dort den großen heimischen Markt, aber auch zunehmend die Weltmärkte beliefern. Die Verlagerung von Produktion (und Arbeitsplätzen) wird deshalb weiter zunehmen – zu Lasten der USA, Japans und Europas, deren Deindustrialisierung und Massenarbeitslosigkeit unaufhaltsam voranschreiten.

Es sind eben nicht nur – wie allzu häufig angenommen wird – Schuhe und Textilien, die dort massenhaft hergestellt werden, sondern zunehmend Chips, Computer und Handys. China ist auf dem Weg zu einer Hightech-Nation, die bereits Astronauten ins Weltall schicken kann und sich anschickt, in der Biotechnologie führend zu sein.

Und es sind nicht nur ausländische Multis, die China als verlängerte Werkbank benutzen, sondern es entstehen global operierende chinesische Konzerne. So wie vor 50 Jahren Sony & Co. aus Japan und vor 20 Jahren Samsung & Co. aus Südkorea antraten, so sitzen derzeit Global Player aus China in den Startlöchern, bereit die Weltmärkte zu erobern und bald auch renommierte deutsche Unternehmen zu kaufen. Die Namen der Noch-Nobodys kennt im Westen kaum jemand, aber wir werden die Huaweis, die Lenovos und die Haiers bald kennen lernen. Sie werden aggressiver und mächtiger sein als die Sonys und Samsungs.

Der rasante Aufstieg Chinas wird gravierende Folgen für die Welt haben, und zwar nicht nur positive. Die Umweltverschmutzung wird dramatisch zunehmen und nicht an den Landesgrenzen Chinas Halt machen. Die Motorisierung Chinas zum Beispiel wird die CO_2-Emissionen deutlich steigen lassen und das Ozonloch weiter vergrößern.

Und weil das 1,3-Milliarden-Volk ein Ernährungs- und Energieproblem hat, muss es immer mehr Getreide, Gas und Öl importieren. Deren Preise werden deshalb auf den Weltmärkten explodieren – ebenso die für andere Rohstoffe, die China für die weitere Industrialisierung in riesigen Mengen benötigt.

Die angespannte Energiesituation hat eine geopolitische Dimension: China wird sich stärker in Regionen mit hohen Energievorkommen engagieren (müssen), vor der Haustüre im Südchinesischen Meer und in Zentralasien, aber auch im Nahen Osten. Konflikte – insbesondere mit den USA – sind programmiert.

Überhaupt wird das Verhältnis zwischen China und den USA in den nächsten Jahrzehnten die Weltpolitik dominieren. Aufgrund seiner ökonomischen Stärke ist China auf dem Weg zu einem außenpolitischen Machtfaktor. Das bislang eher isolationistische China wird sich stärker in die internationale Politik einmischen, in den Vereinten Nationen eine wichtigere Rolle spielen und zur zweiten Weltmacht neben den USA werden. Die Frage, wie die beiden mächtigsten Staaten der Welt miteinander umgehen werden – ob kooperativ oder konfrontativ –, wird entscheidend für den Weltfrieden im 21. Jahrhundert sein.

All diese Folgen und Herausforderungen durch Chinas wirtschaftlichen Aufstieg sind vielen Menschen im Westen nicht bewusst. Ihr China-Bild ist meist antiquiert und realitätsfern. Die Medien tragen wenig zur Aufklärung bei, transportieren sie doch nur allzu häufig die alten Vorurteile. Ja, die Chinesen (im Süden) essen Schlangen und sonstige exotische Tiere, sie spucken auf den Boden, und die Machthaber lassen jede Menge Todesurteile vollstrecken. Ja, das ist die eine Seite Chinas, die für uns unverständliche, eher hässliche Seite.

Die andere Seite, die dynamische, die weltverändernde, beschreibe ich in diesem Buch ohne Angst vor den zu erwartenden grundstürzenden Veränderungen machen zu wollen. Vielmehr soll dieses den eurozentrierten und amerikafixierten Leser wachrütteln und anregen, sich intensiver mit der entstehenden Weltmacht China auseinander zu setzen, um sie am Ende hoffentlich besser zu verstehen. Denn: Wir können uns den Luxus der China-Ignoranz nicht länger leisten.

Hamburg, im September 2004

1. Wiedergeburt einer Weltmacht
Aufstieg, Fall und Rückkehr des Reichs der Mitte

> *»Von allen Zivilisationen der vormodernen Zeit erschien keine so fortgeschritten, empfand sich keine als so überlegen wie die Chinesen.«*
>
> Paul Kennedy in »Aufstieg und Fall der großen Mächte«

Es gibt Dinge, von denen wir glauben, sie sicher zu wissen – zum Beispiel, dass Johannes Gutenberg den Buchdruck erfunden habe und Christoph Kolumbus der größte Seefahrer aller Zeiten gewesen sei. Die wahren Erfinder des Buchdrucks aber sind die Chinesen (die bereits im 9. Jahrhundert n. Chr. so weit waren), und der bedeutendste Seefahrer war wohl ein Chinese namens Zheng He, der ein paar Jahrzehnte vor Kolumbus mit einer deutlich eindrucksvolleren Flotte über die Weltmeere segelte.

Diese weit verbreiteten Irrtümer sind symptomatisch für unser einseitiges Geschichtsbild. Das alte China kommt darin gar nicht oder höchstens am Rande vor. Im Geschichtsunterricht dozierten die Lehrer zwar stundenlang über das Altertum, in dem aber nur die dominierenden Ägypter, Griechen, Perser sowie Römer lebten und herrschten.

Dass es im Fernen Osten zur selben Zeit eine andere Hochkultur gab, wird verschwiegen, nicht aus Absicht, eher aus Ignoranz. Wenn die Asiaten mal im Geschichts-Unterricht vorkamen, dann nur in Form barbarischer Mongolen-Stämme unter Führung des berühmt-berüchtigten Dschingis-Khan-Clans, der es anno 1241 bis nach Mitteleuropa schaffte, dann urplötzlich wieder abdrehte und Europa verschonte.

China tauchte in unserem Geschichtsbild erst wieder ein paar Jahrhunderte später auf, noch zaghaft im 19. Jahrhundert, mit voller Wucht dann Mitte des 20. Jahrhunderts, als Mao Zedong die Macht übernahm und das größte kommunistische Land der Welt schuf. Der Kalte Krieg begann, und China, dessen Führer von einer Weltrevolution träumten, wurde im Westen nun plötzlich als Bedrohung empfunden.

Ignoranz und Bewunderung, Überheblichkeit und Angstgefühle – das China-Bild des Westens schwankte in den vergangenen Jahrhunderten extrem. Ein Grund für dieses diffuse Bild ist die Fremdartigkeit des Landes. Kaum einer war je dort, kaum einer versteht die Sprache, kaum jemand ist mit der Geschichte des Landes und seiner Kultur vertraut.

Wer – außer ein paar Historikern und Sinologen – weiß denn schon, dass China die älteste und einzige Hochkultur ist, die in den vergangenen Jahrhunderten nicht unterging oder zu einem unbedeutenden Staat zusammenschrumpfte wie Ägypten oder Griechenland. Rund 5000 Jahre – die Gelehrten streiten über die exakte Dauer – besteht inzwischen die chinesische Kultur. Das muss man wissen, wenn man den Stolz und manchmal auch den überbordenden Nationalismus der Chinesen verstehen will.

Man sollte auch wissen, dass fast alle westlichen Mächte und Japan das Land über 100 Jahre gedemütigt und in seinem kollektiven Stolz tief verletzt haben. Nur so lassen sich viele außenpolitische Ressentiments der Chinesen von heute erklären.

Und man sollte wissen, dass China vor ein paar Jahrhunderten die technologisch fortschrittlichste Nation der Welt war. Dann kann man auch verstehen, dass das heutige China den Willen und das Zeug dazu hat, diesen Status von einst wieder zu erreichen.

Frühe Überlegenheit

In Europa herrschte noch ziemlich finsteres Mittelalter, als sich im Frühsommer 1271 ein 17-jähriger Venezianer namens Marco Polo zusammen mit seinem Vater Niccolò und seinem Onkel Maffeo in Richtung Ferner Osten aufmachte. Ihre Reise führte sie über Persien und Afghanistan. Sie überquerten Hochgebirge und durchquerten Wüsten. Nach vier Jahren – im Juni 1275 – erreichten sie ihr Ziel in Beijing: den Hof des mongolischen Großkahns Khubilai, der damals über China herrschte.

24 Jahre nach ihrer Abreise kehrten sie nach Venedig zurück. Was Marco Polo in diesem langen Zeitraum sah und erlebte, schrieb er nieder und nannte sein Werk »Die Beschreibung der Welt«. Es wurde einer der berühmtesten Reiseberichte der Weltliteratur – und auch einer der umstrittensten. Hat er das selbst geschrieben?, fragten sich einige Historiker, und manche bezweifeln sogar, ob Marco Polo jemals diese Reise unternommen hat. Vor ein paar Jahren schrieb die britische Sinologin Frances Wood ein Buch mit dem Titel »Did Marco Polo go to China?« und beantwortete die Frage mit einem klaren »No«.

Egal, wer letztendlich Marco Polos Erlebnisse niedergeschrieben hat, egal, wie viel Dichtung, wie viel Wahrheit war, nach all dem, was wir heute über das China zu Marco Polos Zeiten wissen, lagen seine Schilderungen sehr nahe an der Realität. Zum ersten Mal übermittelten sie ein Bild über das ferne Reich. Es war ein Bild, das die Europäer in großes Staunen versetzte. Sie mussten erkennen, wie weit ihnen die Chinesen technologisch überlegen waren, welchen Reichtum sie besaßen und in welchen anderen Dimensionen die Chinesen dachten und lebten.

So war für die Italiener alles gigantisch, was sie sahen: die 12 000 Gardesoldaten umfassende Leibwache Khubilais, die 20 000 Fürsten, die ihm an seinem Geburtstag huldigten, die über 100 000 Pferde, die er zu diesem Anlass geschenkt bekam, und die 25 000 Dirnen in Beijing.

Marco Polo sah Städte von unvorstellbarem Ausmaß. Sie hatten Einwohnerzahlen, die weit über denen europäischer Metropolen lagen. Während im heimatlichen Venedig (immerhin nach Neapel und Paris damals die drittgrößte Stadt Europas) gerade mal 100 000 Menschen wohnten, beherbergte Khanbalik, das heutige Beijing, nach einer Volkszählung aus dem Jahr 1270 unvorstellbare 1,2 Millionen.

China war dem damaligen Europa in nahezu allen Bereichen überlegen. Zwischen 500 und 1500 nach Christus dominierten die Chinesen. Nur merkte es im fernen Abendland keiner.

Am deutlichsten war die Überlegenheit in der Technik und der Wissenschaft. Der Historiker Paul Kennedy attestierte den Chinesen eine »technologische Frühreife«. Chinesen machten in den verschiedensten Bereichen revolutionäre Entdeckungen, die den Westen erst Jahrhunderte später erreichten. Ein kleines, aber höchst anschauliches Beispiel: Bereits im vierten Jahrhundert erreichten die Chinesen in ihren Hochöfen Temperaturen, bei denen sie Gusseisen herstellen konnten. Kurze Zeit später – im sechsten Jahrhundert – entwickelten sie ein Verfahren zur Stahlherstellung. Europa brauchte 13 Jahrhunderte, um 1864 mit dem Siemens-Martin-Verfahren eine ähnliche Entdeckung zu machen. Kein Wunder also, dass es in China schon im 11. Jahrhundert eine gewaltige Eisenindustrie gab.

Auf die Chinesen gehen wichtige Erfindungen zurück. Dinge unseres täglichen Bedarfs entdeckten Chinesen. Zum Beispiel das Papier (um 200 n. Chr.), das Porzellan (300 n. Chr.), den Magnetkompass (300 n. Chr.), den schon erwähnten Buchdruck (750 n. Chr.) und das Schwarzpulver (1000 n. Chr.).

Der chinesische Erfindergeist beruhte auf einer breiten wissenschaftlichen Basis. Sehr stark waren die Chinesen in den Naturwissenschaften. »In Astronomie, Mathematik, Physik, Chemie, Meteorologie, Seismologie und verwandten Wissenschaften war China dem Westen einstmals Jahrhunderte voraus«, schreibt Mao Yisheng in dem Buch »Das Wissen der alten Chinesen«.

Am größten war der Vorsprung der Chinesen in der Agrartechnik. Weit vor den Europäern benutzten sie einfache Sämaschinen und eiserne Pflüge. Ihre Bewässerungstechniken waren hervorragend, ebenso ihr Kanalsystem. Die Landwirtschaft war deshalb viel effizienter und produktiver als in Europa.

All diese Entdeckungen und Erfahrungen sah Marco Polo mit Staunen und übermittelte sie später den ungläubigen Europäern, die seine Schilderungen, weil so phantastisch und unvorstellbar, für Märchen hielten.

Die Chinesen hätten damals, als sie im Zenit ihrer Macht waren, die Welt erobern können. Deshalb stellte Konrad Seitz die spannende, gleichwohl hypothetische Frage: »Warum startete China damals nicht durch?« Die Chinesen hatten damals alle Voraussetzungen, die erste Weltmacht zu werden. Sie dominierten die Meere, sie verfügten über hoch entwickelte Waffen, und sie hatten sehr viele Menschen, darunter viele kluge Köpfe. Hätten sie gewollt, hätte die Weltgeschichte in den kommenden Jahrhunderten einen völlig anderen Verlauf genommen.

Doch sie wollten nicht. Und so kam es ganz anders: Statt einem globalen Aufstieg begannen Chinas Niedergang und Rückzug in die Isolation.

Der selbst gewollte Niedergang

1433 war in Europa ein Jahr ohne große Bedeutung, im Fernen Osten hingegen eines, in dem sich Historisches ereignete.

Chinas großer Seefahrer Zheng He kam in diesem Jahr von seiner siebten Reise über die Weltmeere zurück. Es sollte seine letzte gewesen sein. Zwischen 1405 und 1433 war der Eunuch und Admiral auf den Meeren unterwegs. Er segelte durch die Chinesischen Meere und den Indischen Ozean. Zhengs Reisen führten ihn bis in den Persischen Golf und sogar nach Afrika.

Seine Flotte war gigantisch. Rund 400 Fuß lang und mit neun

Masten bestückt waren seine Kommando-Schiffe. Sie waren damit rund doppelt so groß wie die Schiffe von Christoph Kolumbus, der ein paar Jahrzehnte später zu seinen Erkundungen der Weltmeere aufbrach. Zhengs Flotte wurde begleitet von rund 100 Nachschub-Schiffen, Wassertankern, Pferdetransportern, Kriegsschiffen und Patrouillenbooten. Bis zu 28 000 Seeleute und Soldaten befanden sich auf den vielen Schiffen.

Solch eine Armada hatte die Welt bis dahin nicht gesehen – und das sollte auch lange Zeit so bleiben. »Diese Armada wurde erst von den Flotten des Ersten Weltkrieges übertroffen«, urteilt Louise Levathes in ihrem Buch »When China Ruled the Seas«.

Drei Jahre nach Zhengs letzter Reise, also 1436, sprach der Kaiser ein Machtwort und verbot den Bau von hochseetüchtigen Schiffen. Um niemanden in Versuchung zu führen, wurden zunächst alle Baupläne vernichtet, später alle hochseefähigen Schiffe zerstört und ihre Eigentümer verhaftet.

Warum plötzlich dieser radikale Stimmungsumschwung und der kaiserliche Bann gegen die Schifffahrt? Die Historiker nennen verschiedene Gründe: Der Staat war aufgrund diverser Großprojekte – darunter der Bau des Kaiserpalastes in Beijing – finanziell in Schwierigkeiten. Außerdem drohten an der Nordgrenze wieder einmal die Mongolen. Der Schutz dieser Grenze war wichtiger als irgendwelche Eroberungen zur See. Das waren die »weltlichen« Gründe.

Doch schwerer wogen wohl andere Motive. In kaiserlichen Kreisen gab es eine Rückbesinnung auf alte konfuzianische Werte. Meister Konfuzius stellte immer das Zivile über das Militärische. Eroberungen waren in seinem Weltbild nicht vorgesehen. Ebenso verachtete er Händler, die für ihn Parasiten waren. Es setzte sich am Hofe die Erkenntnis durch, dass Handel mit anderen Nationen den Chinesen nichts bringe. Man habe alles selbst im Lande und könne von anderen Ländern nichts lernen, schließlich sei China das allmächtige und allwissende Reich der Mitte. Also verfügten die Mächtigen in Beijing das Ende der Schifffahrt.

Das war »eine der größten Fehlentscheidungen in der Geschichte der Menschheit«, urteilt heute Columbia-Professor Jeffrey Sachs in einem Vortrag vor der Asia Society in Hongkong. Während die Chinesen sich von den Weltmeeren zurückzogen, begannen in den nächsten Jahrzehnten und Jahrhunderten Engländer, Holländer, Portugiesen und Spanier ihre Forschungsreisen und Eroberungen.

Die Chinesen bauten statt Schiffen lieber ihre legendäre Mauer aus, hinter der sie sich in den nächsten Jahrhunderten verschanzen sollten. Denn es folgten fast genau 400 Jahre, in denen sich China in eine selbst gewählte Isolation zurückzog und sich fast ausschließlich mit sich selbst beschäftigte.

Es gab immer wieder Spannungen im Riesenreich, und 1644 kam es zu einem Dynastie-Wechsel – von den Ming- zu den Qing-Kaisern. Doch der Isolationskurs blieb ebenso erhalten wie die Xenophobie. Auch in der Qing-Dynastie gab es kein Außenministerium. In Beijing herrschte nach wie vor ein überhebliches Weltbild. Man zeigte keinerlei Interesse an anderen Völkern, Handel mit ihnen war verpönt. Wagten einige chinesische Händler trotzdem Geschäfte mit Ausländern zu machen, wurden sie als Vaterlandsverräter beschimpft.

Immer wieder klopften mal beim chinesischen Hof ausländische Delegationen an, um mit den Chinesen Geschäfte zu tätigen. So schickte 1792 der britische König George III. den erfahrenen Lord George Macartney mit einer 100-köpfigen Mannschaft auf die weite Schiffsreise nach Beijing. Seine Mission war es, eine diplomatische Vertretung Londons und – neben Guangzhou – eine Öffnung weiterer chinesischer Häfen für den internationalen Handel durchzusetzen.

Macartney wurde im September 1793 im Sommerpalast freundlich vom Kaiser empfangen, aber sein Anliegen wurde bestimmt abgewiesen. Der chinesische Kaiser Qianlong gab ihm ein Edikt an den britischen König mit auf den Weg. Zentrale Aussage: »Wir haben raffinierte Artikel nie geschätzt noch haben wir den geringsten Bedarf an den Erzeugnissen eures Landes.«

Ein paar Jahre später versuchte ein anderer Brite sein Glück in Beijing. 1816 reiste Lord Amherst in Chinas Hauptstadt. Seine Wunschliste war die gleiche wie die von Macartney, doch er drang gar nicht erst zum Kaiser vor. Stattdessen wurde er mit Schimpf und Schande aus dem Land gejagt.

Doch lange konnten sich Chinas Herrscher diese arrogante Haltung nicht mehr leisten, denn die Gewichte hatten sich verschoben. Die Regierenden mussten akzeptieren lernen, dass andere Mächte gewaltig aufgeholt und das in Selbstherrlichkeit erstarrte China längst überholt hatten.

Nur langsam reifte diese Erkenntnis. Schließlich bedurfte es eines Krieges, um China zu zeigen, wie schwach es war und wie überlegen die anderen Nationen – allen voran das britische Empire.

Das Jahrhundert der Demütigungen

Ihr habt Tee, wir haben Opium. Es war ein seltsames Tauschgeschäft, das die Engländer den Chinesen in den ersten Jahrzehnten des 19. Jahrhunderts anboten. Die Engländer wollten unbedingt Tee in China kaufen, waren aber nicht bereit in Silber und indischer Baumwolle zu zahlen, sondern mit Opium, das die britische Kolonialverwaltung in Indien anbauen ließ.

Einige Jahre machten die Chinesen diesen Tauschhandel mit. Doch der Konsum der Droge breitete sich immer mehr aus und machte den Außenhandel und Teile der Bevölkerung abhängig. China musste immer größere Mengen seines Silbers für das Opium hergeben. Rund sechs Millionen Chinesen rauchten in den 30er Jahren des 19. Jahrhunderts Opium und wurden süchtig. 1838 beschloss die chinesische Regierung, diesem Treiben nicht länger zuzuschauen, und startete eine Anti-Opium-Kampagne.

Geleitet wurde sie von Lin Zexu, einem der erfahrensten Beamten des Reiches. Er reiste nach Guangzhou, dem Zentrum des Opium-Handels, ließ britische Händler verhaften und zwang sie im

Juni 1839 zur Herausgabe ihrer Opium-Vorräte. Widerwillig gaben die Händler nach. Demonstrativ ließ Lin 20 000 Kisten Opium verbrennen – eine ungeheure Provokation für die Engländer und der Startschuss zum ersten Opium-Krieg: Die Briten – damals auf dem Höhepunkt ihrer imperialen Macht – schickten eine Seestreitmacht mit 4000 Soldaten nach Fernost. Sie erreichte im Juni 1840 Guangzhon. Es kam zu Gefechten entlang der chinesischen Küste bis vor die Tore Beijings. Das chinesische Militär hatte den überlegenen Briten wenig entgegenzusetzen und musste kapitulieren.

Ende August 1842 wurde der Friedensvertrag von Nanjing unterschrieben – »die wichtigste vertragliche Regelung in der modernen Geschichte Chinas«, wie Jonathan Spence in seinem Meisterwerk »Chinas Weg in die Moderne« urteilt. China musste fünf Häfen (Guangzhou, Xiamen, Fuzhou, Ningbo und Shanghai) für die Briten öffnen. Außerdem bekam Großbritannien die kleine Insel Hongkong.

Mit dem Vertrag von Nanjing begann für China ein »Jahrhundert der Demütigungen«, wie es der Hamburger China-Experte Oskar Weggel bezeichnete. Über hundert Jahre bis zum Ende des Chinesisch-Japanischen Krieges 1945 musste sich das einst so stolze China immer wieder fremden Mächten beugen.

Im Gefolge des verlorenen Opium-Krieges und der deutlich gewordenen militärischen Schwäche Chinas setzten sich auch die anderen Europäer, die Amerikaner und die Japaner an Chinas Küste fest. Selbst die Deutschen mischten phasenweise mit und nahmen Anfang des 20. Jahrhunderts die Hafenstadt Qingdao ein.

Immer wieder gab es Kriege, immer wieder erlitten die Chinesen Niederlagen. Besonders demütigend war für sie der Krieg gegen die Japaner 1894/95. Im Frieden von Shimonoseki mussten die Chinesen einige Gebiete abtreten und eine hohe Kriegsentschädigung zahlen. Noch viel schlimmer war der Gesichtsverlust: Das aufstrebende Japan hatte zum ersten Mal die Chinesen besiegt, und China war nicht mehr die alles dominierende Nation Asiens.

Während sich die Westmächte in China – auch nach der Ausrufung der Republik anno 1912 – festsetzten und dort auf exterritorialen Gebieten ihren Geschäften nachgingen, wuchs Japan zum Erzfeind der Chinesen heran. Das wirtschaftlich erstarkende Japan hatte es auf die Rohstoffe der Mandschurei abgesehen, besetzte diesen Teil Chinas und errichtete dort 1931 einen Vasallenstaat – das Kaiserreich Mandschukuo – mit eigener Flagge, Nationalhymne, Armee und dem letzten Kaiser Puyi.

Es war nur eine Frage der Zeit, bis Japan das restliche China angreifen würde. Ein Zwischenfall an der Marco-Polo-Brücke in der Nähe Beijings lieferte den nötigen Vorwand. Am 7. Juli 1937 begann dort der Chinesisch-Japanische Krieg. Relativ schnell eroberten die Japaner strategisch wichtige Städte wie Shanghai, Nanjing und Guangzhou.

Die Nationalregierung (Guomindang) unter Chiang Kaishek verlor fast jede Schlacht. Erfolgreicher waren die Widerstandstruppen der Kommunisten. Doch erst als die Alliierten – allen voran die USA – den Chinesen zu Hilfe kamen, wendete sich das Blatt. Im August 1945 kapitulierte Japan.

Als China befreit war, hatte es zwischen 15 und 20 Millionen militärische wie zivile Opfer zu beklagen. Doch wer sollte das geschundene Land regieren? Die Guomindang oder die Kommunisten? Chiang Kaishek oder Mao Zedong?

Es kam zum Bürgerkrieg. Drei Millionen Guomindang-Soldaten standen einer Million kommunistischer Kämpfer gegenüber, die sich als exzellente Guerilla-Kämpfer erwiesen und die Guomindang immer weiter zurückdrängten, bis diese schließlich auf die Insel Taiwan flüchten mussten. Die ursprünglich 90 000 Mann starke Truppe Maos legte dabei auf dem Weg in den Norden 12 500 Kilometer zurück. Freilich kamen nur 7000 Mitläufer durch. Bis heute wird der Lange Marsch als eine heldenhafte Tat mystifiziert, waren doch an ihm fast alle späteren KPCh-Größen beteiligt. Zu einer formalen Kapitulation kam es nicht mehr.

Am 1. Oktober 1949 verkündete die Führung der Kommunistischen Partei die Gründung der Volksrepublik China. Neuer Herrscher war Mao Zedong.

Verlorene Jahre unter Mao

Noch immer prangt das riesige Porträt Mao Zedongs am Eingangstor zur Verbotenen Stadt in Beijing – niemand will sich an der legendären Figur vergreifen. Nach wie vor defilieren jeden Tag Tausende von Menschen im gegenüberliegen Mao-Mausoleum am einbalsamierten Körper des legendären großen Führers vorbei. Pflichtschuldig werden seine Ehrentage gefeiert. Die Mao-Fibeln in den roten Plastik-Einbänden kaufen aber fast nur noch Touristen. An die Sprüche des Altmeisters glaubt in der Volksrepublik niemand mehr.

Heute betrachtet man in China das Wirken Maos eher realistisch und bringt es gerne auf diese Formel: »Zu 30 Prozent hat er Gutes getan, zu 70 Prozent Schlechtes.«

Das Gute: Der frühe Mao hat mitgeholfen die Besatzungsmacht Japan zu besiegen und aus dem Land zu jagen. Er hat dem Land endlich wieder die Unabhängigkeit gebracht, als er am 1. Oktober 1949 vor 300 000 Menschen auf dem Platz des Himmlischen Friedens die Volksrepublik China ausrief. Er hat dem Land sein Selbstbewusstsein wiedergegeben. Und er hat in seinen ersten Jahren in einer umfassenden Bodenreform die Bauern vom Joch der Großgrundbesitzer befreit. Das waren alles Taten, die Mao im Volke viel Respekt einbrachten.

Das Schlechte: Der späte Mao hat viel Elend über das Land gebracht. Die beiden schlimmsten Ereignisse, die diese Ära prägten, waren der »Große Sprung nach vorne« (1958–1961) und die »Große Proletarische Revolution« (1966–1976). Beide Perioden endeten in Katastrophen. Rund 30 bis 40 Millionen Chinesen kamen in diesen Zeiten ums Leben.

Mit dem »Großen Sprung nach vorne« wollte Mao vor allem die Produktion der Landwirtschaft, aber auch der Stahlproduktion steigern. Er schuf deshalb das System der ländlichen Volkskommunen, in denen sich Tausende von Bauern zusammenschließen mussten. Wie Armeen zogen die Bauern auf die Felder. Mao glaubte, dass man allein durch diese Mobilisierung von bäuerlichen Massen die Erträge steigern konnte. Das Gegenteil trat jedoch ein. Die Ernten fielen – auch wegen Naturkatastrophen – geringer aus.

Ebenso absurd waren die Maßnahmen zur drastischen Steigerung der Stahlproduktion. Selbst in den kleinsten Dörfern wurden primitive Kleinhochöfen errichtet, in denen die Bauern Töpfe und Pfannen schmelzen mussten, um doch nur wertlosen Stahl zu erzeugen.

Keine Ernte, keine Töpfe, kein Essen. Es kam zu Hungersnöten. Mindestens zehn Millionen Menschen starben an Unterernährung und Krankheiten. Als das Unheil nicht mehr zu verheimlichen war, musste Mao klein beigeben.

In der Folgezeit, in den beginnenden 60er Jahren, konnten sich deshalb die Kritiker Maos etwas besser durchsetzen. Die Bauern genossen wieder mehr Freiheiten und materielle Anreize. In der Wirtschaft gab es ansatzweise ein paar marktwirtschaftliche Elemente, das Land und die Wirtschaft erholten sich etwas.

Doch Mao witterte Verrat am Kommunismus und wetterte gegen den revisionistischen Kurs. Er startete deshalb im Frühsommer 1966 die »Große Proletarische Revolution« – auch Kulturrevolution genannt.

Mit ihr begann eine gnadenlose Hatz auf Andersdenkende und Intellektuelle. Mao bediente sich vor allem Jugendlicher, Schüler und Studenten, die als fanatische Rote Garden so genannte Revisionisten terrorisierten und ermordeten. Viele Intellektuelle wurden aufs Land geschickt.

Die erste heiße Phase der Kulturrevolution endete mit dem IX. Parteitag im April 1969, doch die Hexenjagd dauerte an bis 1976. In der Nacht vom 8. auf den 9. September jenes Jahres starb Mao Zedong. Ein paar Wochen später, im Oktober, war mit dem Sturz der »Viererbande« um Maos Witwe Jiang Qing auch offiziell die Kulturrevolution beendet.

Diesen Zeitraum bezeichnen die Chinesen als »zehn verlorene Jahre«. Mao und seine Helfer haben es in diesem Zeitraum geschafft, das Land wirtschaftlich, aber auch intellektuell nahezu zu ruinieren. China war am Boden zerstört.

Doch die Chinesen sind Leid gewohnt – sie haben Erdbeben, Hochwasser, Kriege und nun auch Mao überlebt. Es konnte nur noch besser werden. Und es wurde besser: Die Wiedergeburt der Volksrepublik fand im Jahr 1978 statt. Ihr entscheidender Geburtshelfer war Deng Xiaoping.

Öffnung unter Deng Xiaoping

Klein von Statur, war er ein großer Staatsmann. Ohne ihn wäre China heute nicht da, wo es jetzt ist. Dieser weitsichtige Mann hat die notwendigen Reformen eingeleitet, die schließlich zum heutigen Wirtschaftswunder führten.

Deng war ein Stehaufmännchen. Wiederholt in Ungnade gefallen, rappelte er sich immer wieder auf, mehrmals verstoßen, kam er immer wieder zurück. So auch nach Maos Tod. Im Juli 1977 wurde er stellvertretender Ministerpräsident und Mitglied des Politbüros. Zwar war auf dem Papier KP-Chef Hua Guofeng der starke Mann, doch Deng war es, der erkannte, dass die Volksrepublik sich dringend reformieren müsse, wollte sie nicht in der Steinzeit des Kommunismus verharren.

Legendär ist seine Rede vom März 1978 auf der nationalen Wissenschaftskonferenz, wo er die »vier Modernisierungen« einforderte. Landwirtschaft, Industrie, Nationale Verteidigung sowie Wissenschaft und Technologie sollten bis Ende des 20. Jahrhunderts modernisiert werden. Im Jahr 2000 sollte China in »der vordersten Reihe« der Weltmächte stehen. Ein Ziel, das später revidiert wurde: Es wurde »nur« noch eine Vervierfachung des Bruttosozialprodukts von 1980 bis 2000 angestrebt (was übrigens auch erreicht wurde).

Zunächst reformierte Deng die Landwirtschaftspolitik. Wichtigster Punkt: Die Bauern durften einen Teil ihres Pachtlandes nach ihren Wünschen bebauen. Den Ertrag durften sie auf freien Märkten verkaufen. Die Bauern arbeiteten also in die eigene Tasche und nicht nur für anonyme Kollektive. Die Reform erhöhte das Einkommen der Bauern und gleichzeitig auch die Versorgungssicherheit der Bevölkerung.

Nachdem Deng sah, dass die Agrarreform Früchte trug, weitete er die Reformen auf den industriellen Sektor aus. Auch die Leiter von Firmen bekamen – wie die Bauern – mehr Freiheiten. Sie mussten zum Beispiel nicht mehr alle Gewinne an den Staat abführen, sondern konnten einen Teil für notwendige Investitionen im Unternehmen behalten. Schritt für Schritt wurden so marktwirtschaftliche Elemente in das ehemals planwirtschaftliche System integriert.

Die wirtschaftlichen Reformen und ihre Erfolge führten freilich auch zu Rufen nach politischen Reformen. Trauriger Höhepunkt dieser Entwicklung war im Juni 1989 das Massaker auf dem Platz des Himmlischen Friedens, nachdem dort vor allem Studenten erst zaghafte, dann immer lauter werdende Rufe nach Demokratie skandierten. Panzer walzten die Demonstranten jedoch nieder. Über die Zahl der Opfer gibt es höchst widersprüchliche Angaben. Die seriösen Schätzungen geben über tausend Tote an.

Die westliche Welt empörte sich. Doch es dauerte nicht allzu lange, bis sich die Aufregung im Ausland legte. Zu bedeutend war China inzwischen als Wirtschaftspartner und Investitionsstandort, als dass man sich dort eine längere Abstinenz aus politisch-moralischen Gründen leisten konnte und wollte.

Gleichzeitig machte die chinesische Führung klar, dass die Niederschlagung der politischen Reformen – die in ihrem Sprachjargon eine Konterrevolution war – nicht das Ende des wirtschaftlichen Reformkurses bedeute. Vor allem Deng Xiaoping war an dieser Botschaft nach innen wie nach außen gelegen.

Deshalb wurde das Jahr 1992 zu einem der aktivsten des greisen Deng, der damals schon 87 Jahre alt war. In diesem Jahr stellte er entscheidende Weichen für die weitere Entwicklung der Volksrepublik. Als legendär kann man seine Reise nach Südchina im Januar und Februar bezeichnen. Durch seinen demonstrativen Besuch der aufstrebenden Städte Guangzhou, Zhuhai und Shenzhen – alle in der Provinz Kanton (Guangdong) gelegen – wollte er es all seinen Kritikern und der Öffentlichkeit noch einmal zeigen: Schaut her, was die Reformen leisten. Es entstehen boomende Städte mit vielen Fabriken und noch mehr Arbeitsplätzen.

Kurze Zeit später, im Frühjahr 1992, erklärte Deng Shanghai zum neuen Drachenkopf am Yangtze-Fluss. Jahrelang war Shanghai als ehemaliger Hort reformfeindlicher Umtriebe von den Machthabern in Beijing mit Missachtung gestraft worden. Es gab keine staatliche Unterstützung für die Stadt, die Reformen fanden woanders statt. Das sollte sich jetzt ändern.

Im Sommer 1992 holte Deng dann Zhu Rongji, Shanghais Bürgermeister, nach Beijing und machte ihn zunächst zum Zentalbankchef, bevor er später Ministerpräsident wurde.

Danach konnte sich Deng, der im Februar 1997 starb, beruhigt zurückziehen: Denn Zhu führte die Volksrepublik in seinem Sinne weiter. Trotzdem begann mit Zhu Rongjis Amtsantritt in China eine neue Ära.

Die Herrschaft der Technokraten

Nach Mao und Deng regierte ab 1992 die so genannte dritte Führungsgeneration. Neben Zhu Rongji gehörten ihr Jiang Zemin (Staatspräsident und KP-Generalsekretär) und Li Peng (Ministerpräsident) an. Sie verkörperten eine völlig neue Generation, denn sie hatten keine revolutionäre Vergangenheit, waren viel besser ausgebildet als ihre Vorgänger, hatten meist ein (naturwissenschaftliches oder Ingenieurs-) Studium abgeschlossen und vor Amtsantritt jede Menge Erfahrung in der Verwaltungsbürokratie gesammelt.

Sie waren weniger ideologisch als vielmehr technokratisch ausgerichtet. Der Trierer Politikwissenschaftler Sebastian Heilmann beschreibt in seinem Buch *Das politische System der Volksrepublik*

China treffend den neuen Führungsstil: »In der Tat scheinen viele Vertreter dieser Führungsgeneration auch die Lösung politischer Probleme als eine Art technische Herausforderung zu verstehen: Nicht visionäre Entwürfe wie zuzeiten Maos und teilweise auch Dengs bestimmen die Amtsführung, sondern die Optimierung administrativer Regelungsmechanismen und das Ad-hoc-Management politischer Konflikte.«

Die Technokraten übernahmen während der 90er Jahre nicht nur die Vorherrschaft in der Regierung, sondern auch in der Partei, der Verwaltung und den Staatsunternehmen. Ihr Einfluss erstreckte sich nicht nur auf Beijing, sondern zunehmend auch auf die Provinzen.

Chinas neue Polit-Manager haben dabei auch gelernt, Führungswechsel relativ reibungs- und geräuschlos durchzuführen. Waren diese früher mit Kämpfen und Intrigen verbunden, so vollziehen sie sich heute ziemlich unspektakulär. Der Aufstieg der Technokraten »stellt den größten friedlichen Elitenwechsel in der chinesischen Geschichte dar«, stellt Sebastian Heilmann fest.

Jüngstes Beispiel: Im Oktober 2002 erfolgte ohne jeglichen erkennbaren Zwist der Übergang zur vierten Führungsgeneration. Deren führende Figuren sind im Vergleich mit der Vorgänger-Generation noch technokratischer. Neben Naturwissenschaftlern und Ingenieuren sind unter ihnen nun auch erste Juristen und Wirtschaftswissenschaftler mit Auslandserfahrung – und zwar nicht nur in der ehemaligen UdSSR.

Die Neuen, Staatspräsident Hu Jintao und Ministerpräsident Wen Jiabao (beide Jahrgang 1942), haben nichts gemein mit dem verbreiteten Bild von finsteren Apparatschik-Typen. Sie können lächeln, kleiden sich, reden und handeln wie Manager. Sie leiten und lenken die China AG, das größte Unternehmen der Welt. Und das nicht schlecht, wie ihnen der amerikanische Wirtschaftsprofessor Lester Thurow bestätigt: »China hat eine effektive Regierung, die Strategien entwerfen und Entscheidungen treffen und durchsetzen kann.«

Inzwischen handeln Chinas Regierungs-Bosse nahezu ideologiefrei. Sie huldigen einem Pragmatismus, der sich vor allem an einem Ziel orientiert – einem hohen Wirtschaftswachstum. Ideologisches Vokabular benutzen sie nur noch in Sonntagsreden und auf Parteikongressen. So klingt es seltsam weltfremd, wenn sie in der Großen Halle des Volkes pflichtschuldig ihre Lobpreisungen des Marxismus-Leninismus vortragen, während draußen in den Konsumtempeln der pure Kapitalismus tobt.

Chinas derzeitige Führung wird die Volksrepublik sicher nicht mehr zur Diktatur des Proletariats, dem Endstadium des Kommunismus, führen. Sie hat ganz andere Ambitionen. Sie will die Weltmacht von einst zu dem machen, was sie ihrer Meinung nach einzig und allein sein sollte: eine Weltmacht von heute – spätestens aber von morgen.

Die neue alte Weltmacht

Unter Ökonomen laufen seit Jahren Wetten: Wann überholt China die großen Wirtschaftsnationen des Westens? Wenn China weiter so rasant wächst, die Europäer weiter vor sich hin dümpeln, die Japaner in ihrer Stagnation erstarren und die Amerikaner ein geringeres Wachstum haben, dann wird China sie alle – einen nach dem anderen – überholen. Es ist nur eine Frage der Zeit.

Jüngst extrapolierten die Analysten der renommierten Investmentbank Goldman Sachs wieder einmal die Wachstumszahlen der wichtigsten Nationen und publizierten die Ergebnisse ihrer Hochrechnungen in einer Studie mit dem Titel *Dreaming with BRICs: The Path to 2050*. Das Ergebnis: China wird in den nächsten Jahrzehnten an allen derzeit führenden Industrienationen vorbeiziehen – Deutschland wird 2008, Japan 2015 und die USA 2039 überholt.

Das Goldmansche Rechenwerk ist mehr als nur ein Zahlenspielchen. Es kommt zwar nicht darauf an, *wann* genau welche Nation von China überholt wird. Wichtig ist allein die Botschaft, *dass* China dies in naher Zukunft gelingen wird.

Keine Frage: China ist auf dem Weg zur Weltmacht. Wirtschaftlich mag es noch ein paar Jahrzehnte dauern, bis China die Nummer eins ist. Aber die Nation mit ihrer rund 5000-jährigen Geschichte kann so lange noch warten. Politisch dagegen ist die Volksrepublik bereits jetzt ein Schwergewicht, das in derselben Gewichtsklasse wie die USA, die Europäische Union und Japan agiert.

Dem Historiker Paul Kennedy zufolge ist die Weltgeschichte ein Kommen und Gehen von mächtigen Nationen. Eine wichtige Erkenntnis Kennedys in seinem Werk *Aufstieg und Fall der großen Mächte* war, dass bisher keine der gefallenen Nationen zurückgekommen ist.

Die Chinesen, die sich im Mittelalter auf eigenen Wunsch zurückgezogen hatten und später von den Ausländern gedemütigt wurden, also knapp 600 Jahre eine eher untergeordnete Rolle am Rande der Weltgeschichte spielten, sind die Ersten, die sich zurückmelden.

Wir leben deshalb in einer historischen Zeitenwende: Das größte Volk der Erde kehrt als Weltmacht zurück – mit gravierenden Folgen für uns alle.

2. Millionen kluger Köpfe
Von Erfindern, Heimkehrern und Kopierern

»Wir erleben eine intellektuelle Renaissance Chinas. Sie ist so breit und so tief wie die westliche Renaissance vor ein paar hundert Jahren.«

Ezra Vogel, Harvard University

Im Westen reifte vor ein paar Jahren die Erkenntnis, dass wir uns zunehmend in Richtung einer Wissensgesellschaft bewegten, in der das Know-how der wichtigste Produktionsfaktor sein werde. Die Folge für den Einzelnen sei, dass er permanent lernen müsse.

In China kann man über diese »neue« Erkenntnis nur milde lächeln. Denn die Chinesen wissen seit rund 2500 Jahren, dass das Leben permanentes Lernen bedeutet. Damals wirkte Konfuzius, der Lehrmeister eines ganzen Volkes, und er predigte schon in jenen fernen Zeiten, dass Lernen das höchste Gut sei.

Diese Erkenntnis haben die Chinesen seit Jahrhunderten verinnerlicht. China ist eine lern- und wissbegierige Nation. Nach den wirren Jahren der Kulturrevolution, als alle Intellektuellen gnadenlos unterdrückt wurden, wirkten die folgenden Reformjahre wie eine intellektuelle Befreiung.

Eine ganze Nation begab sich in den Nachhilfeunterricht. Es wurde und wird permanent gepaukt – vom Kleinkind bis zum gestandenen Manager. So werden die verhätschelten Kinder der »Ein-Kind-Generation« schon in ganz jungen Jahren in Englischkurse und zum Klavierunterricht geschickt. In der Schule unterliegen sie später einem permanenten Prüfungsstress, der in den berühmt-berüchtigten Aufnahmeexamina für eine der Universitäten gipfelt.

Es findet eine permanente Auslese statt, die staatlich gefördert wird, denn der Staat will, dass am Ende des jahrelangen Marsches durch die Bildungsinstitutionen die Besten überleben. Dazu dienen Elite-Universitäten wie die beiden Beijinger Hochschulen Beida und Qinghua, aber auch die post-universitäre Einrichtung der Chinesischen Akademie der Wissenschaften, die die intellektuelle Elite um sich schart.

China hat dabei den Vorteil der großen Masse. Bei 1,3 Milliarden Menschen gibt es dem Gesetz der Wahrscheinlichkeit nach eben mehr Eliten als in anderen, viel kleineren Ländern. Von 250 Millionen Grundschülern schaffen fünf Millionen den Sprung an die Universitäten. Ein gnadenloses Ausleseverfahren siebt die Intelligenz aus.

Und diesen Vorteil nutzt China mehr und mehr aus. »Mit der Intelligenzförderung seiner Massen wird China in Zukunft den Westen herausfordern. Nicht mit Panzern und Raketen, wie einst die Sowjetunion, und auch nicht mit Autos und Transistorradios, wie einst Japan, glauben die meisten Chinesen mit dem Westen konkurrieren zu können – sondern mit ebenso billigen wie gut ausgebildeten akademischen Arbeitskräften«, schreibt Georg Blume in der Wochenzeitung *Die Zeit*.

Zur Strategie der Regierung gehört auch, möglichst vielen Landsleuten ein Studium im Ausland zu ermöglichen. Immer mehr chinesische Akademiker folgen diesem Rat, und manche entscheiden sich sogar für ein Zweitstudium in einem anderen Land. So machen sich selbst Regierungsbeamte auf den Weg, erst kürzlich waren 95 Top-Beamte für sechs Wochen an der amerikanischen Elite-Uni Harvard, um einen Kurs für öffentliche Verwaltung zu absolvieren.

Kein Land hat mehr Studenten im Ausland als China. In den USA stellen die Chinesen schon seit längerem die größte Schar unter den Auslandsstudenten. Das Gleiche gilt für Großbritannien. Und auch in Deutschland tauchen immer mehr Chinesen an den Universitäten auf. Die deutsche Humboldt-Stiftung, die Forschungsstipendien vergibt, berichtet, dass heute die meisten Bewerber aus China kommen, und nicht mehr – wie früher – aus den USA.

Dabei zeigen die chinesischen Studenten Tugenden, die im saturierten Westen inzwischen eher unterentwickelt sind – zum Beispiel einen unbändigen Lerneifer. So ist es keine Seltenheit, dass Chinesen ohne große Deutsch-Kenntnisse nach Deutschland kommen und nach vier Jahren ein ausgezeichnetes Examen machen. Meist bleiben sie danach noch zwei, drei Jahre in ihrem Gastgeberland, im besten Falle in einem Unternehmen. Dann kehren sie – reich an praktischem und theoretischem Wissen – zurück in ihr Heimatland.

Diese Hunderttausende von Rückkehrern und die Millionen von Examinierten zu Hause bilden ein Wissenschaftsheer, das seinesgleichen sucht auf der Welt. Konfuzius hätte an seinen wissbegierigen Nachfahren seine große Freude.

Verhätschelte Einzelkinder

Zehn Jahre ist Bella alt. Eine unbeschwerte Kindheit kann man ihren Alltag, der im *Wall Street Journal* beschrieben wurde, nicht nennen. Ihr Tagesablauf ist fast wie bei einem geschäftigen Manager durchorganisiert. Morgens um sechs Uhr steht sie auf, und nicht selten geht das kleine Mädchen erst um ein Uhr nachts ins Bett. Ihr Arbeitstag ist ausgefüllt mit Lernen. Sie will es so, und ihre Eltern wollen es auch.

Bella ist das einzige Kind von Zhou Jiliang und Qi Xiayun, die alles für sie tun. Sie sind extra in eine neue Wohnung umgezogen, damit Bella in der Nähe ihrer Schule wohnt. Die *Yangpu Primary School* ist eine Eliteschule in Shanghai. Nicht jeder schafft die Prüfung, nur einer von fünfen. Wer es schafft, muss zahlen. 1500 Dollar jährlich kostet das Schulgeld für Bella. Insgesamt 4000 Dollar geben Bellas Eltern für das Mädchen jedes Jahr aus.

Das ist ein Drittel ihres Einkommens. Sie sehen das als Investition in die Zukunft an, auch in ihre eigene, denn Bella soll für sie sorgen – später, wenn sie Geld, viel Geld verdient. Bellas Berufswunsch ist Anwältin, ihr Traum ist es, viel Geld zu verdienen.

Sie träumt nicht alleine. Nach einer Umfrage des Shanghaier Magazins *Attractive Power* unter 12- bis 18-Jährigen ist für 53 Prozent eine erfolgreiche Karriere das höchste Ziel, 41 Prozent wollen gar Millionäre werden. Und dafür tun Eltern und Kinder alles. Die Eltern opfern ihr Geld, die Kinder ihre Kindheit.

Was sich derzeit in den chinesischen Ein-Kind-Familien abspielt, ist weltweit einmalig. In keinem Land der Welt fließt so viel Geld aus privaten Taschen in die Bildung der Kinder. Im Jahr 2002 gaben chinesische Eltern rund 40 Milliarden Dollar für die Ausbildung aus. Schon 2005 soll dieser Betrag auf 90 Milliarden steigen, schätzen Experten.

Für die Kleinen greifen nicht nur die Eltern in die Taschen, sondern auch die beiden Großeltern-Paare. *One-Mouth, Six-Pocket-Families* nennt man diese Familien, wo ein Kind von sechs Erwachsenen umsorgt wird. »In chinesischen Familien dreht sich heute alles um die Schule. Auch die Eltern armer Familien wollen nur noch eines: Gute Chancen für ihr Kind«, sagt Xie Wei He, Vizepräsident der Pädagogischen Hochschule in Beijing, in einem Artikel für *Die Zeit*.

Schon früh wird das Kind getrimmt. Die Wahl des richtigen Kindergartens ist bereits eine wichtige und richtungsweisende Entscheidung. Staatliche Kindergärten sind *out*, mehr oder weniger private *in*. Denn auch bei Kindergärten gibt es immer mehr *Joint-Ventures* (Gemeinschaftsunternehmen), wo Hongkonger und taiwanesische Unternehmen ihr Know-how einbringen.

Solche Kindergartenplätze sind teuer. Doch man kann sich nur wundern: »Einige Eltern geben 10 000 Dollar im Jahr für einen Kindergarten-Platz aus«, sagt Dulce Lim, Walt-Disney-Chef in Hongkong, laut *Business Week*. Die Geschäfte des amerikanischen Unterhaltungskonzerns laufen in China glänzend. Er hat die kleinen Kaiser, wie die verhätschelten Einzelkinder genannt werden, als

Zielgruppe entdeckt. So bietet Walt Disney zum Beispiel einen Sprachkurs namens *Magic English* für Vorschulkinder an. Für 225 Dollar gibt es 26 Videodiscs. Konkurrent Time Warner verkauft seinen 40 CDs umfassenden Kurs *English Times* für 330 Dollar. Die Nachfrage boomt.

Englisch-, Ballett- oder Klavierunterricht für Vierjährige ist in den Großstädten Chinas heute gang und gäbe. Ob die Kinder das wollen oder nicht, ist nicht die Frage. Die Eltern wollen es. Je früher sich ihr Kind einen Vorsprung vor der Konkurrenz erarbeitet, desto besser.

Schon die Kinder befinden sich in einem Wettbewerb, der sie ihre ganze Ausbildung hindurch begleiten wird, bis hin zum Schaulaufen um einen Studienplatz.

Harte Schule fürs Leben

Jedes Jahr im Juli spielt sich in vielen chinesischen Familien dasselbe Drama ab. Millionen von Schülern wollen auf die Universitäten und müssen deshalb Aufnahmeprüfungen über sich ergehen lassen. Drei Tage dauert diese Prüfung – drei »schwarze Tage«, wie sie in China genannt werden. Ob Physik, Mathematik, Chemie, Geographie oder Englisch – alles wird getestet und abgefragt.

Für die meisten Abiturienten sind dies die wichtigsten Tage ihres noch jungen Lebens. Sie bereiten sich generalstabsmäßig mit der Lektüre der *Militärischen Strategie für Hochschulprüfungen*, dem Standardwerk für Oberschüler, auf die entscheidenden Tage vor. Ihre Eltern sind dabei nicht weniger nervös als sie selbst. Es hängt viel ab von diesen Prüfungen, denn sie entscheiden über den weiteren Lebensweg: Bekomme ich einen Studienplatz und wenn ja, an welcher Universität?

Manche sind diesem Stress nicht gewachsen, sie begehen Selbstmord. In einer Untersuchung gaben über 50 Prozent der Abiturienten und Studiengänger an, während der Prüfungsvorbereitungen mit Selbstmordgedanken gespielt zu haben.

Trotzdem: Im Juli 2004 unterzogen sich 7,23 Millionen Schüler diesem ungeliebten Prüfungsstress. Sie kämpften um rund vier Millionen Studienplätze. Zwar steigt die Zahl der Studienplätze ständig, aber das Angebot kann mit der Nachfrage nicht Schritt halten. So kann also derzeit fast nur jeder Zweite einen Platz an einer Hochschule bekommen.

Harte Prüfungen haben in China eine lange Tradition. Sie wurden in der Han-Zeit (200 v. Chr. bis 220 n. Chr.) eingeführt. Durch diese Tests wollten die damals Herrschenden ihre Verwaltungsbeamten rekrutieren. Im Laufe der Jahrhunderte wurden die Prüfungen immer wieder modifiziert, doch sie waren immer eine sehr harte Auslese. Tage- und nächtelang wurden die Prüflinge in streng bewachten Gebäuden zusammengezogen, ihre Kabinen waren gerade mal zwei Quadratmeter klein.

Das Lernen – die Voraussetzung jeglicher Prüfung steht seit Jahrtausenden im Vordergrund der chinesischen Geistesgeschichte. Intellektuelle Fähigkeiten und Schriftkenntnisse waren so hoch bewertet, dass allein sie jungen Leuten aus der Provinz den Aufstieg in den kaiserlichen Macht- und Verwaltungsapparat ebnen konnten.

Heute ist das nicht anders: Allein eine gute Ausbildung – am besten in Form eines Hochschulstudiums – ermöglicht den sozialen Aufstieg und eine lukrative Teilhabe am Wirtschaftsboom des Landes. Deshalb unterjochen sich die Schüler (auch auf Wunsch – oder besser: Druck – ihrer Eltern) diesem sklavischen Schulsystem.

Es ist ein sehr hierarchisches System, das blinden Gehorsam honoriert, Obrigkeitsdenken fördert und Prüfungen einen hohen Stellenwert einräumt. Es erzieht seine Schüler dazu, große Mengen von Texten auswendig zu lernen, ohne dass sie diese reflektieren müssen. Chinesische Schüler haben deshalb ein ausgezeichnetes Gedächtnis und können blitzschnell denken.

Die Folge: »Sie sind phänomenal in Naturwissenschaften und Mathematik, aber sie sind nicht fähig zu diskutieren«, sagt der Amerikaner Kevin Crotchett, der an einer Mittelschule in Suzhou unterrichtete, laut *The Christian Science Monitor*. Widerworte werden nicht geduldet, Kreativität kann in diesem Klima der Angepasstheit und des Duckmäusertums nicht gedeihen.

»Unser Prüfungssystem verhindert Kreativität. Wir vermitteln den Schülern zu viel mechanisches Wissen«, sagt Li Tayang, Direktor einer Beijinger Mittel- und Oberschule, in *Die Zeit*. »Warum werden in China vorwiegend deutsche Autos gebaut?«, fragt Li, um die Erklärung gleich mitzuliefern: »Wegen unseres Mangels an Kreativität.«

Die fehlende Kreativität wird zunehmend als Wettbewerbsnachteil empfunden, und zwar im gesamten konfuzianischen Teil Asiens. Der singapurianische Spitzendiplomat Kishore Mahbubani fragte vor einigen Jahren provokativ: »Können Asiaten denken?« Er wollte damit die Verantwortlichen wachrütteln, was auch prompt gelang.

Die Bildungspolitiker von Korea bis Singapur erkannten, dass sie nur mit sturem Einpauken ihre Kinder und Schüler nicht fit für die Wissensgesellschaft des 21. Jahrhunderts machen. Ergo wurden überall Bildungsreformen initiiert, um den Schülern mehr Kreativität zu vermitteln.

Auch die Chinesen zogen mit. Den Regierenden in Beijing war schon Ende der 90er Jahre klar geworden, dass ihr Bildungssystem nicht mehr zeitgemäß ist. Eine Reform des Bildungssystems musste her. Sie sollte einerseits die Schüler zu mehr Eigeninitiative heranziehen, aber andererseits auch nicht zu viel davon zulassen, um zu verhindern, dass die lernenden Nachwuchskräfte vielleicht noch auf falsche politische Gedanken kommen.

Die Bildungsreform startete im September 2001 bei über 420 000 Schülern. Spätestens bis 2010 soll sie vollendet sein, am liebsten jedoch früher. Es gab neue Curricula und neue Schulbücher, im Englisch-Unterricht zum Beispiel werden nun Dialoge geübt statt nur stures Sätzepauken.

Mit der Schulreform sollen die Schüler besser auf das Leben danach – an den Universitäten – vorbereitet werden.

Universitäten für Eliten

Während in Deutschland über die Notwendigkeiten von Elite-Universitäten diskutiert wird, hat sie das »kommunistische« China bereits. Längst hat sich die Volksrepublik vom egalitären Gedankengut verabschiedet, denn die Förderung von Eliten ist gut für das Land in seiner technologischen Aufholjagd.

Mehrere Hochschulen genießen den inoffiziellen Titel einer Elite-Uni. Die *China Management Science Academy* zählt die folgenden Universitäten zu den vier besten des Landes: die beiden Beijinger Hochschulen Qinghua und Beida (das Kürzel für Beijing Daxue – Beijing-Universität), die Fudan in Shanghai und die Zhejiang in Hangzhou.

Unbestreitbar die besten der Besten sind die beiden Universitäten Beida und Qinghua. Sie werden von der Zentralregierung gefördert und gehätschelt. So bekamen die beiden Hochschulen im Rahmen eines Förderprogramms 360 Millionen Euro an finanzieller Unterstützung, während alle anderen Unis des Landes zusammen nur 240 Millionen Euro erhielten.

Beide Beijinger Elite-Unis liegen im Nordwesten der Stadt, beide wurden um die Jahrhundertwende gegründet. Hier im Haidian-Distrikt wimmelt es von jungen Leuten. Es herrscht eine kreative, pulsierende Atmosphäre. Um die Unis herum haben sich viele Unternehmen niedergelassen, chinesische und internationale, kleine und große. Die besten Abgänger rekrutieren die Multis schon vor dem Examen. Manche Absolventen machen sich selbständig und gründen ihre kleine Garagenfirma.

Obwohl Beida und Qinghua fast nebeneinander liegen, befinden sich zwischen ihnen Welten. Beida war schon immer die »Revoluzzer«-Universität, während die Qinghua-Studenten als brav und konservativ galten. Von der Beida gingen fast alle Studentenbewegungen des letzten Jahrhunderts – darunter auch die im Jahre 1989 – aus. Die Lernenden an der Qinghua verschanzten sich dagegen in ihren Elfenbeintürmen.

Kein Wunder also, wenn die Beida auch an vorderster Front der universitären Reformen steht. Bis vor kurzem hieß es auch hier: einmal Professor, immer Professor. Doch diese Zeiten sind vorbei. Der kalte Wind des Wettbewerbs fegt auch durch die Universität – inzwischen haben auch externe Bewerber um eine Professur eine Chance.

»Inzucht macht schwach, Kreuzungen dagegen stark«, sagt Zhang Weiying, der die Umsetzung des Reformplans an der Beida leitet, laut *China Daily*. Zhang macht keinen Hehl daraus, dass die Beida eine der schlimmsten »Inzucht-Unis« war.

Da die Beida im universitären Bereich eine Vorbildfunktion hat, werden ihr andere Unis folgen. Auch die Qinghua-Universität rekrutiert jetzt von außen, ja sie ging sogar noch einen Schritt weiter und engagierte knapp 30 Professoren aus dem Ausland, die für ein paar Monate an ihrer Uni unterrichten sollten. Unter ihnen waren Lehrende aus Harvard und vom Internationalen Währungsfonds. Selbst John Thornton, der ehemalige Chef der Wall-Street-Legende Goldman Sachs, packte mit 50 Jahren seine Koffer, um an der Qinghua zu unterrichten. Er bereut nichts. »Hier herrscht eine Aufbruchstimmung wie sie derzeit sonst nirgendwo auf der Welt zu finden ist.«

In Thorntons Augen ist die Qualität von Lehre und Forschung an den Beijinger Elite-Unis nicht viel schlechter als an vergleichbaren US-Hochschulen. Wie ihre amerikanischen Konterparts zeichnen auch sie sich durch günstiges Zahlenverhältnis zwischen Lehrenden und Lernenden aus. An der Qinghua kommen zum Beispiel auf 13 000 Studenten 900 Professoren, an der Beida ist es nicht wesentlich anders.

Damit dies auch in Zukunft so bleibt, werden jedes Jahr nur relativ wenige Studienanfänger zugelassen. Beida nimmt jährlich nur rund 3000 Studenten auf, Qinghua gar nur 2000 Studenten. Der Andrang ist riesengroß, doch nur die Allerbesten kommen an.

Wer an der Beida oder Qinghua studiert, darf sich zur Avantgarde zählen, durchaus auch im weltweiten Maßstab. Konrad Seitz, der ehemalige deutsche Botschafter in China, stellt den Studierenden ein hervorragendes Zeugnis aus: »An den Eliteuniversitäten dürften Qualität und Leistungsbereitschaft der Studenten höher sein als an jeder westlichen Eliteschule.«

In der Forschung liegen beide Unis weit vorn. Auf dem Campus der Beida befinden sich 12 von Chinas Schlüssellabors. Führend ist die Beida in Informationstechnologie, Biomedizin und Nanotechnologie. Auch bei den Veröffentlichungen liegen Beidas Forscher im berühmten *Science Citation Index (SCI)* unter den Chinesen an der Spitze. Die Qinghua dagegen ist eher geisteswissenschaftlich orientiert, hat aber auch eine starke medizinische Fakultät.

Zwar bekommen Beida, Qinghua und die anderen rund 30 Spitzen-Unis von der Regierung mehr Fördergelder als die »normalen« Universitäten, doch heißt das nicht, dass sie die vielen anderen Hochschulen vernachlässigt. Weil sich die Zahl der Studenten zwischen 1992 und 2002 beinahe vervierfacht hat, wurde das Lehrpersonal an den rund 1000 Hochschulen um fast die Hälfte aufgestockt. Und um die Zahl der Elite-Unis zu erhöhen, hat das Bildungsministerium bereits 1993 das Projekt 211 aufgelegt. Nach diesem Plan sollen 100 Schwerpunkt-Unis geschaffen werden, die im Laufe des 21. Jahrhunderts zu den besten der Welt zählen sollen. Jürgen Mlynek, Präsident der Humboldt-Universität zu Berlin, war in China, um das Expansionsprojekt zu studieren, und konstatierte anerkennend in einem Grußwort zum China Campus 2002: »Das ist eine Hochschulreform, die vergleichbare Reformen in Deutschland als eher bescheiden aussehen lässt.«

Als Vorbild ihres Projekts 211 haben sich die Chinesen keine geringere als die Harvard University ausgeguckt, jenen Uni-Campus in Boston, wo sich die amerikanische Intelligenzja tummelt. 100 Harvards in China – man kann es sich kaum vorstellen. Aber auch wenn es nur zehn, 20 oder 30 werden, es wird beeindruckend sein, und eigentlich bestünde dann kein Grund mehr für junge lernwillige Chinesen, ins gelobte Land der tausend Studienmöglichkeiten, die USA, zu gehen.

Heimkehrer aus den USA

Die chinesische Regierung zeigt sich spendabel. Tickets für den Flug nach Hause gibt es umsonst, die Hotelkosten für die ersten Nächte in der alten Heimat werden beglichen, und sie überreicht großzügig noch einen Scheck, wenn die Umworbenen nach China heimkehren. Mit diesen kleinen Aufmerksamkeiten wollen die Beijinger Regierung, aber auch Provinz- und Stadtbehörden eine große Gruppe Chinesen ködern, die fern der Heimat leben, vor allem in den USA.

Seit über zwei Jahrzehnten gehen chinesische Schüler und Studenten ins Ausland, vornehmlich in die USA, um dort (weiter) zu studieren. Meist bleiben sie dort auch nach Ende ihrer Studien, weil sie in ihren Gastgeberländern größere Chancen und auch bessere Verdienstmöglichkeiten sehen. Die Beijinger Regierung sieht diesen *Brain Drain* überhaupt nicht gerne und will deshalb die klugen Köpfe heim ins Riesenreich holen.

Knapp 600 000 Chinesen haben in den vergangenen 20 Jahren in Übersee studiert, der weitaus größte Teil in den USA. Und dort gehen sie keineswegs auf zweitklassige Hochschulen – nein, sie studieren an den Spitzenunis der so genannten *Ivy League* (dazu zählen Yale, Harvard, Princeton, Cornell, Columbia, Dartmouth, Brown und die University of Pennsylvania) oder an den berühmten kalifornischen Universitäten Berkeley und Stanford. Dort haben die Chinesen schon seit Jahren überproportionale Anteile unter den Studenten, vor allem in den naturwissenschaftlichen und Ingenieurs-Fächern. Gesellschafts- und sozialwissenschaftliche Fakultäten meiden sie dagegen.

Und wie überall, wo Chinesen in größerer Zahl zusammen sind, bilden sie auch an den US-Unis ihre Netzwerke. So gibt es zum Beispiel die *Association of Chinese Students and Scholars at Stanford* oder die *Berkeley Chinese Students and Scholars Association*.

Das Ergebnis aus der Kombination von individueller Lernwut und kollektiver Nachhilfe kann sich sehen lassen: Die Chinesen zählen regelmäßig zu den besten Absolventen der Top-Unis. Der deutsche Soziologe und Philosoph Jürgen Habermas spricht deshalb laut *Die Zeit* zu Recht von einem »Siegeszug der Asiaten durch die amerikanischen Universitäten«.

Der Erfolg weckt Neid unter den amerikanischen Mitschülern und Kommilitonen. Sie verspotten sie seit den 80er Jahren als »whiz kids«, was man sinngemäß mit gewitzte Überflieger übersetzen kann. In amerikanischen Politiker-Kreisen macht man sich dagegen Sorgen, dass die lernstarken Chinesen über kurz oder lang den Amerikanern den Rang ablaufen könnten, weil sie ihre Stärke in den Naturwissenschaften ausspielen werden.

Von den 600 000 Chinesen, die im Ausland studiert haben, sind rund 160 000 zurückgekehrt. Sie werden *hai gui* genannt. Hai heißt Meer, gui heißt sowohl Zurückkehren als auch Schildkröte – die Rückkehrer als Meeresschildkröten: Ein guter Vergleich, denn die Auslandsstudenten verhalten sich entsprechend. Sie werden am Ufer (sprich: China) geboren, wachsen im Meer (USA) auf, kehren aber wieder ans heimische Ufer zurück.

Der *Brain Drain* kehrt sich also um – diesmal zurück von den USA nach China. *Brain Drain* sei aber nicht die richtige Bezeichnung, sagt die US-Wissenschaftlerin Anna Lee Saxonian: »Es findet eher eine *Brain Circulation* statt.« Sie stellte einen Kreislauf fest: Chinesen gehen für eine bestimmte Zeit in die USA, studieren und arbeiten anschließend dort. Dann gehen sie nach China zurück, kommen aber zwischendurch immer wieder in die USA, um ihr Wissen aufzufrischen. Sie leben sozusagen in beiden Welten.

Für die Regierung sind die *hai gui* enorm wichtig. Sie werden von ihr umgarnt und umworben. Zum jährlichen Kongress der zurückgekehrten Überseechinesen rückt die gesamte Führungsspitze des Landes an, angefangen bei Präsident Hu Jintao und Ministerpräsident Wen Jiabao. Sie preisen die Rückkehrer als wichtige Aufbauhelfer einer prosperierenden Wirtschaft und Gesellschaft.

Es gibt viele staatliche Programme, um die besten Landsleute zur Rückkehr zu bewegen. Eines davon ist beispielsweise das *Hundred*

Talent Program, das auf die Elite der Chinesen im Ausland zielt. Sie bekommen höhere Gehälter, ein Haus und Gelder zwischen 100 000 und 200 000 Euro, um sich ein Forschungsteam zusammenzustellen.

Diesem Lockruf des Geldes erliegen immer mehr. Viele berühmte und erfolgreiche Internet-Unternehmer wie Sina.com-Manager Daniel Mao oder Eachnet-Mitgründerin Hai Yin Tan waren vorher in den USA und haben dort ihr ökonomisches und technologisches Rüstzeug erworben. »Besonders in forschungsintensiven Branchen wie Biotechnologie, Pharma oder IT spielen Remigranten eine wichtige Rolle«, schreibt Claudia Müller, die sich an der Universität Köln mit den »Meeresschildkröten« beschäftigt, in einem Artikel für das *Handelsblatt*.

Viele Firmengründungen wurden von Rückkehrern initiiert und dienten damit auch als Vorbilder für Wissenschaftler zu Hause, von denen immer mehr den Sprung ins kalte Wasser des Unternehmertums wagen.

Wissenschaftler als Unternehmer

Die Qinghua-Universität unternimmt einiges, um aus ihren Studenten Unternehmer zu machen. So veranstaltet sie jedes Jahr einen Wettbewerb für den besten Geschäftsplan und hat als eine der ersten Universitäten so genannte *Incubators* für Studenten eingerichtet – den Qinghua Pioneer Park.

In diesen Ideen-Brutstätten können Ex-Studenten als Jungunternehmer tätig werden und mit ihren Ideen kleine Firmen gründen. Die Uni hilft mit Rat und Tat, stellt Büro- und Fabrikräume zu günstigen Konditionen bereit und greift den Studenten-Unternehmern auch finanziell unter die Arme. Hierzu gibt es eigens Venture-Capital-(VC)-Funds, die Risikokapital für die kleinen Start-Up-Firmen zur Verfügung stellen. Dank solcher *Incubators*, von denen es inzwischen über 100 an diversen Universitäten des Landes gibt, wagen immer mehr Wissenschaftler den Schritt ins Unternehmertum.

Zum Beispiel Liu Jiren: Er war Ende der 80er Jahre Doktorand der Computerwissenschaften an der Nordost-Universität in Shenyang. Sein Berufsziel war eigentlich Professor. Doch dann entdeckte er seine unternehmerische Ader und gründete mit finanzieller Hilfe der Uni das Software-Unternehmen Neusoft.

Heute hat das Unternehmen über 5000 Beschäftigte, macht rund 250 Millionen Euro Umsatz und hat Joint-Ventures mit Nokia, Toshiba und SAP. Die Uni ist immer noch mit einem Drittel an dem Shootingstar beteiligt und verdient somit eine Menge Geld für den Lehrbetrieb.

Liu Jiren ist kein Einzelfall. *Xia hai* heißt im Chinesischen Selbständigmachen, wörtlich: Ins Meer springen. Die Hochschulen entwickeln sich dabei zusehends zu Sprungbrettern. Der Amerikaner Robert Theleen, Gründer und Vorsitzender der VC-Firma China-Vest, ist immer unterwegs auf der Suche nach kleinen Unternehmen, an denen er sich mit seinem Fonds beteiligen kann. Er kennt deshalb die Gründerszene rund um die Unis sehr gut. Sein Urteil, nachzulesen in *Forbes Global*, hat Gewicht: »Eines der am meisten unterschätzten Gebiete in Chinas Entwicklung der letzten zehn Jahre sind die chinesischen Universitäten. Sie bieten traumhafte Bedingungen für Entrepreneure und sind ein Zentrum intellektueller Kreativität.«

Ganz freiwillig waren einige Sprünge ins Meer freilich nicht. Denn schon Mitte der 80er Jahre begann die Regierung vielen Forschungsstätten den Subventionshahn langsam zuzudrehen. Ihre Forderung: Sie sollten sich in Zukunft durch die Vermarktung ihrer Technologien mehr oder weniger selbst finanzieren. Notgedrungen gründeten einige Forscher Unternehmen.

Aus manchen dieser Notgeburten wurden große, erfolgreiche Firmen. Einige haben inzwischen Tausende von Beschäftigten, manche sind schon an der Börse gelistet. Aus der Beida heraus entstand die Firma Founder Group, heute eines der erfolgreichsten Software-

Unternehmen des Landes. Erfolgreichste Gründung der Qinghua war die Computerfirma Qinghua Tongfang Company.

Der berühmteste Spin-Off von Wissenschaftlern ist freilich Chinas größter Computerkonzern Legend, der heute Lenovo heißt und Mitte der 80er Jahre von Liu Chuanzhi gegründet wurde (siehe Kapitel sechs). Liu arbeitete damals an einem Institut der Chinesischen Akademie der Wissenschaften. Die Akademie ist heute noch an Lenovo, aber auch an anderen Unternehmen beteiligt, die ihre Wissenschaftler im Laufe der Jahre gegründet haben. Sie ist die wissenschaftliche Kaderschmiede des Landes, die viele der klügsten Köpfe Chinas beschäftigt.

Riesige Denkfabriken

Yongxiang Lu spricht fließend Deutsch. Kein Wunder, denn er hat an der Technischen Universität Aachen seinen Doktor gemacht. Heute steht er der Chinesischen Akademie der Wissenschaften vor. Rund 700 Mitglieder zählt dieser Zirkel der besten Denker Chinas. Nach dem Vorbild der National Academy of Sciences, in den USA und der britischen Royal Society wurde diese Institution gleich zu Beginn der Volksrepublik im Jahre 1949 gegründet.

In der Akademie sollte nur geforscht werden, im Gegensatz zu den Hochschulen, wo auch gelehrt wurde. Lange Zeit, besonders in Zeiten der Kulturrevolution, spielte die Akademie keine allzu bedeutende Rolle. Das änderte sich mit Beginn der Reformpolitik Ende der 70er Jahre.

Heute gibt es drei Akademien. Von der Gründungsakademie spalteten sich 1977 die Akademie der Sozialwissenschaften und 1994 die Akademie der Ingenieurswissenschaften ab. Sie sind heute *die* Denkfabriken in China. Ihre Dimensionen sind gewaltig: Über 120 Institute, 60 000 Beschäftigte, davon 20 000 Forscher.

Wie die »richtigen« chinesischen Fabriken bot auch die Akademie eine ganze Palette an Sozialleistungen auf ihrem Campus.

So gab es Kindergärten und Krankenhäuser nur für die Akademie-Beschäftigten. Doch die *eiserne Reisschale* – wie man die soziale Rundumversorgung auf Betriebsebene in China nennt – wurde auch hier zerschlagen.

Akademie-Präsident Lu greift durch, er macht vor keinen Privilegien Halt. Früher waren die Mitglieder der Akademie meist ältere Herren jenseits der 70. Nun stoßen ehrgeizige Jungforscher dazu. Jetzt ist die Mehrheit der Beschäftigten unter 45 Jahre alt, und ältere Forscher wurden in den vorzeitigen Ruhestand gedrängt.

Für Lu gilt das Leistungsprinzip. Wer die erwartete Forschungsleistung nicht mehr bringt, in den »wird nicht mehr investiert«, sagte er der *Zeit*. Um die Denkfabrik effizienter zu gestalten, legte er ein so genanntes »Knowledge Innovation Programm« auf.

Anders als auf Sparkurs getrimmte westliche Forschungsinstitute kann er dabei in die Vollen greifen. »Geld ist kein Problem«, sagt Lu, den die Präsidenten der Max-Planck-Gesellschaft oder der Deutschen Forschungsgemeinschaft (DFG) schon aufgrund dieser Aussage beneiden.

Der Staat verdoppelte kurzerhand seine Zuschüsse an die Akademie. Vaterlandstreue Überseechinesen schicken immer wieder mal einen Scheck. Und zudem ist die Akademie, wie beschrieben, an mehreren Spin-off-Unternehmen beteiligt, von denen einige sehr ordentliche Gewinne machen.

In den verschiedenen Akademien wird sehr stark Grundlagenforschung betrieben. Praxis wird woanders gelehrt – zum Beispiel in den vielen MBA-Kursen.

Büffeln für den MBA

Drei Buchstaben üben auf junge karriereorientierte Chinesen eine faszinierende Anziehungskraft aus: M – B – A, was für Master of Business Administration steht. So heißt das wirtschaftliche Zusatzstudium nach dem eigentlichen. Im Westen ist der MBA für junge

Karrieristen häufig die Eintrittskarte zu einer lukrativen Laufbahn in der Geschäftswelt.

Die MBA-Manie hat seit drei, vier Jahren auch die Chinesen erfasst. Inzwischen gibt es in China eine Flut von MBA-Programmen. Nahezu alle renommierten US-Schulen bieten in Kooperationen mit chinesischen Unis solche Kurse an, aber auch viele chinesische Universitäten haben inzwischen einen MBA-Kurs in ihrem Programm.

Über 150 solcher post-universitärer Studiengänge gibt es derzeit in China. Nicht alle sind seriös. »Hier herrscht ein unübersichtlicher Wildwuchs«, sagt Rolf Cremer, Vizepräsident der China Europe International Business School (CEIBS) in Shanghai, einer der besten MBA-Schulen Chinas. Cremer sagt, dass die Unternehmen inzwischen sehr genau hinschauen, wo ihre Bewerber ihren MBA gemacht haben.

Nach wie vor besonders begehrt sind die Ableger der US-Schulen wie Kellogg oder Olin, die besonders teuer sind, weil sie einen enormen Aufwand betreiben. Sie lassen ihre amerikanischen Professoren in der Business-Class einfliegen und in Spitzenhotels logieren, bevor sie für ein paar Vorlesungsstunden ein fürstliches Honorar kassieren. Nicht selten rechnen sie Tagessätze von 4000 bis 6000 Dollar ab.

Rund 10 000 Chinesen, die gerade ihr Studium abgeschlossen haben oder schon im Management tätig sind, drücken nochmals die Schulbank, um für ihren MBA zu büffeln. Dafür sind sie auch bereit, viel Geld zu bezahlen. Je nach Renommee der Uni kostet ein MBA-Kurs zwischen 2000 und 20 000 Euro. Viele Firmen, darunter auch Staatsunternehmen, zahlen ihren Managern diese Kurse, weil sie sich dadurch eine Verbesserung der Management-Qualitäten erhoffen. So kann es schon mal vorkommen, dass ein leibhaftiger Firmenboss wie Zhou Chi, der Chef des Luftfahrtunternehmens Shanghai Airlines, zwei Jahre lang jedes Wochenende opfert, um das neueste Management-Wissen über Marketing und Finanzierung zu pauken. Manche Manager fliegen jedes Wochenende nach

Hongkong, um dort an einer der renommierten Unis ihren MBA zu machen.

Trotz der Inflation von MBA-Programmen und trotz der hohen Studiengebühren: Die Plätze sind begehrt und nicht jeder Kandidat bekommt einen. Bei der CEIBS zum Beispiel kommen auf die 128 Plätze rund 800 Bewerbungen, darunter auch von gestandenen Managern.

Exzellente Kopierer

Jeder Beijing-Tourist kennt sie – die Seidenstraße, jene schmale Gasse, die von der achtspurigen Hauptstraße Jianguomen Dajie abgeht. Hier hängen in kleinen Marktständen Kleidungsstücke mit den bekanntesten Logos der westlichen Markenwelt: Ralph Lauren, Giorgio Armani, Hugo Boss, Tommy Hilfiger, Adidas, Nike, The Northern Face, Timberland und so weiter. Manchmal ist auch ein Fehldruck dabei: Adolf statt Hugo Boss steht da auf dem Etikett im Hemdenkragen. Wer es als Markenname auf den Seidenmarkt Beijings geschafft hat, kann eigentlich stolz sein – es ist der Ausweis, dass es sich um eine globale Marke handelt.

Natürlich sind das alles billige Kopien. Sie kosten oft nur ein Zehntel dessen, was man für die echte Ware in den Boutiquen des Westens hinblättern muss. Die Touristen freuen sich deshalb über die Schnäppchen und schleppen in großen blauen Plastiksäcken ihre Beute fort. Qualität ist für sie zweitrangig. Hauptsache der Polospieler ist auf dem vermeintlichen Ralph-Lauren-Hemd eingestickt.

Die Polizei schaut dem eigentlich illegalen Treiben unbeteiligt zu und amüsiert sich eher über das babylonische Gefeilsche zwischen den Marktfrauen und den Touristen. Das Anbieten gefälschter Waren steht offenbar nicht in ihrem Strafkatalog.

Rund um den Seidenmarkt hört man als westlicher Tourist auch ständig das penetrante »Hi, Sir – Diwidi?« Überall, wo Touristen auftauchen, sind die Fälscher, bieten Raubkopien der neuesten Hollywood-Filme auf DVD an, manchmal auch ganze Softwarepakete. Experten schätzen, dass 90 Prozent der in China verkauften Software illegal hergestellt werden.

Längst hat die Kopierwelle auch komplexere und voluminösere Produkte erfasst, sogar ganze Maschinen. Der Verband der deutschen Maschinen- und Anlagenbauindustrie (VDMA) kommt in einer Untersuchung zu dem Ergebnis, dass jeder zweite Nachbau aus China stammt. »Was gut ist, wird dort geehrt und kopiert«, sagt Christian Steinberger, Leiter der VDMA-Rechtsabteilung, bei der Vorstellung einer Studie zur Produktpiraterie.

Inzwischen werden auch Autoteile, manchmal sogar komplette Autos kopiert. Westliche Automanager in China müssen immer wieder feststellen, dass Autos auf den Straßen rollen, die ihren Modellen verblüffend ähnlich sehen, aber nie und nimmer aus ihren Fabriken kommen. Der eine oder andere Autohersteller – wie zum Beispiel Toyota – geht gegen die Fälscher vor. Andere resignieren achselzuckend. Man kann dieses riesige Land nicht flächendeckend nach kopierten Produkten durchforsten.

Hinzu kommt: Die chinesischen Gerichte, die solche modernen Fälle von Piraterie untersuchen, sind nicht gerade Verbündete der betrogenen Konzerne. Und fällen sie doch ein Urteil in deren Sinne, dann ist dieses schwer umzusetzen. Was nützt es, wenn eine Fälscherwerkstatt dicht gemacht wird, aber gleichzeitig zehn neue irgendwo anders entstehen?

Es fehlt schlicht das Unrechtsbewusstsein. Eigentumsrechte oder *Intellectual Property Right*s (IPR), wie sie in der englischen Fachsprache heißen, sind für die Chinesen etwas Abstraktes. Sie sind nicht zum Anfassen, sie gehören ihrer Meinung nach niemandem. Also kopieren sie – und das auf hohem Niveau, denn die Qualität der *Fakes* ist oft hervorragend.

3. Begnadete Kapitalisten
Von Entrepreneuren und Milliardären

»Die Tatsache, dass chinesische Gesellschaften, wo immer es die Regierungen zulassen, ein ähnlich erfolgreiches Muster wirtschaftlichen Verhaltens entwickeln, spricht dafür, dass dieses Verhalten ein natürliches Element der chinesischen Kultur ist.«

Francis Fukuyama in *Konfuzius und Marktwirtschaft*

Die Volksrepublik China ist ein kommunistisches Land. So steht es in der Verfassung. Doch in Wirklichkeit ist das offiziell kommunistische China zunehmend ein kapitalistisches Land, und diese Gesellschaftsform scheint die einzig adäquate für dieses Volk zu sein, das seit Jahrhunderten eines von Händlern ist.

Deutlich sieht man dies bei den so genannten Übersee-Chinesen, die ihr Heimatland verließen. In allen südostasiatischen Ländern – von Thailand über Malaysia bis Indonesien – sind sie eine mehr oder weniger kleine Minderheit, doch beherrschen sie in all diesen Ländern weite Teile der Wirtschaft.

Selbst in nicht-asiatischen Gesellschaften haben sie Erfolg. Zum Beispiel Silicon Valley: In dem kalifornischen Hightech-Mekka waren bei den meisten Neugründungen von Unternehmen Chinesen beteiligt. Die Chinesen stellen dort nach den Amerikanern inzwischen die erfolgreichsten Unternehmensgründer.

Vielleicht ist eine Grundvoraussetzung für erfolgreiches Unternehmertum die Lust am Spiel. Die Chinesen gamblen an der Börse, in Kasinos und Hinterzimmern. Die Bereitschaft zum Risiko paart sich mit großem Fleiß, einer unbändigen Lust am Geldverdienen und einem unerschüttlichen Glauben an den Erfolg.

Auf chinesischem Boden konnten die Chinesen ihre unternehmerischen Fähigkeiten bislang nur in Hongkong und Taiwan voll entfalten. Aber die Erfolgsstorys, die dort geschrieben wurden, sind legendär – zum Beispiel die von Hongkongs Tycoon Li Ka-shing, der es vom Plastikblumenverkäufer zum reichsten Mann Asiens brachte.

Hongkong und Taiwan sind zwei chinesische Musterländle, die zeigen, welchen Erfolg Chinesen haben können, wenn man ihnen ihre unternehmerischen Freiheiten lässt. Beide Mini-»Staaten« – sieben Millionen Einwohner der eine, 22 Millionen der andere –, haben es trotz widriger Umstände in den vergangenen Jahrzehnten geschafft, zu den weltgrößten Handelsnationen aufzusteigen, und beide haben mit die höchsten Währungsreserven der Welt.

Wenn schon diese beiden kleinen chinesischen Gebilde wirtschaftlich so erfolgreich sind, was wird geschehen, wenn die viel, viel größere Volksrepublik ihren Unternehmern immer mehr Freiheiten gibt?

Das Reich der Übersee-Chinesen

Vancouver, die schön gelegene kanadische Metropole am Pazifik – wenn man hier in einem der zahlreichen Cafés an der Robson Street sitzt und die vorbeiflanierenden Menschen beobachtet, wundert man sich: Wo bin ich hier? Bin ich wirklich in Kanada, dem Land der eingewanderten Briten, Franzosen und anderen Europäer?

Denn mindestens die Hälfte der Shopper und Müßiggänger auf Vancouvers Flaniermeile sind Asiaten: Koreaner, Japaner und vor allem Chinesen. Überall gibt es chinesische Restaurants und Shops, längst haben sie ihr angestammtes enges Viertel – die China-Town – verlassen. Sie sind überall in der Stadt, sogar in Richmond, einem traditionell bürgerlichen Viertel. Keine Frage: Vancouver ist, auch, eine asiatische Stadt.

Ein ähnliches Bild zeigt sich in Neuseelands größter Stadt Auckland und in Australiens Sydney. Chinesen prägen dort das Stadtbild ganz entscheidend mit. Ob in den Metropolen des Pazifiks, ob in großen und kleinen Städten Nordamerikas, ob in den Staaten Südostasiens – die Chinesen sind eine einflussreiche Minderheit, im Stadtstaat Singapur stellen sie gar die Mehrheit.

Wie viele Chinesen leben im Ausland? Sind es 20, 30 oder gar 55 Millionen, wie zum Beispiel Sterling Seagrave in seinem Buch »Lords of the Rim« schätzt? Keiner weiß es genau. Nur so viel ist gewiss: Sie sind überall auf der Welt vertreten. Sichtbares Zeichen ihrer omniglobalen Präsenz sind die vielen China-Restaurants, die mittlerweile mit ihrer pseudo-authentischen Küche auch den letzten Winkel der Erde erreicht haben.

Die Landsleute außerhalb der Grenzen der Volksrepublik nennt man Übersee-Chinesen, Auslandschinesen oder auf Chinesisch Hua Ren. Bösartige bezeichnen sie als fünfte Kolonne Beijings, als ob dort ein geheimer Masterplan existiere, der Chinesen gezielt auf die Welt verteilte, um dort irgendwelchen Einfluss auszuüben oder die Interessen Chinas zu vertreten.

Nein, die Gründe für den millionenfachen Exodus sind viel einfacher. Die meisten Chinesen verließen ihr Land aus nackter Not, weil sie nichts zu essen hatten, keinen Job fanden oder weil sie mit den jeweiligen Machthabern nicht auskamen.

Die erste große Auswanderungswelle fand im 15. und 16. Jahrhundert statt. Kriege, Naturkatastrophen, Hungersnöte und – damit verbunden – die stetig steigende Einwohnerzahl trieben viele Chinesen ins Ausland. Vor allem aus den küstennahen Provinzen im Süden, Fujian und Guangdong, flohen sie ins relativ nahe Südostasien.

Eine zweite große Fluchtwelle setzte Mitte des 19. Jahrhunderts ein. Diesmal war das Ziel vor allem Nordamerika. In China gab es wieder einmal Kriege und Hungersnöte, in Amerika wurden billige Arbeitskräfte, unter anderem für den Bau der Eisenbahn an den Pazifik, gesucht. Von den 10 000 Arbeitern der Central Pacific Railroad waren 9000 Chinesen. Sie galten als fleißig und widerstandsfähig und waren bereit, jede Arbeit zu erledigen. Sie jobbten in Bergwerken und legten Obst- und Gemüseplantagen an. 1882 machten die Amerikaner auf Druck der Gewerkschaften, die um die Jobs ihrer Mitglieder fürchteten, die Grenzen für Chinesen dicht, indem sie den so genannten *Chinese Exclusion Act* erließen. 1924 wurde ein *Second Exclusion Act* nachgeschoben.

Erst nach 1965 mit dem *Immigration and National Amendment Act* kam eine neue Welle chinesischer Einwanderer in die USA – diesmal jedoch keine Arbeiter, sondern Industrielle und Intellektuelle, die teilweise vor dem Regime Mao Zedongs flohen. In den USA betrachtete man die Chinesen lange Zeit als Musterminderheit, diszipliniert, fleißig, gut ausgebildet und unternehmerisch orientiert.

Wo immer die Chinesen in Amerika auftauchten, waren sie binnen kurzer Zeit wirtschaftlich äußerst erfolgreich. In den USA betreiben sie im ganzen Land Restaurants und Wäschereien, im Silicon Valley gründeten sie, wie erwähnt, Hightech-Unternehmen.

Besonders erfolgreich sind die Chinesen in Südostasien. »Die Unternehmen der Übersee-Chinesen dominieren den privaten Sektor in jedem südostasiatischen Land«, stellen Murray Weidenbaum und Samuel Hughes (*The Bamboo Network*) fest.

Deutlichstes Beispiel ist Indonesien. Dort stellen die Chinesen nur 3,5 Prozent der über 150 Millionen Menschen umfassenden Bevölkerung. Doch zwei Drittel der größten Unternehmen sind in chinesischer Hand, darunter die beiden riesigen Konglomerate Lippo Group und Salim Group.

In Thailand ist jeder Zehnte chinesischer Abstammung, was man an den Namen oft nicht merkt, denn dort legen sich die Chinesen meist Thai-Namen zu. Doch diese zehn Prozent der Thai-Chinesen kontrollieren 81 Prozent des gelisteten Privatkapitals. In Malaysia sind immerhin 29 Prozent der Bevölkerung Chinesen, die rund 60 Prozent des gelisteten Privatkapitals beherrschen. Nur Singapur ist in Südostasien mehrheitlich chinesisch dominiert – ethnisch, politisch und auch wirtschaftlich.

Die Übersee-Chinesen sind eine besondere, ja einzigartige Spezies unter den weltweiten Emigranten. Sie kappen nicht wie viele Auswanderer anderer Nationen nahezu alle Beziehungen hinter sich, und sie sind auch nicht bereit, sich allzu stark ihren Gastgeberländern anzupassen. Für die meisten von ihnen ist es eine Auswanderung auf Zeit. Der Hongkonger Professor Gordon Redding sagt: »Die Mehrheit von ihnen hat China psychisch gar nicht verlassen.«

Deshalb behalten sie ihre Bindungen nach Hause – zum Geburtsort und zur Heimatregion – und pflegen sie intensiv. Sie lassen dort Krankenhäuser und andere soziale Einrichtungen, aber auch Fabriken bauen und tragen damit einen großen Teil zum Aufbau des Landes bei.

Hilfreich sind dabei die vielen Netzwerke, die Auslandschinesen untereinander knüpfen, »Bambus-Netzwerke« genannt. Sie basieren nicht auf Verträgen, sondern sind in der Regel lockere Verbindungen, die nur das Ziel haben, sich gegenseitig zu helfen. In ihnen verbünden sich Chinesen aus demselben Ort oder derselben Gegend, die sie verlassen haben.

Stars im Silicon Valley

Yahoo gehört neben Google zu den bekanntesten Internet-Firmen der Welt. Doch fast niemand weiß, wer hinter dem Erfolg Yahoos steckt: David Filo heißt der eine, Jerry Yang der andere Partner.

Als er zehn Jahre alt war, emigrierte Jerry Yang mit seiner Mutter Lily und seinem jüngeren Bruder Ken aus Taiwan nach San José in Kalifornien. Sein Vater war bereits gestorben, seine Mutter arbeitete als Hausangestellte, um ihrem Sohn Jerry eine gute Ausbildung zu finanzieren. Jerry bedankte sich mit großem Lerneifer und guten Noten. Sie ermöglichten ihm ein Elektrotechnik-Studium an der renommierten Stanford-Universität, wo er seinen Kommilitonen David Filo kennen lernte.

In ihrer Stanford-Zeit als Doktoranden entwickelten die beiden einen Internet-Führer, den sie auf ihre eigene Webseite stellten. Das war – wohlgemerkt – 1993, als vom World Wide Web nur ein paar Insider wussten. 1994 gründeten sie Yahoo und brachten das Unternehmen später zu den Hochzeiten des Internet-Hype an die Börse.

Heute ist das Internetportal Yahoo die Nummer eins weltweit, und der Mittdreißiger Jerry Yang ist mit einem Vermögen von über drei Milliarden Dollar einer der reichsten jungen Männer der Welt.

Jerry Yang ist einer der vielen, vielen Chinesen, die im Silicon Valley Erfolg hatten. Dieser Landstrich zwischen San Francisco und San José gilt als der innovativste Platz der Welt. Hier entstanden schon viele kleine und große Hightech-Firmen, hier herrscht wahrer Unternehmergeist.

Dieses einzigartige Klima von Geld und Kreativität zieht viele Studenten, Wissenschaftler und Möchtegern-Unternehmer aus aller Welt an. Hier können sie entwickeln, forschen, spinnen und Unternehmen gründen.

Natürlich dominieren im Silicon Valley die Amerikaner, doch es gibt eine immer mächtigere Gruppe, und zwar die der Asiaten. Vor allem die Inder und Chinesen sind inzwischen die einflussreichen Macher im Silicon Valley. Es kursiert deshalb der Kalauer, der Erfolg des Valleys basiere auf ICs, was in der Hightech-Sprache *Integrated Circuits*, also Schaltkreise, bedeutet, was aber auch Inder und Chinesen heißen könnte.

Wie auch immer: Die Angehörigen dieser beiden Nationen machen – neben den Amerikanern – den Erfolg des Silicon Valleys aus, wobei generell gilt, dass die Chinesen einen höheren Ausbildungsstand als die Inder haben.

Seit rund 20 Jahren strömen Chinesen ins Silicon Valley. Es sind oft die Besten des Landes, die schon in China eine gute Ausbildung genossen haben und sich nun im amerikanischen Hightech-Mekka entweder an Unis oder in Unternehmen weiterbilden wollen. Zwischen 60 000 und 70 000 Ingenieure chinesischer Abstammung leben und arbeiten inzwischen dort. »Chinesische Ingenieure und ihre Start-Up-Firmen spielen eine extrem wichtige Rolle in der

Technologiewelt Kaliforniens«, sagt Anna Lee Saxonian, Politik-Professorin an der *University of California* in Berkeley. Sie schätzt den Umsatz chinesisch induzierter Start-Ups auf über zehn Milliarden Dollar. Bei jeder dritten Unternehmens-Gründung würden – so ihre Erkenntnis – inzwischen Asiaten mitmischen.

Tycoons in Hongkong

Li Ka-shing gilt als der reichste Mann Asiens. Auf über zehn Milliarden Dollar wird das Vermögen des inzwischen 76-Jährigen geschätzt. Li hat eine Tellerwäscher-Karriere hinter sich. Wie so viele Tycoons in Hongkong stammt er aus China, von wo er während der Kriegswirren der 40er Jahre in den sicheren Hafen Hongkong floh.

Als die Familie Li nach Hongkong kam, war sie bettelarm. Nach dem Tod seines Vaters schlug sich der junge Li in vielen Jobs durch, ehe er eine Firma für Plastikblumen gründete. Mit nur 30 Jahren nannten sie ihn in Hongkong *King of Plastic Flowers.*

Schritt für Schritt baute er sein Unternehmen auf und hatte fast immer ein sehr gutes Gespür für das Business. Er wusste meist, wann er welches Unternehmen kaufen oder verkaufen musste. Heute gehören zu seinem Imperium, das Hutchison Whampoa heißt, Hotels, jede Menge Immobilien, Häfen, Telefongesellschaften und Medien, um nur die wichtigsten zu nennen.

Karrieren wie die von Li Ka-shing gibt es in der ehemaligen Kronkolonie häufiger. Im vornehmen Royal Hong Kong Jockey Club, *der* gesellschaftlichen Institution Hongkongs, trifft man die Reichen und Super-Reichen, hier sind sie unter sich. Die Milliardär-Clans der Chens, Chengs, Kuos, Lis und Wongs führen Konglomerate, deren Basis meist Immobilien oder ein Handelsgeschäft waren, und die heute in viele andere Branchen diversifiziert sind.

Viele Chinesen, die nach 1949 in die Kronkolonie kamen, hatten Unternehmerblut in ihren Adern. Sie waren bereits in Shanghai oder in den benachbarten umtriebigen Provinzen Guangdong und Fujian wirtschaftlich erfolgreich. Nach der kommunistischen Machtübernahme sahen sie in der Volksrepublik als Kapitalisten keine Überlebenschance mehr und flüchteten deshalb in das sichere und kapitalistische Hongkong.

Das erlebte in der Folgezeit einen sensationellen Aufstieg. »Hongkong ist eine der spektakulärsten und erfolgreichsten Städte der Weltgeschichte«, schreibt Willem van Kemenade in seinem Buch *China, Hong Kong, Taiwan Inc.* Niemals, weder im Venedig des späten Mittelalters noch im Amsterdam des 16. Jahrhunderts, sei – so der Niederländer – auf einem Flecken Erde innerhalb solch kurzer Zeit ein solch immenser Reichtum geschaffen worden.

In der Tat: Binnen weniger Jahrzehnte mauserte sich die Sechs-Millionen-Stadt zur zehntgrößten Handelsnation der Welt. Geschäftssinn, gepaart mit einer unbändigen Schaffens- und Willenskraft, machte dieses Wirtschaftswunder möglich. Immer wieder waren die flexiblen Hongkong-Unternehmer in der Lage, auf veränderte Bedingungen erfolgreich zu reagieren.

Zuerst konzentrierten sie sich auf lohnintensive Konsumgüterindustrien. Mit der billigen Produktion von Hemden, Spielzeugen und Uhren wurden sie in den 60er und 70er Jahren groß. Als sie diese Waren nicht mehr kostengünstig produzieren konnten, ließen sie sie im benachbarten China herstellen. In den 80er Jahren – nachdem Hongkong auf höherwertige Konsumgüter wie Elektrogeräte umgestiegen war –, wiederholte sich diese Verlagerung.

Heute ist Hongkong eine nahezu deindustrialisierte Insel. Nur noch rund fünf Prozent der Beschäftigten arbeiten in Fabriken, der große Rest im Dienstleistungssektor. Heute ist Hongkong *die* Dienstleistungsmetropole Asiens. Banken, Transport, Medien, Werbung – das sind die Branchen, die im heutigen Hongkong dominieren.

Hongkong ist der Beweis, wie ungemein flexibel Chinesen sind und was sie wirtschaftlich leisten können. Hongkong war und ist wirtschaftlich eines der freiesten »Länder« der Welt, was durch verschiedene Untersuchungen immer wieder bestätigt wurde. Hier wurde unter britischer Herrschaft *Laissez-Faire* in Reinkultur praktiziert. Die Behörden mischten sich kaum in das Wirtschaftsgeschehen ein. Mit einem minimalen Steuersatz von 17,5 Prozent zeigte sich der Staat auch fiskalisch fast absent.

Die Volksrepublik China, seit 1. Juli 1997 wieder stolzer Besitzer der Ex-Kronkolonie, darf an diesem ultraliberalen System nichts ändern. So steht es in der von London und Beijing unterzeichneten *Sino-British Joint Declaration*, die Hongkong noch 50 Jahre lang – also bis 2047 – das bestehende Wirtschaftssystem sichert. Bis dahin gilt die Formel »Ein Land – zwei Systeme«.

Zwei Systeme? Politisch ja, aber wirtschaftlich? Hongkong ist Kapitalismus pur, und die Volksrepublik ist auf bestem Wege in die kapitalistische Republik. So wird sich in der Frage des Wirtschaftssystems die große Volksrepublik dem kleinen Hongkong anpassen – und nicht umgekehrt.

Der kleine Bruder von der Insel

Eine knappe Auto-Stau-Stunde von Shanghai entfernt liegt Kunshan. Wie alle Städte im Speckgürtel rund um Shanghai ist auch Kunshan ein riesiges, eher unansehnliches Konglomerat von Hochhäusern und Fabriken. Eine der großen Straßen durch die Stadt heißt offiziell Tinglin Road. Doch die baumgesäumte Allee hat unter den Einheimischen längst einen anderen Namen: Taipei Road – nach der Hauptstadt von Taiwan.

An der inoffiziellen Taipei Road gibt es jede Menge taiwanesische Restaurants und Geschäfte. Rund 30 000 Taiwanesen leben in Kunshan, ein Großteil der Infrastruktur ist auf sie zugeschnitten. Es gibt taiwanesische Schulen, Organisationen und Vereine, denn es existieren nach über 50-jähriger Trennung zwischen Taiwan und dem Festland doch einige (alltags-)kulturelle Unterschiede zwischen den beiden chinesischen Völkern.

Kunshan ist eine der größten, wenn nicht die größte taiwanesische Enklave in der Volksrepublik. Rund eine Million Taiwanesen leben bereits auf dem Festland, rund fünf Prozent des 22-Millionen-Volkes auf Taiwan. Sie sind in China, weil sie dorthin ihre Fabriken verlagert haben. Wie viele Produktionsstätten dort Taiwanesen gehören, weiß keiner auch nur annäherungsweise. Die Schätzungen schwanken zwischen 50 000 und 100 000.

Es ist noch nicht so lange her, dass Taiwanesen überhaupt nicht in die Volksrepublik reisen durften. Erst 1987 lockerte die Regierung in Taipei das Reiseverbot. Die Entscheidung hatte vor allem wirtschaftliche Gründe. Bis dato hatte Taiwan eine nahezu beispiellose Erfolgsgeschichte hinter sich und – neben Hongkong – der staunenden Weltöffentlichkeit einen weiteren Beweis geliefert, wozu die Chinesen ökonomisch auch unter widrigen Umständen fähig sind.

Von einer kleinen isolierten Insel ohne jegliche Rohstoffe hat sich Taiwan in den vergangenen 40 Jahren zu einer der führenden Handels- und Industrienationen der Welt aufgeschwungen. Es fing in den 60er Jahren mit Champignons und Spargel aus der Dose an, setzte sich in den 70er und 80er Jahren mit Schuhen und anderen Konsumgütern fort. Seit den 90er Jahren ist Taiwan ein Hightech-Lieferant: Chips, Computer, Laptops und alles was dazugehört, ob Mäuse oder Tastaturen.

Doch irgendwann wurde die Produktion dieser Waren auf Taiwan zu teuer. Die taiwanesischen Unternehmer mussten sich nach Alternativen umsehen. Was lag näher als ein Umzug aufs Festland – gerade mal knapp 300 Kilometer entfernt? So haben sich vor allem auf der Taiwan gegenüberliegenden Küstenseite – in den Provinzen Fujian und Guangdong, aber auch in und um Shanghai – mehrere taiwanesische Enklaven gebildet.

Die Investitionen nehmen weiter zu, trotz nach wie vor bestehender Restriktionen, die übrigens von taiwanesischer, nicht von volksrepublikanischer Seite kommen. So erlaubt die taiwanesische Regierung nur eine bestimmte Höhe an Investitionen. Sie befürchtet, dass ihre Firmen zu stark vom Standort China abhängig werden könnten. Die findigen taiwanesischen Unternehmer umgehen jedoch diese Beschränkung, indem sie via Drittstaaten in China investieren. Beliebte Ausweichländer sind die Jungferninseln, aber auch Hongkong und Singapur.

Zudem gibt es, obwohl schon seit Jahren darüber verhandelt wird, immer noch keine direkten Verkehrsverbindungen zwischen der Insel Taiwan und dem Festland. Die Tausende von Geschäftsleuten (und Touristengruppen) müssen immer via Hongkong fliegen und dort umsteigen. Weil das so ist, gilt die Flug-Strecke Taipei – Hongkong als eine der frequentiertesten und lukrativsten Routen der Welt.

Immer mehr Taiwanesen nehmen diesen Umweg gerne in Kauf. Und es sind nicht nur Unternehmer, die aufs Festland ziehen, sondern auch immer mehr Manager und Studenten, die dort ihr Glück suchen. Einer Umfrage zufolge wollen sechs von zehn Taiwanesen nach China übersiedeln, weil sie sich dort bessere Karrierechancen versprechen.

Es wächst zusammen, was zusammengehört

In der Unternehmerwelt der Volksrepublik China gibt es interessante personelle Konstellationen, die vor zehn Jahren schlicht undenkbar gewesen wären. Nehmen wir zum Beispiel ein beliebiges Start-Up-Unternehmen: Der Chef und Gründer ist Einheimischer, der technische Kopf ist zwar auch Chinese, kommt aber aus dem Silicon Valley, und der Finanzvorstand stammt aus Hongkong oder Taiwan, wo er bei einer Bank sein bilanzielles Handwerk gelernt hat – fertig ist die Führungsspitze eines chinesischen Unternehmens neuen Typus.

Was hier im Kleinen funktioniert, passiert auch im Großen. Hongkong, Taiwan, die Volksrepublik China und die Übersee-Chinesen wachsen zunehmend zusammen. Wirtschaftlich ist der Zusammenschluss schon fast vollzogen, politisch freilich noch nicht, weil das Taiwan-Problem noch seiner Lösung harrt (siehe Seite 210 ff.). Längst hat das neu entstehende Mammut-Gebilde der unterschiedlichen Chinas einen englischen Namen, *Greater China*, was ins Deutsche mit Groß-China zu übersetzen wäre.

Seit rund 15 Jahren kommen sich die Chinesen näher, und es macht fast den Eindruck, als hätte jemand das Kommando ausgegeben: Kapitalisten aller chinesischen Länder vereinigt euch!

Das chinesische Quartett aus der Volksrepublik, der Ex-Kolonie Hongkong, dem Inselstaat Taiwan und den überall verstreuten Übersee-Chinesen bildet eine nahezu ideale Symbiose. Alle profitieren, es entsteht eine multiple *win-win*-Situation. Jeder der Vier besitzt etwas, was die anderen zumindest in dieser Größenordnung nicht haben:

– Taiwan verfügt über einige fortschrittliche Technologien und bereits seit Jahrzehnten über ein ausgereiftes Produktions-Know-how;
– Hongkong hat Unternehmergeist und als Handels-Drehscheibe sehr viel Erfahrung im Dienstleistungsbereich (Marketing, PR, Transport und Logistik);
– die Übersee-Chinesen bringen ihr globales Netzwerk ein;
– alle drei oben Genannten haben jede Menge Kapital, das sie bereit sind, in ihrem Mutterland zu investieren;
– und last but not least bietet die Volksrepublik ihr nahezu unerschöpfliches Reservoir an billigen Arbeitskräften und günstigem Industrieland an. Außerdem ist China der größte Absatzmarkt der Welt.

Diese Kombination aus Know-how, Kapital und Arbeit ist weltweit einmalig. Greater China bildet die erste grenzenlose – sozusagen virtuelle – Wirtschaftsmacht der Welt. Und dieser neue Gigant hat unvorstellbare Dimensionen: Zählt man zum Beispiel die Währungsreserven aller drei Chinas zusammen, kommt man auf einen Betrag von rund 800 Milliarden Dollar (die USA haben knapp 40 Milliarden Dollar, die Euroländer 188 Milliarden). Aber auch ihr gemeinsames Handelsvolumen ist mit über einer Billionen Dollar gewaltig.

Ohne die Mithilfe ihrer Landsleute von außerhalb wäre der rasante Aufstieg Chinas nicht möglich gewesen. Denn sie waren es – und nicht die Amerikaner, Europäer oder Japaner –, die die Volksrepublik relativ schnell nach dem Beginn der Reformen 1978 mit dem nötigen Kapital und Know-how versorgt haben.

Dabei spielten weniger spektakuläre große Investitionen eine Rolle, sondern vielmehr die zahlreichen kleinen Investments, die in die Zehntausende gehen. So haben die Übersee-Chinesen seit Beginn der Reformen 1978 weit mehr als 100 Milliarden Dollar in ihrem Mutterland investiert. Über 150 000 Joint-Ventures haben sie gebildet und damit neben Kapital auch viel wertvolles Know-how transportiert. Diese Gemeinschaftsunternehmen sind deshalb für den Ex-US-Banker William Overholt (*China: The Next Economic Superpower*) »die größte Business School für Manager, die es je in der Welt gab«. Dort wurde vielen Chinesen Unternehmertum beigebracht.

Und sie haben schnell gelernt. In der Volksrepublik entstand eine Schicht von jungen Entrepreneuren, die heiß auf wirtschaftliche Erfolge sind.

Erlaubnis für Unternehmer

Richard Yifei ist Ende 20. In Jeans und modischem Streifenhemd sitzt er an seinem Schreibtisch in irgendeinem Shanghaier Büro-Hochhaus. Vor ihm ein Laptop, ein Telefon und ein Handy. Es klingelt dauernd. »Sorry«, sagt er jedes Mal entschuldigend, wenn er zum Handy greift und wechselweise in Chinesisch und Englisch parliert. Fast bei jedem Anruf macht er seinen Gesprächspartnern Druck. Ihnen schleudert er immer wieder seine Lieblings-Buchstaben ASAP entgegen. Das ist die Abkürzung für »as soon as possible«. Zeit ist für Richard Yifei Geld.

Zusammen mit seinem Vater Chen Yifei, einem erfolgreichen Künstler des Landes, baut Richard derzeit eine noble Ladenkette in China auf. Sie starteten mit Geschäften für Damenmode (Marke: Layefe), dann kamen Läden für Herrenmode hinzu. Und nun verkaufen sie auch noch nette Einrichtungsgegenstände (Layefe Home). »Wir wollen beweisen, dass auch Chinesen im Handel mit eigenen Marken erfolgreich sein können«, sagt Richard zwischen zwei Telefongesprächen. Über 350 Geschäfte haben die Yifeis schon.

Plötzlich sind Leute mit Unternehmungsgeist wie Richard Yifei in China Vorbilder. Lange waren sie verfemt, dann mehr oder weniger geduldet. Neuerdings werden sie hofiert. Nicht mehr das Proletariat ist die Avantgarde, sondern der Kapitalist. Legalisiert wurde das private Unternehmertum beim 9. Nationalen Volkskongress im März 1999. Damals beschlossen die Delegierten eine Gesetzesänderung, welche die Privatwirtschaft als »wichtigen Bestandteil der sozialistischen Marktwirtschaft« anerkannte.

Dann, im Herbst 2003, fiel auf dem XVI. Parteitag ein weiteres Sakrileg. Nach heftigen Debatten wurde beschlossen, dass private Unternehmer Mitglied der Kommunistischen Partei werden können.

Die Verantwortlichen vollziehen damit nur nach, was schon seit geraumer Zeit gesellschaftliche Realität ist. Die privaten Unternehmer – Leute wie Richard Yifei – dominieren längst die Wirtschaft. Gab es 1993 rund 240 000 Entrepreneure, so sind es derzeit bereits rund drei Millionen. Sie – und nicht die schwerfälligen und meist maroden Staatsunternehmen – schaffen die dringend benötigten Arbeitsplätze.

Erfolgreiche Jung-Unternehmer

Rupert Hoogewerf kennt sie alle, die jungen chinesischen Unternehmer, die mit einer cleveren Idee zu schnellem Geld gekommen sind. Der junge Brite jagt seit Jahren Chinas reiche Unternehmer. Seine

Hitliste veröffentlichte er zuerst in der chinesischen Ausgabe des US-Magazins *Forbes*, seit 2003 in der Zeitschrift *Chinamoney*.

Wir sitzen im »Element Fresh«, einem der vielen In-Lokale Shanghais, wo sich Ausländer und wohlhabende Chinesen mischen. Auf der Karte gibt es Wein aus Australien, Mineralwasser aus Frankreich, Pasta und Cappuccino aus Italien. Hoogewerf erzählt seine Lebensgeschichte. Er kam als Wirtschaftsprüfer nach Shanghai, doch schnell wurde ihm die Beschäftigung mit dem schnöden Zahlenwerk lästig. Ihn interessierten Menschen.

»Schauen Sie sich doch nur mal um«, sagt er, »hier gibt es jede Menge spannender Leute.« Junge, elegant gekleidete Chinesen sitzen hier, Handy und Palmtop liegen auf dem Tisch. »Das sind junge Unternehmer, die zum Teil tolle Geschichten zu erzählen haben«, sagt Hoogewerf zwischen zwei Bissen in sein Sandwich Hawaii.

Diesen Menschen recherchiert Hoogewerf mit einem kleinen Team von fünf Leuten hinterher, und er ist immer wieder erstaunt, wie viele junge erfolgreiche Unternehmer es bereits in China gibt. »Schauen Sie sich mal die Top Ten der reichsten Chinesen an«, sagt er zum Abschluss des Mittagessens im »Element Fresh«.

Unter den reichsten Chinesen sind vor allem Immobilienhaie aus Beijing und Shanghai. Aber auch drei Jungunternehmer aus der Internet-Branche sind dort vertreten: Ding Lei (Netease.com), Chen Tianqiao (Shanda.com) und Zhang Chaoyang (Sohu.com). Alle drei sind auf ihre Weise typisch für Chinas neue Unternehmerwelt. Ding – übrigens mit rund 750 Millionen Euro Vermögen der reichste Chinese – und Chen sind um die 30, Zhang um die 40 Jahre alt. Die Wirren der Kulturrevolution kennen sie nur vom Hörensagen. Aber was gewesen ist, interessiert sie nicht. Sie sind in der Reformzeit aufgewachsen, und sie kennen keine Hungersnöte, sondern nur satte Wachstumsraten. Sie leben jetzt, in der Zeit des Wirtschaftswunders, und wollen alle Chancen nutzen, die ihnen diese Zeit bietet.

Chinesischer Kapitalismus

Die Bürger von Wenzhou sind in China berühmt-berüchtigt und als *Wenzhou-Gang* bekannt – nicht weil sie besonders bösartig oder hinterlistig wären, sondern weil sie besonders erfolgreich und vermögend sind.

In Bussen reisen sie in die großen prosperierenden Städte vor allem des Yangtze-Deltas. Kameras und volle Koffer bilden ihr Gepäck. Doch die von einer örtlichen Zeitung organisierten Fahrten sind keine touristischen Sightseeing-Touren. Die Mitglieder der *Wenzhou-Gang* sind vielmehr auf einem Einkaufstrip. Sie fotografieren Häuser und Wohnungen, die sie dann sofort vor Ort kaufen wollen. Bezahlt wird bar – aus dem Koffer.

Wenzhou gilt als *die* Kapitalisten-Metropole der Volksrepublik. In keiner chinesischen Stadt gibt es mehr private Unternehmer als hier, rund 360 Kilometer südlich von Shanghai. Ziemlich abgeschieden liegt diese 1,2-Millionen-Stadt, vorne das Meer, hinten die Berge. Beijing ist fern, der Arm des Gesetzes greift nicht richtig.

In diesem Mikrokosmos reifte eine kapitalistische Enklave, die einzigartig in China ist. Vier von fünf Unternehmen sind in Privatbesitz. Xie Hao, der Leiter des Wirtschaftsbüros von Wenzhou, sagt gegenüber der *Financial Times Deutschland*: »Die Leute hier halten nicht viel von Theorien, sie wollen reich werden.«

Zum Beispiel Herr Yu. Er war Analphabet und begann, als Deng Xiaoping die Reformen ausrief, mit einem Ein-Mann-Betrieb Schuhe herzustellen. Heute leitet sein Sohn Jinhua das Unternehmen Jierda, das inzwischen mit 2500 Beschäftigten 70 Millionen Euro Umsatz macht. Schon 60 Prozent gehen in den Export. »Demnächst eröffnen wir ein Verkaufsbüro in Berlin«, sagt Jierda-Chef Yu.

Von dieser Sorte Erfolgsbeispiele gibt es Hunderte in Wenzhou. Viele stellen Feuerzeuge her und versorgen damit die ganze Welt. Rund 70 Prozent aller Feuerzeuge dieser Welt stammen aus dem Städtchen Wenzhou. Ebenso ist Wenzhou eine Hochburg der weltweiten Socken-Produktion. Mindestens jedes dritte verkaufte Paar wird in Wenzhou hergestellt.

In Wenzhou kann man studieren, wie der derzeit existierende chinesische Kapitalismus aussieht. Es ist – noch – kein Kapitalismus der Konzerne, sondern der Familienunternehmen. In der Regel herrscht der Gründer als Patriarch über das Unternehmen. Die meisten Mitglieder seiner Familie sind im Betrieb in irgendeiner Funktion tätig. Nur sie bekommen leitende Jobs. Außenstehende haben keine Aufstiegschance, stehen gleichwohl sehr loyal zu »ihrem« Unternehmen.

Diese Familienunternehmen, die durchaus eine Größenordnung von einigen tausend Mitarbeitern haben können, sind sehr flexibel, weil es kurze Entscheidungswege gibt – meist den von oben nach unten. Der Boss entscheidet, der Rest führt aus, aber schnell. Die Endlos-Diskussionen in westlichen Unternehmen betrachten sie mit Kopfschütteln.

Und während in westlichen Unternehmen noch diskutiert wird, haben die Chinesen schon längst entschieden und sich an die Arbeit gemacht.

4. Aufbau Ost, Abbau West
China wird zur Produktionsstätte der Welt

»Chinas Aufstieg zur Produktionsmacht wird denselben Einfluss auf die Welt haben wie die Industrialisierung der USA, vielleicht sogar noch einen größeren.«

Andy Xie, China-Analyst bei Morgan Stanley, Hongkong

Eine neue industrielle Revolution vollzieht sich – rund 150 Jahre nach der ersten. Damals, um die Mitte des 19. Jahrhunderts, stieg England zur ersten und führenden Industrienation der Welt auf. Heute ereignet sich in China ähnlich Umwälzendes: China wird zur »Fabrik der Welt«, wie es Siemens-Chef Heinrich von Pierer ausdrückt. Immer mehr Güter werden in gigantischen Stückzahlen in China hergestellt und auf dem Weltmarkt verkauft.

Mit Kleidung und Schuhen fing es an. Heute stehen in fast allen Labels – ob bei der schwedischen Billigkette Hennes & Mauritz oder beim teuren US-Designer Ralph Lauren – die drei Worte »Made in China«. Auch die Sportschuh-Hersteller Adidas, Nike und Puma lassen seit Jahren fast nur noch in China produzieren.

Bald folgten so genannte braune und weiße Waren, also Unterhaltungselektronik und Haushaltsgeräte. Inzwischen kommen 50 Prozent aller Kameras, 30 Prozent aller TV-Geräte und Klimaanlagen, 25 Prozent aller Waschmaschinen und 20 Prozent aller Kühlschränke aus China.

»China wird zur Produktions-Supermacht, und diese Entwicklung scheint unaufhaltsam«, prophezeit Asien-Kenner Kenneth Courtis von der Investmentbank Goldman Sachs. Heute schon ist China das viertgrößte Produktionsland der Welt – hinter den USA,

Japan und Deutschland. Und es ist bereits auf dem Sprung, die beiden Letzteren zu überholen.

Bislang kommen aus Chinas Fabriken sieben Prozent der Welt-Produktion. Jonathan Woetzel, Direktor bei McKinsey in Shanghai, sagt, es sei durchaus möglich, dass in zwei Jahrzehnten dieser Anteil auf 25 Prozent steige.

Diese Verschiebung hat dramatische Folgen für den Rest der Welt. In den entwickelten Staaten vollzieht sich eine schleichende Deindustrialisierung. Aus der Triade – also den USA, Japan und Europa –, aber auch aus so genannten Schwellenländern wie Mexiko verschwinden ganze Industrien Richtung China. Branchen wie Textil, Stahl und Werften sind schon mehr oder weniger weg. Weitere Industrien folgen, und zwar in einem Tempo, das die Welt noch nicht gesehen hat. Ob Autos, Chips oder Handys – China baut auch in diesen höherwertigen Branchen immer mehr Produktionskapazitäten auf.

Und mit den Industrien verschwinden die Arbeitsplätze. In den alten Industriestaaten geht deshalb die Angst um vor einem »Jobless Growth«, wie die Ökonomen sagen. Dort gibt es zwar wieder (höhere) Wachstumsraten, doch die Zahl der Beschäftigten nimmt trotzdem ab. Neue Arbeitsplätze entstehen fast nur in China.

Und noch eine zweite Angst geistert durch die Köpfe. So fragt Jeffrey E. Garten, Dean der Yale School of Management, in einer *Business-Work*-Kolumne besorgt: »Wird Chinas Bedeutung bei der globalen Produktion bald dieselbe sein wie Saudi-Arabiens Position auf dem Weltölmarkt?« Es gibt durchaus Befürchtungen, dass man zu abhängig von der Produktionsmacht China werden könnte.

In der Tat: Wenn China von heute auf morgen – aus welchen Gründen auch immer – die Grenzen dichtmachen würde, hätte die restliche Welt ein großes Problem: Es gäbe keine Computer mehr, die Regale bei WalMart und die Kleiderständer bei Hennes & Mauritz wären größtenteils leer.

Das Warenhaus der Welt – Wo Hennes & Mauritz und WalMart & Co. einkaufen

Karl-Gunnar Fagerlin sitzt in Stockholm und hat trotzdem großen Einfluss auf Chinas Wirtschaft. Er ist Einkaufschef des schwedischen Bekleidungshändlers Hennes & Mauritz (H & M), der rund 900 Geschäfte in aller Welt betreibt. Von Stockholm aus entscheiden er und sein 200 Köpfe starkes Team, wo die rund 500 Millionen Kleidungsstücke, die H & M jährlich verkauft, gefertigt werden sollen. Fagerlins Team votiert immer häufiger für China, das für H & M inzwischen wichtigste Produktionsland neben Bangladesch, Indien und der Türkei.

Die Bestellungen aus Stockholm treffen per E-Mail in Shanghai ein. Dort sitzen im so genannten Produktionsbüro von Hennes & Mauritz rund 20 Chinesen. Stockholm braucht 50 000 Hemden in sieben Tagen, 30 000 BHs in vier Wochen? Kein Problem für die Chinesen im Shanghai Office. Sie haben die Produktionspläne der rund 100 Fabriken im Lande vorliegen und können in wenigen Minuten erkennen, wo in China sie die Aufträge platzieren.

Wie für Hennes & Mauritz ist für alle großen Händler dieser Welt China längst ein Einkaufsparadies. Hier lassen sie den Großteil ihrer Waren fertigen, hier kaufen sie ein.

WalMart, das weltgrößte Handelsunternehmen, hat in Shenzhen – der Nachbarstadt von Hongkong – sein Einkaufsbüro. Von hier aus werden alle Einkäufe in China gesteuert. WalMart kaufte 2003 Waren im Wert von 12 Milliarden Dollar in China, in fünf Jahren soll es eine Größenordnung von 25 bis 30 Milliarden sein.

Der französische WalMart-Rivale Carrefour hat sogar sein Global Purchasing Center nach China, und zwar nach Shanghai, verlagert. Der weltweite Einkauf aller Waren wird hier koordiniert. In den Märkten von Carrefour kommen bereits 25 Prozent der Waren aus China.

Ähnlich ist es bei der Metro, bei Karstadt, Quelle oder Neckermann. Die deutschen Handelskonzerne kaufen schon seit Jahrzehnten in China ein. Es fing mit Spielzeug, Uhren und Weihnachtsschmuck an. Heute beziehen Metro & Co. Computer, Kühlschränke und fast alle Kleidungsstücke aus China.

Im arbeitsintensiven Bekleidungssektor hat China inzwischen eine überragende Weltmarktstellung. Weltweit kommt fast jedes zweite Kleidungsstück aus der Volksrepublik. Jede Modemarke – auch die nobelste – lässt inzwischen in China nähen und schneidern. Die vielen chinesischen Textilfabriken können alle Qualitäten liefern – von ganz billig bis sehr edel. Selbst die italienischen Nobelschneider zittern schon. Paolo Zegna, Sohn des legendären Firmengründers Ermenegildo Zegna, sitzt nachdenklich in seinem Büro im piemontesischen Trivero und sagt: »Die Chinesen sind eine große Gefahr für uns.«

Und deren Vormachtstellung im Bekleidungsbereich wird noch zunehmen. Ende 2004 lief das Welttextilabkommen aus, das bislang den Chinesen Exportquoten aufzwang. Nun können die chinesischen Firmen so viel exportieren wie sie wollen. »Wir werden kommen, und wir werden auf der ganzen Welt eine neue Bekleidungskultur entwickeln«, kündigte Du Yuzhou, Präsident des chinesischen Textilverbandes, bereits in einem Interview mit der *Textilwirtschaft* an.

Wo alles anfing: Das Perlfluss-Delta

Vor rund 20 Jahren war Dongguan ein verschlafenes Bauernstädtchen im Süden Chinas. Lediglich verschlammte Wege verbanden Dongguan mit dem Rest der Welt. Rund 50 000 Einwohner lebten dort, meist mehr schlecht als recht von der Landwirtschaft. Mit ihren Wasserbüffeln durchpflügten sie die Reisfelder. Die Anzüge waren blau, der Alltag grau.

Hätte hier jemand ein Auto (und natürlich eine Ausreisegenehmigung) gehabt, hätte er nur rund eine Stunde gebraucht, um in der Neuzeit anzukommen: in Hongkong, der glitzernden Metropole mit ihren vielen Wolkenkratzern und diesen – für Hongkong so typischen – Fabrik-Hochhäusern, wo auf jeder Etage eine Firma residierte.

Doch just zu jener Zeit – Mitte der 80er Jahre – herrschte bei den Fabrikbesitzern Hongkongs plötzlich helle Aufregung. Sie mussten feststellen, dass ihre Waren – ob Hemden, Schuhe, Spielzeuge oder Elektroartikel – auf den Weltmärkten unverkäuflich wurden. Die Produktion im kleinen Hongkong, das bis dato einen rasanten Aufstieg unter die wichtigsten Handelsnationen der Welt hingelegt hatte, war schlicht zu teuer. Andere asiatische Länder traten als Wettbewerber auf und unterboten Hongkong. Es bestand die große Gefahr, dass die Produktions-Karawane weiterzog – nach Malaysia, Indonesien, Thailand oder auf die Philippinen.

In dieser Situation entdeckte Hongkongs Wirtschaft ihr chinesisches Hinterland, das bislang industriell brach lag. Die Hongkong-Unternehmen begannen vor der Haustür Fabriken hochzuziehen. Es war eine ideale Ergänzung: Die Hongkong-Chinesen hatten Geld und Know-how, die Festland-Chinesen jede Menge arbeitswilliges Volk. So heuerte das erfahrene Management aus der Kronkolonie unerfahrene, aber billige Arbeitskräfte an, kasernierte sie in Wohnsilos direkt neben den Werkshallen und ließ sie sechs Tage schuften und nur einmal – zum chinesischen Neujahrsfest – für eine Woche nach Hause reisen.

Die Regierung in Beijing unterstützte die »Eindringlinge« aus dem kapitalistischen Hongkong, indem sie in der benachbarten Provinz Guangdong die ersten Sonderwirtschaftszonen errichtete, wo nach marktwirtschaftlichen Spielregeln produziert werden durfte. So entstand zwischen Hongkong und der Provinz-Hauptstadt Guangzhou nach und nach eine boomende Region, die nach dem Fluss zwischen beiden Städten genannt wurde: Das Perlfluss-Delta.

Mittendrin: Dongguan, heute eine Sieben-Millionen-Stadt. Mindestens fünf Millionen der Einwohner sind Wanderarbeiter. Sie kommen aus den armen westlichen Provinzen, wo sie keine Arbeit haben und sich mit Müh und Not ernähren können. Hier in Dongguan gibt es rund 20 000 Fabriken, wo sie für rund 150 Dollar im Monat Arbeit gefunden haben. Fast alles, was mit Computern zu tun hat, wird in und um Dongguan produziert. Der Asien-Chef von IBM spottet deshalb: »Wenn auf der Autobahn von Dongguan nach Hongkong ein Stau ist, stockt auch die weltweite Computerproduktion.«

Auf dem 140 Kilometer langen Highway zwischen Guangzhou und Hongkong kommt der Verkehr öfter ins Stocken, denn hier fahren jede Menge Lkw mit bunten Container-Aufsätzen der weltbekannten Reedereien. Sie transportieren Waren aus den vielen Fabriken im Perlfluss-Delta zu den Häfen in Hongkong und Shenzen oder – wenn sie besonders schnell zu den Kunden kommen sollen – zu einem der fünf (!) Groß-Flughäfen rund um Hongkong.

Rund 480 000 Fabriken stehen inzwischen im Perlfluss-Delta. Keine Gegend der Welt hat eine solche Fabrikdichte. Hätte Altmeister Mao Zedong das noch erleben dürfen, hätte er sicher zu seinen Landsleuten gesagt: »Schafft viele Perlfluss-Deltas!« Die Chinesen tun es auch so – in Shanghai, in Beijing, im Nordosten und bald auch im Westen des Landes.

Drachenköpfe und Rostgürtel

Die Chinesen lieben Symbolik. »Drachenkopf« nennen sie deshalb das Yangtze-Delta. Dort leben 70 Millionen Menschen, rund 20 Millionen davon in Shanghai, dem Gehirn des Drachenkopfes. Keine Stadt der Welt wächst dynamischer als Shanghai. Es scheint, dass sie im Zeitraffer nachholen will, was sie über 40 Jahre unter kommunistischer Herrschaft zwangsläufig verschlafen hat. Denn bis Ende der 80er Jahre lag die einstige Perle des Orients im Koma, von den Machthabern in Beijing stiefmütterlich behandelt.

Nichts verdeutlicht die Dynamik dieser Metropole mehr als ein Blick vom Bund, jener berühmten Uferstraße mit ihren klassizistischen Gebäuden am Huang Pu. Schaute man vor rund 15 Jahren von der Dachterrasse des legendären Peace Hotels hinüber auf das andere Ufer, dann sah man nichts – außer Ackerland und ein paar Bauernhöfen. Heute dagegen tut sich eine völlig andere Welt auf: Hochhäuser, ein riesiger Fernsehturm, Highways, Parks, ein neuer Flughafen. Und dazwischen schwebt der Transrapid.

Shanghai hat sich binnen 15 Jahren auch wirtschaftlich vollständig verändert. Früher dominierten hier schwerfällige Staatsbetriebe, heute sind es vor allem Joint-Ventures mit ausländischen Konzernen. Hier produzieren die Autogiganten General Motors und Volkswagen. Hier stehen die größten Chip-Fabriken. Hier lässt Siemens Handys zusammenbauen.

Die Dynamik Shanghais hat längst das Umland erfasst. So wachsen mit Shanghai die Städte Hangzhou, Suzhou, Ningbo und Wuxi – Namen, die im Westen kaum jemand kennt. Doch dies sind alles prosperierende Millionen-Städte. Suzhou zum Beispiel. In der 2500 Jahre alten Stadt mit den berühmten Gärten entstanden in den vergangenen Jahren zwei riesige Industrieparks, die eigentlich ganze Städte sind. Im einen – dem weitläufigen Suzhou Industrial Park – arbeiten und wohnen rund 400 000 Menschen.

Shanghai und seine Umgebung profitierten davon, dass in den 90er Jahren an der Spitze von Partei und Regierung in Beijing Spitzenfunktionäre aus Shanghai standen: KP-Chef Jiang Zemin sowie Ministerpräsident Zhu Rongji zum Beispiel. Die »Shanghai-Gang« um diese beiden Anführer pumpte viele Staats-Milliarden in »ihre« Stadt.

Nachdem Shanghai den Sprung in die Neuzeit geschafft hat, päppelt die neue Führung nun andere Regionen auf: die Gegend um Beijing, den maroden Nordosten und den noch unentdeckten Westen.

So ist derzeit das Beijing-Tianjin-Gebiet (45 Millionen Einwohner) auf dem Wege, ähnliche Bedeutung wie das Perlfluss- und das Yangtze-Delta zu gewinnen. Zwar liegen rund 100 Kilometer zwischen der Hauptstadt Beijing und der Hafenstadt Tianjin, doch die zwischen den beiden Städten liegende Tianjin Economic-Technological Development Area (Teda) zählt bereits zu den dynamischsten

Industriegebieten Chinas. Als Bürgermeister Tianjins wurde Dai Xianglong, ehemals Chef der chinesischen Zentralbank, abkommandiert. Er soll den Aufbau der neuen Wachstumszone überwachen, lenken und forcieren.

Mehr als 1000 Kilometer nordöstlich von Beijing liegt der »Rostgürtel« – gewissermaßen das Ruhrgebiet – Chinas. Früher prosperierend, ist es heute eine Problemzone: Alte Industrien, große Umweltschäden, hohe Arbeitslosigkeit, immer mal wieder wilde Streiks. Die Führung in Beijing hat das Problem erkannt. Die neue Regierung unter Ministerpräsident Wen Jinbao räumt seit 2003 der Entwicklung dieser vernachlässigten Region hohe Priorität ein. »Revitalisiert den Nordosten« heißt der Kampagnen-Spruch.

Die Aufmerksamkeit der Beijinger Machthaber genießt Chinas Westen schon etwas länger. Bereits Ende der 90er Jahre formulierte die Zentralregierung ihre »Go-West-Politik«. Die Führung kann und will nicht zulassen, dass sich nur die Küstenregionen im Osten entwickeln. Das Ost-West-Gefälle droht das Land zu spalten. Deshalb will Beijing gerade auch die ausländischen Unternehmen mit sanfter Gewalt (sprich: geringen Steuern und preiswerten Grundstücken) Richtung Westen zwingen. Als einer der Ersten hat Autobauer Ford verstanden. Er produziert bereits in der 20-Millionen-Metropole Chongqing, der unbekanntesten Großstadt der Welt, einen Kleinwagen.

So werden immer mehr ausländische Firmen in immer mehr Regionen Chinas Investitionen tätigen – zulasten von Ländern in der Ersten, Zweiten, aber auch der so genannten Dritten Welt.

Mexikos verlorener Kampf

Santa Ana Chiautempan ist ein Städtchen im Norden Mexikos. Hier gibt es viele Textilfirmen, die die Menschen ernähren. Doch nicht mehr lange. Das ferne China ist hier das Gesprächsthema Nummer eins. In den Lokalzeitungen erscheinen Überschriften wie

»China: Der Feind, den es zu besiegen gilt«. Der Feind aus Fernost raubt den Menschen ihre Jobs. So gingen seit 2001 mehr als 218 000 Arbeitsplätze in der mexikanischen Textil- und Bekleidungsindustrie verloren.

Einige Kilometer westlich von Santa Ana liegt Tijuana, das man auch die Hauptstadt des Fernsehens nennt. Hier produzieren die japanischen und koreanischen Hersteller Hitachi, Panasonic, Samsung, Sanyo und Sony massenhaft TV-Geräte. Doch auch in Tijuana ist das Stimmungsbild deutlich getrübt. Immer mehr Fernseh-Fabriken machen dicht. Sony zum Beispiel schloss drei seiner vier Produktionsstätten in Tijuana und baut sie in China wieder auf. Die Arbeitslosigkeit in der Gegend steigt, denn Beschäftigungsalternativen haben die Mexikaner dort nicht.

Dabei setzte die mexikanische Regierung so viel Hoffnung auf die so genannte *Maquiladora*. So heißt die Industrie im Norden Mexikos an der Grenze zu den USA. Hier sollte eine billige Produktionsbasis für den großen nordamerikanischen Markt entstehen. Bis zum Jahr 2000 ist dies auch gelungen. Doch dann tauchte der Wettbewerber China auf. Inzwischen exportiert das ferne China mehr Waren in die USA als das nahe Mexiko. Die mexikanischen Waren sind zu teuer, weil die Löhne zu hoch sind. In Mexiko verdient ein Fabrikarbeiter im Schnitt 300 Dollar im Monat, in China dagegen nur 100 Dollar.

Rund 500 von 3700 *Maquiladora*-Unternehmen mussten deshalb schließen, sagt die mexikanische Regierung, Tendenz steigend. Die Investmentbank Merrill Lynch konstatiert: »Mexiko hat den Kampf um arbeitsintensive Industrien fast verloren. Sie können einfach nicht mit China mithalten.«

Die Mexikaner flüchten sich derweil in Galgenhumor: Das Einzige, was die Chinesen nicht herstellen könnten, sei der Tequila, das Nationalgetränk der Mexikaner. Doch wenn schon das Dritte-Welt-Land Mexiko den Lohnwettbewerb mit China verliert, welche Chancen hat dann noch die Erste, die industrialisierte Welt mit ihren horrenden Löhnen?

Die Demontage der US-Industrie

Der Bundesstaat Ohio liegt im Stammland der Amerikaner. Hier im Mittleren Westen kümmert man sich ziemlich wenig darum, was draußen in der großen weiten Welt passiert, solange es einem nur gut geht. Doch die besten Zeiten scheinen vorbei zu sein.

In Ohio, genauer in Cleveland, geschah kürzlich etwas Seltsames. Fleißige chinesische Hände zerlegten hier eine 40 Jahre alte Stahlfabrik in ihre Einzelteile, verpackten sie in riesige Kisten und verschifften sie über den Pazifik. An ihrem neuen Standort wird sie wieder aufgebaut. Das neue Domizil des Industrie-Kolosses heißt Shenyang, eine Industriestadt im Nordosten Chinas. Dort sitzt die International Steel Group, ein boomender chinesischer Stahlhersteller, der die Fabrik gekauft hat.

Der Ab- und Wiederaufbau einer ganzen Fabrik hat symbolische Bedeutung: Eine Industrie verschwindet Richtung China. »Die Stahlproduktion in diesem Land wird deindustrialisiert,« klagt deshalb George Becker, Präsident der Gewerkschaft United Steelworkers of America, in *New Steel*. Becker sieht schwarz: »Der Tag ist nicht sehr fern, an dem unsere Stahlindustrie vom chinesischen ›Wettbewerb‹ vernichtet wird wie schon andere Industrien.« Nicht nur, aber vor allem wegen China ging deshalb in den USA die Zahl der industriellen Arbeitsplätze von 19,3 Millionen (1980) auf derzeit 14,6 Millionen zurück.

In den USA wächst der Widerstand gegen die schleichende Deindustrialisierung des Landes, es bilden sich Lobby-Gruppen. »Save American Manufacturing Now« ist eine davon. Sie hat enormen Zulauf. Seit ihrer Gründung im Februar 2003 traten über 70 000 Mitglieder bei – Arbeiter, Manager und Unternehmer, die Angst haben, dass vor allem der aufstrebende Gigant China ihnen die Arbeitsplätze und Fabriken wegnimmt.

Eine Umfrage während des Präsidentschafts-Wahlkampfs 2004 ergab, dass 94 Prozent der Amerikaner inzwischen glauben, China raube ihnen die Jobs. Im Wahlkampf spielte die Abwanderung von

Arbeitsplätzen deshalb eine zentrale Rolle. Dabei gerierte sich der Demokrat John Kerry – getrieben und unterstützt von der zentralen Gewerkschaft AFL-CIO – als populistischer China-»Basher«, während George Bush mildere Worte für China fand.

Es sind dieselben Ängste wie damals in den 80er Jahren, als man in den USA glaubte, die Japaner überrollten die amerikanische Industrie. Nur diesmal sei es viel gefährlicher, sagen die Amerikaner. Die Chinesen seien brutaler und schneller. »China ist das Thema Nummer eins bei unseren Mitgliedsfirmen«, sagt Frank Vargo von der National Association of Manufacturers in Washington. Ihn erreichen täglich Anrufe von erbosten und hilflosen Unternehmern und Managern. Vargo erklärt: »Während die Japaner nur in ausgewählten Industrien attackierten, ist China mit allen – von Textilien bis Computerchips – dabei.«

Chinas Attacke hat in der Tat eine ganz neue Qualität: Es sind nicht nur die Billigjobs, die die USA verlieren, sondern zunehmend auch höher qualifizierte Arbeitsplätze. Die American Electronics Association schätzt, dass in den beiden Jahren 2002 und 2003 rund 750 000 Hightech-Jobs verloren gingen, und zwar nach Russland, Indien und China. Doch es wird noch schlimmer kommen. Die Marktforscher der Forrester Group prophezeien für die nächsten Jahre einen Exodus von drei Millionen Hightech-Stellen.

Ob Computer, Chips oder Handys – China entwickelt und produziert sie selbst. Für Craig Barrett, Chef des amerikanischen Chip-Herstellers Intel, ist laut *Wall Street Journal* deshalb klar, »dass China der bevorzugte Standort für die Elektronikindustrie werden wird«.

Panik in Japan und Korea

Der Plan trägt den eher harmlosen Titel »Transformation 60«. Ende Oktober 2003 legte ihn der größte japanische Elektronikkonzern Sony vor. Es war ein Sanierungsplan, denn Sony geht es nicht mehr so gut wie früher. Sony muss Kosten sparen und vor allem billiger produzieren. Deshalb heißt ein wichtiger Punkt des Plans »Transformation 60«: Verlagerung der Massenproduktion von Japan nach China. Rund 7000 Stellen in Japan fallen dadurch weg.

Sonys Flucht nach China ist in der japanischen Industrie kein Einzelfall. Ob NEC, Olympus, Sanyo oder Toshiba – alle japanischen Elektrogiganten lassen inzwischen ihre Laptops, Notebooks, Computer und Kameras in riesigen Stückzahlen in China herstellen. Fast beschwörend fragt Yoichiro Furuse, Sanyos Unternehmensstratege: »Was hätten wir tun sollen? In Japan bleiben und unsere Produkte mit Verlusten fertigen?«

Denn daheim in Japan ist es längst viel zu teuer geworden. Eine Erkenntnis, die langsam auch in der japanischen Autoindustrie reift. Alle großen Hersteller sind inzwischen in China mit großen Fabriken vertreten, wo sie permanent ihre Kapazitäten ausbauen. Andy Xie, Analyst von Morgan Stanley in Hongkong, erklärt: »Es hat keinen Sinn, Autos teuer in Japan herzustellen, wenn man sie auch einen Fährtag entfernt für einen Bruchteil der Kosten montieren kann.«

Die Folge des Exodus: Seit 1992 hat Japan mehr als drei Millionen industrielle Arbeitsplätze verloren. In Japans Politik schrillen angesichts solcher Zahlen die Alarmglocken. »Der Industrie-Exodus nach China schürt in Japan tiefste Ängste«, konstatiert die führende Wirtschaftszeitung *Nikkei* – Ängste vor dem Riesen und Erzfeind China, Ängste vor der Deindustrialisierung des Landes. Jesper Kroll, Chefökonom bei Merrill Lynch in Tokio, schwant Schlimmes: »Wenn hier nicht bald etwas geschieht, blutet Japan als Industrieland allmählich aus.«

In Südkorea teilt man diese Befürchtungen. Zum ersten Mal hat das Wirtschaftswunderland Korea 2001 unterm Strich Arbeitsplätze verloren, nämlich 45 000. Fast jedes zweite koreanische Unternehmen produziert inzwischen in China. »Der rücksichtslose Exodus von Firmen hat sich seit 2003 beschleunigt«, klagt Lee Jung Sik von der Federation of Korean Trade Unions.

Der größte koreanische Konzern, Samsung, beschäftigt in China bereits 41 000 Mitarbeiter in 26 Fabriken. Und Lucky Goldstar (LG) hat 31 500 Beschäftigte vor Ort. »Der Großteil unserer Produktion wird irgendwann in China landen«, sagt Samsung-Manager Choi Geesung.

Größter Landeplatz ist die Sieben-Millionen-Stadt Qingdao, gerade mal etwas mehr als eine Flugstunde von Korea entfernt. Sie hat sich zum koreanischen Zentrum in China entwickelt, ganze Straßenzüge sind in koreanischer Hand. Restaurants, Geschäfte und Banken – alles ist koreanisch. Rund 80 000 Koreaner leben bereits in Qingdao.

Koreaner wie Japaner haben aus Kostengründen keine andere Wahl, auch wenn ihnen nicht wohl dabei ist. Denn sie fürchten einen technologischen Bumerang. Die wissbegierigen Chinesen lernen von den Koreanern und Japanern im eigenen Lande, kopieren sie und überschwemmen dann mit billigeren Produkten deren Märkte. Eigentlich ist es dieselbe Strategie, die die Japaner jahrzehntelang äußerst erfolgreich angewandt haben, als sie den Westen kopierten. Nun trifft es sie – und zwar gleich doppelt: Erst nehmen ihnen die Chinesen die Arbeitsplätze weg, dann die Märkte – ein Schicksal, das auch den Europäern droht.

Good bye good old Europe

Der niederländische Elektrokonzern Philips war bis vor kurzem ein europäisches Unternehmen mit Sitz in Eindhoven. Auf dem alten Kontinent standen die meisten Fabriken und Forschungslabors. Doch Ende November 2003 kündigte Vorstandschef Gerard Kleisterlee Dramatisches an: Jedes dritte Werk wird geschlossen und verlagert.

Nach dieser Ankündigung flog er mit seinen 16 Vorstandskollegen für eine Woche ins neue gelobte Land – nach China. Eine Woche tourte die Philips-Führungscrew durch das Riesenreich auf der

Suche nach neuen Standorten. Kleisterlee, der mehrere Jahre auf Taiwan gelebt hat, will China zu einer zentralen Drehscheibe für Philips ausbauen, sowohl für die Produktion als auch für Forschung und Entwicklung.

Kein europäischer Konzern hat sich so konsequent für den Standort China ausgesprochen wie der niederländische Elektro-Multi. Und bei keinem Konzern lässt sich der Strategiewandel deutlicher festmachen als bei Philips. Schon in den frühen 80er Jahren kam das Unternehmen nach China, um dort zu fertigen, allerdings nur für den lokalen Markt. Man muss vor Ort sein, um den Markt zu bedienen, lautete die völlig richtige Argumentation. Das spare Transportkosten und man lerne so den Markt besser kennen. Inzwischen hat Philips über 30 Fertigungsstätten in China – doch diese produzieren nicht mehr nur für den chinesischen Markt. Aus diesen Fabriken heraus wird nun auch exportiert.

Und das ist der Strategiewandel: China wird für immer mehr Konzerne zur Exportbasis. Das kostet hierzulande Arbeitsplätze, denn bisher wurden diese Exporte meist aus Europa heraus getätigt.

So investiert Volkswagen, das bald Autos aus China exportieren will, in den nächsten Jahren fünf Milliarden Euro an seinen beiden chinesischen Standorten Shanghai und Changchun und eben nicht in Europa, in Wolfsburg, Bratislava oder Barcelona. So errichtet der Chemiekonzern BASF in Nanjing sowie Shanghai und nicht in Ludwigshafen oder Antwerpen für mehrere Milliarden Euro neue komplexe Anlagen. Wie viele der derzeit noch 37 000 Arbeitsplätze in Ludwigshafen es in zehn Jahren noch geben werde, wollte *Der Spiegel* in einem Interview von BASF-Chef Jürgen Hambrecht wissen. Doch er verweigerte die Antwort und flüchtete sich ins Unkonkrete: »Wahrscheinlich brauchen wir am Ende tendenziell eher weniger Mitarbeiter.«

Bisher haben die Konzernherren immer abgewiegelt: Ihr China-Engagement koste hier keine Arbeitsplätze. Doch diese Aussage gilt nicht mehr, wenn die Unternehmen beginnen, von China aus zu exportieren. Nur wenige Manager geben es so offen zu wie Manfred Wennemer, Chef des Reifenherstellers Continental: »Fabriken werden anderswo gebaut, in Ländern mit attraktiven Kostenstrukturen.«

Waren es anfangs die Konzerne, die Arbeitsplätze verlagerten, so sind es nun auch immer öfter kleine und mittlere Unternehmen, die aus Kostengründen flüchten. Eine Umfrage der Unternehmensberatung Roland Berger ergab, dass 90 Prozent der deutschen Unternehmen in den nächsten fünf Jahren Teile ihrer Produktion abziehen wollen – nach Osteuropa und China.

Doch nicht nur Fabriken, auch Forschungslabors werden verlegt oder entstehen erst gar nicht mehr in Europa. Siemens hat sein größtes Forschungszentrum für Mobilfunk bereits in Beijing. Henning Kagermann, Chef des deutschen Softwareherstellers SAP, sagt: »China und andere Länder bieten einen enormen Preisvorteil und jetzt auch gut ausgebildete junge Leute. Daher gehen wir davon aus, dass ein signifikanter Teil des künftigen Wachstums und der daraus resultierenden Arbeitsplätze nicht mehr in Deutschland entsteht, sondern in Niedriglohnländern.«

Was aber bleibt dann Deutschland noch, was Europa? Vor der Antwort drücken sich viele Politiker, sollte ihnen die dramatische Entwicklung überhaupt bewusst sein. Einer, der das Problem erkannt hat, ist Bayerns Wirtschaftsminister Otto Wiesheu. Er reist häufiger durch China und weiß deshalb, was an Fertigung und Entwicklung aus Deutschland bereits nach China verlagert worden ist. Er sieht deshalb Deutschland auf dem schleichenden Weg in die Deindustrialisierung. Sein Resümee: »Ich schätze die Lage sehr ernst ein.« Der Prozess der Deindustrialisierung werde sich – so Wiesheu – sogar noch beschleunigen, »wenn wir nicht die Weichen anders stellen«.

Darunter versteht er Reformen und nochmals Reformen. Arbeitsmarkt und Sozialstaat – alles sei zu flexibilisieren und zu reformieren, und zwar grundlegend. Ein Trugschluss, dem viele Politiker und Wissenschaftler unterliegen. Sie glauben immer noch, mit ein paar Reformen und Reförmchen am Arbeitsmarkt den Exodus verhindern zu können. Doch das wird ihnen nicht gelingen, denn zu eklatant ist das Lohngefälle zwischen Westeuropa und Fernost. Dieser Umstand lässt sich nicht mit ein paar Gesetzen – weder mit Hartz IV noch mit Hartz VIII – weg reformieren.

Immer mehr Unternehmen werden deshalb ihre Produktion und Entwicklung verlagern. Das sind mikroökonomisch durchaus rationale und nachvollziehbare Entscheidungen, die sich aber makroökonomisch zu einem großen Problem addieren, das Massenarbeitslosigkeit heißt. Sie wird weiter zunehmen, denn die verlagerten Arbeitsplätze können nicht durch eine ausreichende Zahl neuer Jobs kompensiert werden.

Für den Präsidenten des Ifo-Instituts Hans-Werner Sinn entwickelt sich deshalb Deutschland (und auch Europa) »in Richtung einer Basar-Ökonomie, die die Welt mit preisgünstigen und hochwertigen Waren bedient, welche sie gar nicht mehr selbst produziert hat«.

So bekommt zunehmend eine düstere Vorstellung sehr realistische Züge: Die Konzernzentralen haben ihren Sitz zwar noch in Europa, aber ihre Fabriken, ihre Forschungslabors und mit ihnen die Arbeitsplätze befinden sich zum größten Teil außer Landes.

China und Indien – das neue Traumpaar

Jahrzehntelang waren sich die beiden größten asiatischen Nationen, China und Indien, spinnefeind. Grenzkonflikte belasteten das Verhältnis der beiden Nachbarn. Einmal (1962) gab es Krieg, später immer wieder Scharmützel im umstrittenen Kaschmir-Gebiet. Doch jetzt herrscht politisches Tauwetter. Die Regierungschefs besuchen einander, Soldaten beider Mächte ziehen sogar gemeinsam ins Manöver.

Und auch wirtschaftlich nähern sich die beiden Länder an, die in ihren Strukturen doch sehr unterschiedlich sind. Das demokratische Indien begann mit den ökonomischen Reformen viel später als das autoritäre China, nämlich erst Anfang der 90er Jahre. Indien öffnete sich zudem nur zögerlich ausländischen Investitionen – und setzte im Gegensatz zum Industrie-Land China sehr stark auf Dienstleistungen, die bereits mehr als 50 Prozent des indischen Bruttosozialprodukts ausmachen.

Wie ein Magnet zieht Indien IT-Unternehmen aus aller Welt an, die ihre Dienstleistungen dorthin »outsourcen«. Wenn zum Beispiel Amerikaner die Kunden-Hotline des Software-Konzerns Microsoft anwählen, landen sie seit kurzem nicht mehr – wie bisher – in Texas oder North Carolina, sondern in Indien, wo ihnen einheimische Ingenieure in Englisch mit antrainiertem amerikanischen Akzent Auskunft geben. Auch Banken wie die Citibank und Kreditkartenfirmen wie American Express lassen ihre Kundenanfragen per Telefon oder E-Mail längst aus Indien beantworten.

Doch es sind nicht nur einfache Call Center, die nach Indien verlagert werden, sondern auch viel höherwertigere Jobs der IT-Branche wie zum Beispiel Chip-Designer, Berater und Software-Entwickler.

Das Zentrum der indischen IT-Branche ist die Sechs-Millionen-Metropole Bangalore, die sich immer mehr zum Konkurrenten des amerikanischen Silicon Valley mausert. Hier haben Cisco, Intel, Motorola, Oracle und Philips ihre Forschungszentren, hier ist auch das Indian Institute of Science beheimatet, eine Elite-Universität.

Jährlich gehen von Indiens renommierten Technik-Hochschulen Zehntausende von sehr gut ausgebildeten Ingenieuren ab. Hinzu kommen – analog zu den Übersee-Chinesen – viele erfolgreiche indische Geschäftsleute, die dem Silicon Valley den Rücken kehren, um in ihrer Heimat etwas Neues aufzubauen. Nobelpreisträger Gary S. Becker (University of Chicago) prophezeit: »Das alles macht Indien in Zukunft zu einem globalen Hightech-Powerhouse.«

Eine neue, interessante Arbeitsteilung zeichnet sich damit ab: Indien wird das Dienstleistungszentrum, China die Werkbank der Welt. Der Drachen und der Tiger kommen sich dabei nicht ins Gehege, denn sie ergänzen sich fast ideal. Der eine (China) liefert die Hardware, der andere (Indien) die Software.

In dieser Konstellation werden Indien und China nach einer viel beachteten Studie von Goldman Sachs zu den großen Gewinnern der nächsten Jahrzehnte gehören. Nach den Berechnungen der US-Investmentbank werden spätestens im Jahre 2050 China und Indien unter den Top-Volkswirtschaften der Welt sein: China an erster, Indien an dritter Stelle, dazwischen sind die USA platziert.

Das große Potenzial der beiden asiatischen Mächte ist ihre gigantische Bevölkerungszahl: 1,3 Milliarden Menschen in China, rund eine Milliarde in Indien. Das ergibt eine nahezu unvorstellbare Zahl an Menschen, die arbeiten wollen – und zwar um fast jeden Preis.

Potenzial (fast) ohne Ende

Sie kauern, sitzen, stehen vor den Bahnhöfen der Metropolen im prosperierenden Osten Chinas, in Beijing, Guangzhou oder Shanghai. Sie halten Pappschilder hoch, auf denen sie handschriftlich ihre bescheidenen Fertigkeiten anpreisen. Ihre ganzen Habseligkeiten sind oft die Kleider, die sie am Leibe tragen, dazu vielleicht noch ein Eimer und eine Kelle.

Es sind die Wanderarbeiter Chinas, die vom armen Land in die reichen Städte strömen – wie einst bei der Industrialisierung Englands im 19. Jahrhundert. Doch es gibt einen großen Unterschied: Die Massen, die durch China strömen, dürften etwa so groß sein wie die gesamte Bevölkerung Westeuropas. Niemand – auch keine staatliche Stelle in China – weiß, wie viele Wanderarbeitnehmer genau in dem großen Land unterwegs sind. Sind es 80, 100 oder gar 150 Millionen?

Sie haben sich aufgemacht von den armen ländlichen Regionen im Innern und Westen des Landes. Im Fernsehen und in Zeitungen haben sie Bilder gesehen von den Wolkenkratzern in Beijing, Guangzhou und Shanghai und den vielen Baustellen für neue Wolkenkratzer, auf denen sie Arbeit zu finden hoffen. Bekannte und Verwandte aus den Küstenregionen haben ihnen erzählt, was dort – im anderen China – passiert.

Im boomenden Osten wachsen langsam, aber stetig die Lohnkosten, doch das ist für das riesige China kein Problem: Wird es im Osten zu teuer, zieht die Karawane weiter – Richtung Chinas Westen. Dort warten hunderte Millionen von Menschen auf Arbeit. Die Wanderarbeiter brauchen dann nicht mehr zu wandern, die Arbeit kommt ihnen sozusagen entgegen.

Erste Vorboten der Bewegung Richtung Westen gibt es bereits: Im Süden verlassen die ersten Firmen das Perlfluss-Delta und ziehen in die Nachbarprovinzen, zum Beispiel in das rückständige Jiangxi, wo die Löhne 30 bis 50 Prozent unter denen von Dongguan oder Shenzhen liegen. Die Elektronikunternehmen TCL, Midea oder Konka – alle aus der Guangdong-Provinz stammend – errichten bereits Fabriken in Chinas Westen.

Und auch das relativ teure Shanghai verliert als Produktions-Standort an Attraktivität. Einige Firmen wandern bereits den Yangtze-Fluss hoch Richtung Landesinnere. Städte wie Nanjing oder Wuhan – bislang für viele Unternehmen noch keine Standorte – gewinnen zunehmend an Bedeutung. »Wir wollen das wirtschaftliche Zentrum von Zentral-China werden«, kündigte Wuhans Bürgermeister Li Xiansheng an.

»China hat ein fast unbegrenztes Angebot an Arbeit: Allein 900 Millionen auf dem Land sind ohne richtige Arbeit«, rechnet Stephen Roach, Chefökonom von Morgan Stanley, vor: Ein unvorstellbares Potenzial an Menschen, die zu fast unglaublichen Löhnen bereit sind zu arbeiten. Der Durchschnittslohn eines chinesischen Arbeiters macht nur 2,5 bis 3 Prozent seines Konterparts in der westlichen Welt aus. In absoluten Zahlen: Der Stundenlohn in China beträgt im Schnitt 70 Cents, in den USA dagegen 19,10 Dollar und in Deutschland 28,80 Dollar. Stephen Roach: »Diese Lohnunterschiede werden noch eine lange Zeit bestehen bleiben.«

Wie lange? Mit Sicherheit einige Jahrzehnte. Arthur Kroeber,

Forscher und Managing Director von *China Economic Quarterly*, prophezeit: »China kann die nächsten 50 Jahre bei den Arbeitskosten mithalten.« In diesem Zeitraum wird China zur größten Produktionsmacht der Welt aufsteigen und viele Branchen – wie heute schon die Textilindustrie – weltweit dominieren.

Das Ende einer Theorie

90 Jahre alt ist Paul Samuelson, Nobelpreisträger der Wirtschaftswissenschaften. Er hat Standardwerke geschrieben und gilt zu Recht als einer der renommiertesten Volkswirte aller Zeiten. Dieser weise alte Mann verkündete in einem Artikel im Herbst 2004 noch einmal Revolutionäres. Er stellte zum ersten Mal eine Theorie in Frage, die über zwei Jahrhunderte Bestand hatte – die Theorie des freien Welthandels.

Sie erklärte, warum internationaler Handel gut sei, und warum alle handeltreibenden Nationen vom internationalen Warenaustausch profitierten. Sie bildet also auch den theoretischen Rahmen der Globalisierung.

Aufgestellt haben diese Theorie der legendäre Adam Smith (1723–1790) sowie David Ricardo (1772–1823) und John Stuart Mill (1806–1873), die sie etwas später verfeinert haben. Simpel ausgedrückt besagt die Freihandelstheorie: Jedes Land soll die Produkte (oder Dienstleistungen) produzieren, die es günstiger oder besser herstellen kann als ein anderes Land. Und diese Waren tauschen die Nationen untereinander aus.

Auf die Weltwirtschaft der vergangenen Jahrzehnte übertragen, bedeutet das grob vereinfacht: Die Amerikaner beliefern die Weltmärkte mit Computern and anderen Hightech-Produkten, die Europäer produzieren Autos, die Japaner und die Koreaner Geräte der Unterhaltungselektronik und die Chinesen Kleider. Jeder muss beim anderen etwas kaufen, weil er das besser oder günstiger produzieren kann.

Was aber, wenn ein Land nahezu alles herstellen kann, und zwar zu unschlagbaren Preisen? Das ist in der schönen heilen Welt der Freihandelstheorie nicht vorgesehen. Genau auf diese Schwachstelle weist Paul Samuelson hin, indem er auf das Beispiel China verweist. China kann eben zunehmend alles billiger produzieren – vom Spielzeug bis zum Computer.

Chinas Aufstieg zur omnipotenten Produktionsnation geht deshalb zu Lasten der Staaten, die vorher einen Teil dieser Güter hergestellt haben. Gab es früher nur Profitierende im freien Welthandel, so gibt es jetzt einen Gewinner – China – und viele Verlierer – die Industriestaaten – eine simple, gleichwohl revolutionäre Erkenntnis. Denn bislang haben alle *Mainstream*-Ökonomen immer beschwichtigend argumentiert, Chinas Aufstieg komme auch uns im Westen zugute, denn die immer reicher werdenden Chinesen, ob Konsumenten oder Unternehmer, würden ja bei uns immer mehr Produkte kaufen. Doch das brauchen sie gar nicht, weil sie die meisten Waren zunehmend im eigenen Land zu günstigeren Preisen bekommen.

Auch wenn es eine unbequeme Wahrheit ist: Durch Chinas Aufstieg wird unsere industrielle Basis bröckeln. Wiederholt sich damit die Geschichte? Damals infolge der ersten industriellen Revolution stiegen England und mit einer gewissen zeitlichen Verzögerung Rest-Europa und die USA zu wirtschaftlichen Großmächten auf, die anderen nicht-europäischen Länder – darunter auch China und Indien – verzeichneten einen dramatischen Niedergang.

Jetzt, während der neuen industriellen Revolution des 21. Jahrhunderts, scheint es umgekehrt zu gehen: Diesmal gewinnen China und Indien. Die Verlierer werden Europa und die USA sein. Die 150 Jahre alte westliche Dominanz neigt sich offenbar ihrem Ende zu.

5. Erst Schuhe, nun Raketen
Auf dem Weg zur Hightech-Nation

»Viele westliche Manager sind der Ansicht, dass ihre High-Tech-Firmen vor Angriffen chinesischer Konkurrenten sicher sind.
Das ist ein gefährlicher Irrglaube.«

Ming Zeng/Peter Williamson, Berater und Professoren an der Insead

Es war früher Morgen, als am 16. Oktober 2003 die Landekapsel von Shenzhou V in der Inneren Mongolei aufsetzte. 13 Minuten danach entstieg ihr Yang Liwei – der erste chinesische Astronaut. Über 21 Stunden war er im All, 14-mal umrundete er während dieser Zeit die Erde.

Yangs kurzer All-Tag war ein bedeutendes Ereignis. Denn nach Russland und den USA ist China damit das dritte Mitglied im exklusiven Klub der bemannten Raumfahrernationen. Das macht stolz.

Hoch erfreut sprach deshalb Chinas Präsident Hu Jintao sogleich von einem »historischen Schritt des chinesischen Volkes auf dem Weg an die Weltspitze in Wissenschaft und Technologie«. Für ihn, aber auch für das freudentaumelnde Volk war das ein Beweis, dass die Chinesen technologisch gewaltig aufholen. In der Tat: Eine Nation, die einen Menschen ins All schießen kann, muss zu den führenden Technologie-Mächten dieser Welt gerechnet werden.

Das passt so gar nicht in das China-Bild vieler westlicher Beobachter. Sie assoziieren China immer noch mit billiger Ramschware. Spielzeug, Schuhe und Weihnachtsschmuck, vielleicht noch

Handys und TV-Geräte – das können die Chinesen massenweise herstellen. Aber Hightech oder gar Raketen?

Für diese Ignoranten war Chinas Ausflug ins All eine große Überraschung. Aber spätestens jetzt wissen sie: China ist zielstrebig auf dem Weg zu einer führenden Hightech-Nation. Für den ehemaligen deutschen Botschafter Konrad Seitz ist China bereits die zweite Hochtechnologiemacht der Welt – neben den USA.

Das ist das Ziel der Regierung seit 1978 – dem Beginn der Reformpolitik –, und sie tut alles, damit es erreicht wird. Sie pumpt viel Geld in die Wissenschaft, und sie unterstützt Hightech-Unternehmen, wann immer es geht.

Auch ausländische Konzerne tragen – so seltsam das auf den ersten Blick aussehen mag – ihren großen Teil dazu bei, dass ihre chinesischen Kontrahenten technologisch immer besser werden. Erst wurden sie vom Gesetzgeber in Gemeinschaftsunternehmen gezwungen, um dort ihren chinesischen Partnern ihr Know-how preiszugeben. Später, als Joint-Ventures nicht mehr vorgeschrieben waren, funktionierte der Druck subtiler. Nun wurden die ausländischen Unternehmen vor eine Alternative gestellt, die man auch Erpressung nennen könnte: Wenn ihr hier auf den Markt wollt, dann müsst ihr euer Know-how mit- und einbringen.

Weil natürlich alle auf den lukrativen Markt der Zukunft wollten, erfüllten sie zähneknirschend die Forderungen. So bauen sie in China Forschungs- und Entwicklungszentren und Trainingsakademien und unterstützen Universitäten und kooperieren mit Forschungsinstituten. Auf diese Weise erfolgte im Laufe der Jahre ein unfreiwilliger, aber gewaltiger Know-how-Transfer von West nach Fernost.

Chinas Firmen und Forscher holen – dank staatlicher und ausländischer Hilfe – kräftig auf. Die Lücke zu den Industriestaaten wird immer kleiner, ja in manchen Bereichen existiert sie schon gar nicht mehr, wie zum Beispiel in der Bio- und Gentechnologie, wo die Chinesen geschickt den – durch ethische Bedenken ausgelösten – Stillstand im Westen ausnutzen, um davonzuziehen.

In der Informations- und Kommunikationsindustrie sind die Chinesen noch hinter den Amerikanern (und Europäern) zurück. Da aber immer mehr dieser Produkte – von Computern über Handys bis zu Servern – in China hergestellt werden, steigt das Wissen der Chinesen in diesen Bereichen und damit ihre Macht.

Bei manchen Produkten in der IT-Branche fühlen sich die Chinesen deshalb schon so stark, dass sie versuchen eigene Standards zu setzen und diese dem Rest der Welt aufzuzwingen. Noch versuchen sie es vergeblich, doch die Zeit wird kommen, da sie erfolgreich sein werden – und zwar schneller, als wir denken.

Der Staat als Antreiber

Schon 1978 forderte Reformer Deng Xiaoping die »vier Modernisierungen«. Eine davon war die von Wissenschaft und Technik, die er sogar über die anderen drei Modernisierungen der Landwirtschaft, Industrie und Verteidigung stellte. Denn ihm war klar: Ohne Fortschritt in der Wissenschaft auch keine Fortschritte in den anderen Bereichen. 1979 reiste Deng zum ersten Mal in die USA und besuchte unter anderem auch das Raumfahrtzentrum in Houston, Texas. Nicht nur dort sah er mit staunenden Augen, wie weit die kapitalistische Großmacht den Chinesen im Bereich der Technologie enteilt war.

Die Kulturrevolution hatte tiefe Spuren im chinesischen Wissenschaftsbetrieb hinterlassen, ja er war nahezu zerstört worden. Die Schicht der Intellektuellen – unter Mao brutal unterdrückt – war schwer gedemütigt, zum Teil sogar ausgelöscht worden. Es musste ein völliger Neuanfang stattfinden. Die Regierung legte dazu im Laufe der Jahre verschiedene Pläne auf, darunter langfristige wie das »Programm für die naturwissenschaftliche und technologische Entwicklung 1986–2000« und kurzfristige wie zum Beispiel der »Staatliche Plan für Schlüssellabore«.

So entstand ein nahezu undurchschaubares Geflecht von staatlich verordneten Forschungsplänen, die sich zeitlich überlappen und thematisch überschneiden. Einer der bedeutendsten für die Hightech-Industrie ist der so genannte »Plan 863« , der so heißt, weil er im März 1986 verkündet wurde. Hier wurden konkret die wichtigsten Forschungsgebiete definiert: Biotech, Raumfahrt, Informationstechnologie, Neue Werkstoffe, Laser, Automations- sowie Energietechnik.

Diese Bereiche bekommen staatliche Gelder und werden, wann immer es geht, von der politischen Führung unterstützt. Kaum eine Regierung greift so massiv in den Wissenschaftsbetrieb ein und gibt die Richtung vor wie die chinesische. Immer wieder betont sie mantraartig die Bedeutung von Wissenschaft und Technologie für die Weiterentwicklung des Landes.

Die politische Führung will nicht, dass China nur die Fabrik der Welt ist. Sie will nicht, dass China nur Produkte herstellt, die ausländische Unternehmen in ihren Heimatländern entwickelt haben. Sie geht zu Recht davon aus, dass China als Wirtschaftsmacht nur ernst genommen wird, wenn es selbst Produkte und Verfahren entwickelt. Weil Forschung und Entwicklung in den meisten chinesischen Unternehmen noch schwach ausgeprägt sind, greift der Staat ein und fördert die technologische Weiterentwicklung.

Zu erklären ist diese Fixierung auf wissenschaftlichen Fortschritt auch dadurch, dass die Vertreter der dritten und vierten chinesischen Führungsgeneration einen technischen Hintergrund haben. So waren die beiden zentralen Figuren der dritten Generation – Jiang Zemin und Zhu Rongji – Elektro-Ingenieure. Von den derzeit Herrschenden ist Parteichef Hu Jintao Hydraulik-Ingenieur.

Ein Manko auf dem Weg zur Hightech-Nation besteht freilich und kann nicht so schnell von staatlicher Seite beseitigt werden: das Fehlen einer kreativen intellektuellen Atmosphäre. Es herrscht – wie im gesamten Staat – auch an den Unis und Forschungseinrichtungen ein starkes hierarchisches Denken vor. Aufmüpfigkeit und kritische Widerworte sind selten, weil nicht erwünscht. Aber gerade die Wissenschaft lebt vom Widerspruch und vom In-Frage-Stellen bestehender Theorien.

So schlummert also in Chinas Denkfabriken ein riesiges Potenzial an Kreativität, das erst noch abgerufen werden muss. Aber wenn das einmal passiert, dann geht es richtig los, prophezeit Rudi Balling, Leiter der Gesellschaft für Biotechnologische Forschung in Braunschweig: »Wenn die (Chinesen) ihr kreatives Potenzial wirklich nutzen, stecken sie nicht nur uns in die Tasche. Auch die Vereinigten Staaten kriegen dann Probleme.«

Führend in Biotechnologie

Während vor allem in Europa über ethische und gesundheitliche Implikationen der Biotechnologie gestritten wird, nutzt China dieses Vakuum geschickt aus. Das sagt man auch ganz offen: »Das Moratorium der EU brachte China eine große Chance. Wir können dadurch einen Vorteil erzielen und in dieser Zeit China zu einer Weltmacht auf dem Gebiet genetisch veränderter Organismen machen«, erklärt frank und frei Chen Zhangliang, einer der profiliertesten Biotechnologen Chinas.

So ist dank der Unentschlossenheit der Europäer das weniger mit Skrupeln behaftete China binnen kurzer Zeit zu einer führenden Nation im Bereich der Biotechnologie avanciert – auf einem Feld also, das gemeinhin als eine der Schlüsseltechnologien in diesem Jahrhundert gilt.

In Beijing, so schreibt das *Wall Street Journal*, erhoffe man sich von der Biotech-Revolution das, »was Sputnik für die Sowjetunion war«. Kein Land – außer den USA – investiert so viel in die Biotechnologie wie China. Inzwischen wurde ein so genanntes Führungskomitee zur nationalen Biotech-Entwicklung auf allerhöchster Ebene installiert. Ein solches Gremium, das sehr selten geschaffen wird, soll die Bedeutung des Sektors zusätzlich unterstreichen.

Inzwischen hat China einen großen Forscher-Pool, der in rund 20

Jahren aufgebaut wurde. Mehr als 50 000 Wissenschaftler arbeiten in der Biotech-Industrie, jedes Jahr kommen 4500 neue Forscher hinzu.

Während in der pharmazeutischen Biotechnik die Amerikaner noch weit voraus sind, sieht es bei der so genannten grünen Biotechnologie, dem Einsatz von Biotech in der Landwirtschaft, ganz anders aus. Kaum ein anderes Land hat mehr Know-how bei der Entwicklung und Produktion genveränderter Nahrungsmittel und forciert so stark deren Anbau wie China.

Schon 1988 gelang chinesischen Forschern die Züchtung eines genmanipulierten Tabaks, der gegenüber Viren resistent ist. Danach ging es Schlag auf Schlag. »Künstliche« Tomaten, Erdnüsse, Baumwolle, Papayas, Weizen, Reis und Sojabohnen züchteten die Forscher erst in ihren Labors, dann auf den Äckern.

Heute bauen schon über eine Million chinesische Bauern genmodifizierte Produkte an, vor allem Baumwolle, Sojabohnen und Reis. Und das wird weiter zunehmen, zumal China durch den Anbau genveränderter Pflanzen zum Teil sein Nahrungsproblem mildern kann. Da diese Pflanzen Schädlingen und Viren widerstehen, sind die Ernteerträge höher und sicherer, und die Produktivität der Bauern nimmt zu. Der Biotechnologe Chen Zhangliang prophezeit: »Ich erwarte, dass bis zum Jahr 2010 in China zwischen 30 und 80 Prozent der Ernte von Reis, Weizen, Mais, Soja und Baumwolle von genmodizifizierten Pflanzen kommen.«

China wird sich aber sicher nicht damit zufrieden geben, seine biotechnischen Errungenschaften nur im eigenen Land anzubauen – es wird auch die Weltmärkte damit beglücken wollen. Scott Rozelle von der University of California, einer der besten Kenner der chinesischen Biotech-Szene, sagt deshalb: »China dürfte eine der führenden Exportnationen von biotechnologischen Forschungsmethoden und Produkten werden.«

Diese rosige Perspektive gilt auch für die Stammzellen-Forschung und deren mögliche Vermarktungschancen.

Klonen erlaubt

Lu Guangxiu besitzt und betreibt in Changsha – der Provinzhauptstadt von Hunan – eine Befruchtungsklinik. Das ist nichts Verwerfliches. Das Geld, das sie dort verdient, steckt die Professorin in die eigene Forschung an der Xiang Ya Medical School. Und jetzt wird es – zumindest von westlichem Standpunkt aus gesehen – kritisch. Die über 60-Jährige hat schon mehrere Dutzend menschlicher Embryos geklont. Das behauptet sie jedenfalls.

Sie habe eine sehr effiziente Methode entwickelt, menschliche Zellen zu klonen, sagt Frau Lu, die als renommierte Wissenschaftlerin gilt und gewissermaßen erblich vorbelastet ist. Ihr Vater Lu Huilin arbeitete an der New Yorker Columbia-Universität mit dem Genetikpionier Thomas Hunt Morgan zusammen.

Westliche Forscher hegen wenig Zweifel, dass die Chinesen beim Klonen schon sehr weit sind. In einem Bericht der US-Botschaft in Beijing vom September 2002 heißt es: »Die Chinesen haben das Potenzial, sehr schnell die Stammzellen-Forschung zu entwickeln. Sie besitzen eine große Menge an menschlichen Embryonen zu Testzwecken; der politische Wille, diese Forschung finanziell zu unterstützen, ist stark, und die Chinesen bekommen technologisches Know-how durch Wissenschaftler, die im Ausland studiert und gelehrt haben.«

Li Lingsong ist so ein Beispiel. Er war lange Zeit an der berühmten Stanford University. Im Jahr 2000 kam er in sein Heimatland zurück und wurde Leiter des Stammzellen-Forschungszentrums an der Beijing-Universität. Vom Staat bekam er 17 Millionen Euro Fördergelder. »Die Arbeitsbedingungen sind nirgends besser als hier«, sagt Li im *Spiegel*.

Und nirgendwo sonst stehen die ethischen Bedenken soweit hinten an. Während im Westen unter extremen Auflagen das Klonen von Tieren erlaubt ist, wird in China therapeutisches menschliches Klonen geduldet. Zwar gibt es seit kurzem neue Regelungen zur Genforschung. Darin ist das reproduktive menschliche Klonen verboten, und der gewerbliche Handel mit Eizellen und Spermien untersagt. Diese Regeln sind sogar strikter als die in Großbritannien und den USA. Doch Papier ist geduldig. Und: Wo kein Kläger, auch kein Richter.

Experten gehen davon aus, dass trotz der Regelungen weiter geforscht und geklont wird. So könnte vielleicht doch wahr werden, was das US-Magazin *Wired* schon im Januar 2003 auf seiner Titelseite prophezeite: »China – die erste Supermacht im Klonen.«

Nachhilfe aus dem Ausland

Wir sitzen im deutschen Restaurant »Schindlers Tankstelle« in Beijing. Mein Gesprächspartner, ein alter China-Kenner und langjähriger Vertreter eines deutschen Konzerns, wird nach einer Flasche Rotwein gesprächig und sehr deutlich. »Was hier abgeht, ist eine der größten Räubereien der Menschheit«, sagt er. Das sind – keine Frage – starke Worte. Aber der erfahrene Mann ist seit 25 Jahren im China-Geschäft und er weiß sehr wohl, wovon er spricht. Er saß mit in den Verhandlungen, als die chinesische Seite immer wieder Know-how und Technologien von den deutschen Unternehmen, denen er diente, forderte. Nur wenn es dies lieferte, sollte sein Unternehmen Aufträge bekommen.

Know-how gegen Marktzugang – so lautet auch heute noch die Formel der Chinesen. Vor allem der Staatsrat, das Pendant zu unserer Regierung, übt in den vergangenen Jahren gewaltigen Druck auf ausländische Konzerne aus. Wer aus dem Westen in China Geschäfte machen wolle, solle gefälligst sein Wissen mit- und einbringen. »Die Chinesen nennen das Technologie für Marktzugang«, sagt Delbert Williamson, globaler Vertriebschef des US-Multi General Electric (GE).

Die Chinesen sind in einer starken Verhandlungsposition: »Wir hatten keine andere Wahl, wir mussten unser Know-how transferieren«, sagt mein Gesprächspartner in »Schindlers Tankstelle«.

»Die weltweit führenden Unternehmen, die fast alle in China aktiv sind und dort große Forschungs- und Entwicklungszentren hochgezogen haben, leisten auf diese Weise eine riskante Entwicklungshilfe«, kritisiert Philipp Vorndran, Stratege bei der Schweizer Bank Credit Suisse.

Der ebenso unterhaltsame wie informative Newsletter Xiu Cai, den der ehemalige Kammer-Geschäftsführer in Beijing, Jörg-M. Rudolph, herausgibt, hat eine nicht ganz vollständige Liste erstellt, welche ausländischen Unternehmen schon Forschungs- und Entwicklungs-Einrichtungen in China unterhalten. Die bezeichnende Überschrift über die drei Seiten lange Liste: »Der größte Tafelsilber-Transfer aller Zeiten.«

Rund 400 der 500 größten Unternehmen der Welt haben in China bereits F&E-Zentren. Ob Auto-, Elektronik-, Pharma- oder Telekommunikationsfirmen – sie alle haben sich »erpressen« lassen.

Ein paar Beispiele: Motorola unterhält 19 Technologie-Zentren in China, was das Telekom-Unternehmen bislang 300 Millionen Dollar gekostet hat. Die Konkurrenten Ericsson, Nokia und Siemens haben große F&E- sowie Trainingszentren, wo sie – kostenlos versteht sich – Tausende ihrer Kunden schulen. Siemens unterhält in Beijing sein größtes Forschungszentrum für Mobilfunk außerhalb Deutschlands. »Das ist Teil unserer Verpflichtung, F&E nach China zu transferieren«, sagt Wolfgang Klebsch, Chef des Zentrums. Rund 800 Chinesen arbeiten dort.

Microsoft unterstützt mit Millionenbeträgen Professoren und Universitäten. IBM schult 100 000 Software-Spezialisten in der vagen Hoffnung, dass sie ihre Hardware – sprich: Computer – kaufen.

Autohersteller General Motors unterhält seit 1997 in Shanghai das PATAC, Pan Asia Technical Automotive Center. Dort entwickelt, designt und prüft GM seine Autos. Alle Geräte sind hoch entwickelt, bessere stehen auch nicht im Mutterhaus in Detroit. Gerade hat GM beschlossen, das PATAC nochmals für rund 200 Millionen Euro aufzurüsten. Zugang hat natürlich auch Joint-Venture-Partner Shanghai Automotive.

Als Alcatel sein sechstes Forschungszentrum in Shanghai einweihte, sagte Technik-Vorstand Niel Ransom in eher freudigem Ton: »Durch dieses Zentrum bekommt China Zugang zu der allerneuesten Telekommunikations-Technologie.« Große Worte, gelassen ausgesprochen.

Der ehemalige Kammer-Geschäftsführer Rudolph fragt deshalb zu Recht: »Ist es eigentlich gut für Europa, wenn in den Hunderten mittlerweile in China hochgezogenen F&E-Einrichtungen heute bereits Zehntausende chinesischer Ingenieure nicht bloß mit höchst innovativen (im Ausland erdachten) Dingen beschäftigt, sondern vorher auf Kosten der auslagernden Firmen auch aus- und dann weitergebildet werden?«

Nein, es ist natürlich nicht gut für Europa, übrigens auch nicht für die USA, wenn immer mehr Unternehmen immer mehr Knowhow nach China transferieren und damit ihre Konkurrenten von morgen heranzüchten.

Aber bislang hatte kein Manager den Mut, nein zu sagen, und es wird wohl auch in Zukunft keiner tun. Sie denken kurzfristig. Sie wollen jetzt auf den chinesischen Markt, und dafür tun sie fast alles. Was morgen wird, interessiert sie nicht. Denn dann sind sie nicht mehr im Amt.

Deshalb wird der Technologietransfer munter weitergehen. Ein wichtiger Lieferant ist – neben dem Westen – ein naher Verwandter: die Inselrepublik Taiwan.

Bruderhilfe aus Taiwan

Taiwan ist längst eine Hightech-Nation – nur merkt es kaum jemand. Denn Taiwan hat anders als die Amerikaner und Japaner keine bekannten Marken. Sie haben keinen Dell, keine Compaq, keine Toshiba. Höchstens den Namen Acer hat der eine oder andere Computerfreak schon mal gehört. Und trotzdem ist Taiwan einer der weltgrößten Computer- und Laptop-Hersteller samt dem

Zubehör, das man zum Betrieb dieser Geräte braucht – ob Bildschirme oder Mäuse.

Die Taiwanesen produzieren ihre Computer und Laptops für andere Firmen, die dann ihren Markennamen auf die Geräte Made in Taiwan kleben. So stammen die meisten Computer von IBM, Hewlett-Packard oder Fujitsu aus Taiwan. Durch diese jahrelange Praxis der Fremdfertigung hat sich Taiwan zu einer Hightech-Nation gemausert.

Vor allem eine starke Achse USA – Taiwan hat diesen Aufstieg ermöglicht. Es gibt vielerlei Kooperationen zwischen Firmen beider Nationen. US-Unternehmen lagerten Teile ihrer Produktion nach Taiwan aus und transferierten somit Know-how auf die Insel. Außerdem studierten viele Taiwanesen an den Elite-Unis der USA und kehrten anschließend in ihre Heimat zurück.

Doch aus der bilateralen Achse wurde inzwischen ein Hightech-Dreieck USA-Taiwan-China. Barry Naughton von der University of California in San Diego sagt: »Taiwan ist der wichtigste Mittler zwischen den USA und China in der Hightech-Industrie.« Taiwan hat längst große Teile seiner Computerproduktion aus Kostengründen nach China verlegt. So geben amerikanische Hersteller ihre Produktionsaufträge zwar an taiwanesische Firmen, die lassen aber inzwischen auf dem Festland produzieren.

Auf diese Weise entwickelt sich in der Computer- und zunehmend auch in der Chipindustrie eine neue Arbeitsteilung: Die Amerikaner entwickeln, die Taiwanesen designen und die Chinesen produzieren. Über diese Schiene kommt viel Know-how indirekt aus den USA und direkt aus Taiwan nach China.

Die Taiwanesen spielen inzwischen beim Aufbau der chinesischen Hightech-Industrie eine zentrale Rolle. In verschiedenen Städten Chinas bilden sie so genannte Clusters, wo alles rund um den Computer produziert wird. In Dongguan im Perlfluss-Delta zum Beispiel hat sich ein solches Cluster gebildet. Bildschirme, Mäuse, Tastaturen – alles wird in dieser Stadt von Taiwanesen hergestellt. Vorteile eines solchen Clusters: Die Wege sind kurz, was Transportkosten spart; und weil alles so nah beieinander liegt, kann ein reger und befruchtender Informationsaustausch unter den verschiedenen Produzenten stattfinden.

Neben Dongguan gibt es schon mehrere Hightech-Clusters, wo die Taiwanesen eine entscheidende Rolle spielen: In Shenzhen – ebenfalls im Perlfluss-Delta gelegen – sowie in Shanghai und seinen Nachbarstädten Kunshan und Suzhou.

Was das kleine Taiwan geschafft hat, will mit Hilfe der Taiwanesen auch das große China erreichen. Die Chancen stehen gut. »In zehn Jahren werden wir hier eine Kopie von Taiwan sehen«, prophezeit Jun Tang, Präsident von Microsoft China gegenüber *CNet-News*.

Bei Chips und Computern sind die Chinesen schon auf gutem Wege.

Chips und Computer

Jedes Jahr werden die 500 leistungsfähigsten Computer der Welt prämiert. Die Liste wird zweimal im Jahr präsentiert, im Sommer in Heidelberg, im Winter in den USA. 2004 waren unter den Top Ten sechs amerikanische, zwei japanische, ein britischer – und zum ersten Mal ein chinesischer Computer. Er heißt *Dawning 4000A* und verrichtet seine Dienste im Shanghai Supercomputer-Center. Seine Rechenleistung beträgt 8,1 Teraflops. Das heißt: Er kann 8,1 Billionen Rechenoperationen pro Sekunde durchführen.

Francine Berman, Direktor des Supercomputer Center an der University California in San Diego, sagt: »In den vergangenen zehn Jahren war Chinas Wachstumsrate bei Supercomputern enorm schnell.« Vor zehn Jahren hatten sie noch keinen einzigen Computer auf der Weltrangliste der 500 Größten, jetzt haben es bereits neun in das Ranking geschafft.

Die Abstände zu den führenden Hightech-Nationen verringern sich – sowohl bei den Computern selbst als auch bei deren Herzstück, den Chips. Die U. S. Semiconductor Industry Association warnt schon davor, dass China »die USA von der führenden Position in der Industrie stoßen könnte«.

So hat sich die Technologielücke zwischen dem führenden amerikanischen Chip-Hersteller Intel und seinem chinesischen Pendant SMIC inzwischen auf weniger als zwei Chip-Generationen reduziert. SMIC ist das Kürzel von Semiconductor Manufacturing International Corp. Die Firma ist neben Grace Semiconductor eines der führenden Chip-Unternehmen Chinas.

Intel tut offenbar alles, um die Lücke zwischen sich und seinen chinesischen Konkurrenten weiter zu schließen. So lieferte der US-Hersteller an Nanotech Semiconductor, ein junges Chip-Unternehmen in Shanghai, modernste Maschinen zur Chip-Produktion. Training für die Chinesen ist im Preis inbegriffen.

Gepäppelt werden Chinas Newcomer auch von der Zentral-Regierung, die sehr stark an einem Ausbau der Chip-Industrie interessiert ist. Für die Bürokraten ist die Chip-Branche die Basisindustrie des Hightech-Sektors. Wer Chips bauen kann, der kann auch andere technologische Wunderdinge vollbringen. Denn die kleinen, fast unsichtbaren Alleskönner finden sich fast überall. Deshalb ist in China der Bau von über 20 Chip-Firmen mit Hilfe der Regierung geplant.

Insgesamt hat Beijing im laufenden Fünf-Jahres-Plan über 120 Milliarden Dollar für die IT-Industrie reserviert. Das ehrgeizige Ziel lautet: Die IT-Industrie soll sich in diesem Zeitraum verdoppeln.

»Es wird nicht mehr zu lange dauern, bis China einer der wichtigen Global Player in der IT-Industrie ist«, sagt George Wang, Direktor des *IBM China Research and Development Laboratory*. Dong Tao, Analyst bei der Investmentbank CSFB in Hongkong, geht sogar noch weiter und prophezeit laut *New York Times*: »In zehn Jahren wird China der weltgrößte Produzent von IT Hardware sein.«

Eine wichtige Rolle dabei werden die Firmen aus den vielen chinesischen Silicon Valleys spielen.

Viele chinesische Silicon Valleys

Silicon Valley heißt der Landstrich südlich von San Francisco, der sich runter bis nach San José erstreckt. Links und rechts der Route 101 finden sich Ortsnamen, die in der Hightech-Welt einen exzellenten Ruf haben: San Mateo, Palo Alto, Mountain View, Sunnyvale und Santa Clara. Hier haben große IT-Konzerne (Hewlett-Packard oder Sun Microsystem zum Beispiel) ihre Zentralen, hier sitzen Venture-Capital-Gesellschaften mit ihren gut gefüllten Konten und hier gibt es die Stanford University, eine der besten im Lande.

Diese Mischung aus Know-how, klugen Köpfen und viel Geld ist einmalig auf der Welt. Auf keinem Flecken dieser Erde sind mehr Hightech-Firmen entstanden als hier im Silicon Valley. Das Tal, das eigentlich gar keines ist, ist deshalb für viele Nationen das große Vorbild – auch für die Chinesen.

So versuchen sie, viele Silicon Valleys zu kreieren. Über 100 so genannter Hochtechnologieparks soll es im ganzen Land geben. Jede Stadt, jede Region, die etwas auf sich hält, errichtet einen solchen Park. Früher hießen sie Entwicklungs-, nun nennen sie sich Hightech-Zonen. Doch die wenigsten halten, was sie versprechen.

Einer der Vorzeige-Parks heißt Zhongguancun. Gut eine halbe Autostunde von Beijings Zentrum entfernt, liegt er im Nordwesten der Hauptstadt. Hier haben zwei Elite-Universitäten des Landes ihren Campus: die Qinghua-Universität und die Beijing-Universität, genannt Beida.

Im Umfeld der beiden Unis haben sich viele ausländische Multis mit ihren Forschungszentren angesiedelt. Fährt man durch die breiten Straßen in Zhongguancun, sieht man große Gebäude, vor denen meist drei bunte Fahnen wehen: die rote chinesische, die des jeweiligen Heimatlandes und die des Unternehmens. Ericsson, IBM, Microsoft, Motorola und Nokia – um nur ein paar zu nennen – zeigen hier Flagge.

Und zwischen all den großen Namen aus dem Ausland tummeln

sich große und kleine chinesische Hightech-Unternehmen. Zum Beispiel der Computer-Gigant Lenovo (siehe Seite 118 ff.). Viele chinesische Garagenfirmen sind als Spinn-Offs (Ableger) der Unis entstanden. Joe Schoendorf, Partner der Venture-Capitalist-Firma Accel aus dem Silicon Valley, machte eine Besichtigungstour durch Zhongguancun und hatte dabei ein Déja-Vu-Erlebnis: »Das erinnert mich sehr stark an das Silicon Valley der späten 60er Jahre. Hier ist eine knisternde Spannung in der Luft.«

Mittlerweile gibt es viele Zhongguancuns in China. Rund 100 Hochtechnologieparks sollen im großen Lande bereits entstanden sein. In Shanghai ist es der Zhangjiang Hi-Tech Park, in Suzhou dient fast eine ganze Stadt als Industriepark. Immer mehr branchenbezogene Parks werden aus dem Boden gestampft. Sie heißen Medical Valley, Pharma Valley, Digital Valley oder Software Valley.

Aufholjagd im All

Nur wenige Tage, nachdem die erste bemannte Raumfahrt-Mission der Chinesen im Oktober 2003 erfolgreich beendet worden war, kam ein dickes Lob von jenseits des Pazifiks. Neidlos erkannte Sean O'Keefe an: »Der Start von Shenzhou V war eine bedeutende Leistung in der Geschichte der menschlichen Entdeckungen.« O'Keefe kann das beurteilen: Er ist Chef der amerikanischen Weltraumbehörde NASA.

Shenzhou V war ein großes Prestigeprojekt für die Chinesen. Sie wollten dem Rest der Welt zeigen, dass mit ihnen technologisch zu rechnen ist. David Baker vom britischen Militär-Fachblatt *Jane's Space Directory* in London drückt es sehr bildhaft aus: »China hat ein Megaphon in die Hand genommen und reingeschrien: Wir sind fähig, nehmt uns gefälligst sehr ernst.«

Die Raumfahrt war schon immer eine Technologie, die zu politischen Machtdemonstrationen benutzt wurde. So war es bei den Russen, die 1961 mit Jurij Gagarin den ersten Menschen in den

Weltraum schickten, um den Amerikanern eins auszuwischen. So war es umgekehrt bei den Amerikanern, die 1969 mit Neil Armstrong, Edwin Aldrin und Michael Collins die ersten Menschen auf dem Mond landen ließen, um die Russen ihre Überlegenheit spüren zu lassen.

Und nun also die Chinesen, die sich durch ihren Ausflug ins All als kommende Weltmacht präsentieren wollen. Schon Anfang der 90er Jahre gab Jiang Zemin grünes Licht für ein bemanntes Raumfahrtprogramm. Jedes Jahr steckte die Regierung zwischen 1,3 und zwei Milliarden Dollar in das ehrgeizige Projekt. Bei vier unbemannten Raumflügen von Shenzhou I bis IV sammelten die Chinesen die nötigen Erfahrungen für ihren bemannten Jungfernflug ins All.

Shenzhou V war ein gigantisches Projekt: Mehr als 3000 Fabriken und Zehntausende von Wissenschaftlern, Technikern und Managern waren involviert. Die in Frage kommenden jungen chinesischen Astronauten, die nicht größer als 1,80 Meter sein und nicht mehr als 65 Kilogramm wiegen durften, hatten alle ein Studium abgeschlossen und eine Karriere als Jet-Pilot absolviert. Zusätzlich wurden einige von ihnen im Gagarin-Trainingszentrum außerhalb Moskaus ausgebildet.

Russland stand offenbar auch ideell Pate beim Bau der Shenzhou V. Raumfahrt-Experten stellen jedenfalls auf den ersten Blick starke Ähnlichkeiten zwischen der Shenzhou V und dem russischen Raumschiff Sojus fest. Mit neun Meter Länge und acht Tonnen Gewicht sieht sie wie eine etwas größere Version der Sojus aus. »Aber Chinas Raumfahrt-Agentur baute einige tragende Teile selbst, und insgesamt scheint die Shenzhou der Sojus technologisch überlegen zu sein«, urteilt das amerikanische Wissenschaftsmagazin *Scientific American.*

China steigt damit in das Rennen um den Weltraum ein. Wettbewerber sind bislang die USA, Russland und Europa. Während Experten Russland mangels Kapital wenig Chancen geben, und auch das Programm der Europäischen Weltraumagentur ESA vergleichsweise weniger ambitioniert ist, hat China die besten Chancen, hinter den nahezu uneinholbaren Amerikanern (NASA-Budget: knapp 15 Milliarden Dollar) zweiter Sieger im Space Race zu werden.

Ihre Ambitionen verhehlen die Chinesen nicht: Für die zweite Jahreshälfte 2005 planen sie einen weiteren bemannten Raumflug, diesmal mit mehr als einem Kosmonauten. Und der Ausflug soll auch länger als einen Tag dauern – Shenzhou VI wird fünf bis sieben Tage unterwegs sein, verriet bereits Wang Yongzhi, Chefdesigner des chinesischen Raumfahrtprogramms. Weitere hochfliegende Pläne haben die Chinesen in der Pipeline. Sie wollen – wie einst die Amerikaner – auch zum Mond fliegen. Bis 2007 – so der Fahrplan der chinesischen Experten – könnte sich ein erstes unbemanntes Raumschiff auf den Weg zum Mond machen und ihn umkreisen. Für 2010 ist die Landung eines unbemannten und für 2020 die eines bemannten Raumschiffes vorgesehen, plauderte der Chef der chinesischen Raumfahrtbehörde, Sun Laiyan, gegenüber der BBC aus.

Die Flüge ins All sind jedoch für die Chinesen nicht nur eine Demonstration der Macht und Stärke. Nur aus Prestigegründen geben sie nicht Milliarden Dollar aus. Durch das starke Engagement in der Raumfahrt erhoffen sie sich vielmehr große technologische Fortschritte in anderen Bereichen, zum Beispiel in der Informationstechnologie, der Elektronik und bei neuen Werkstoffen.

Und sie wünschen sich in diesen Technologiebereichen eine so starke Stellung, dass sie – wie die USA und Japan heute – Standards setzen können. Und zwar weltweit.

Die Standard-Frage

China ist der größte Hersteller von DVD-Spielern. Erfunden haben die Chinesen dieses Gerät und dessen Technologie freilich nicht. Das waren andere, nämlich Japaner (Hitachi, Matsushita und Toshiba) und Amerikaner (Time Warner), und deshalb müssen die chinesischen Unternehmen denen, die diese Technik entwickelt haben, Gebühren bezahlen – pro Gerät immerhin 15 bis 22 Dollar. Wenn man bedenkt, dass DVD-Spieler oft nur noch 60 Dollar kosten, machen diese Lizenzgebühren einen sehr großen Teil der Herstellungskosten aus.

Auch für andere, von ihnen produzierte Geräte der Elektrik, Elektronik und der Informationstechnologie müssen die Chinesen jedes Jahr ausländischen Firmen Millionen von Lizenzgebühren bezahlen. Das wird den Chinesen auf die Dauer zu viel. Sie wollen deshalb von diesen Lizenzgebern unabhängig werden und selbst die technologischen Standards setzen.

So entwickelten sie bei den DVD-Spielern eine neue, fortschrittlichere Generation. Und weil der Buchstabe E im Alphabet nach D kommt, nannten sie diese neue Technologie EVD – *Enhanced Versatile Disc.*

Angeschoben – finanziell wie ideell – wurde diese Neuentwicklung vom Staat. Die staatliche Wirtschaftskommission trommelte 1999 ein Konsortium von 13 chinesischen DVD-Herstellern zusammen. Sie nannten sich Beijing E-World Digital Technology Co. Die Führung der 13er-Runde übernahm Jiangsu Shinco Electronic Group, Chinas größter DVD-Produzent. Über vier Jahre forschten sie gemeinsam, dann war die EVD-Technologie serienreif.

Die Geräte dieser neuen Generation bieten bessere Bilder und besseren Ton. Doch sie sind auch um einiges teurer, und es fehlt ihnen noch an *content*, also abspielfähigen Filmen. Zudem hat die neue chinesische Technologie zwei große Konkurrenten namens HD DVD, entwickelt von den japanischen Giganten Toshiba und NEC, und Blue-Ray-Group.

Doch wie immer der Kampf der Systeme ausgehen wird, er zeigt eines: Die Chinesen mischen mit. Sie wollen selbst Standards setzen. Die technologische Welt hat es mit einem neuen Mitspieler zu tun. »Das ist einer der wichtigsten Trends in der Informations- und Kommunikationsindustrie«, schreibt Igal Brightman von der Consulting-Firma Deloitte. Er prophezeit, dass bis zum Jahr 2010 Chinas Einfluss beim Setzen von globalen Standards ständig wachsen wird.

Das amerikanische Wirtschaftsmagazin *Fortune* hat kürzlich die zehn bedeutendsten Technologie-Trends ausgemacht. Einer davon: »China sets the Standards«, und der amerikanische Zukunftsforscher Paul Saffo sagt: »Europäer und Amerikaner haben im vergangenen Jahrhundert erfolgreich und gewinnbringend die technischen Standards diktiert, jetzt ziehen die Chinesen nach.«

So versuchen die Chinesen derzeit an verschiedenen Fronten das Monopol der westlichen Industriestaaten anzugreifen:

- Betriebssysteme: Die chinesische Regierung setzt voll auf das Betriebssystem Linux, den Konkurrenten von Microsoft. Sie will das kostenfreie Linux als das Standard-Betriebssystem in China etablieren. Zusammen mit koreanischen und japanischen Software-Herstellern entwickeln chinesische Firmen zusätzlich eine Linux-kompatible Software.
- Radio Frequency Identification (RFID): Alle in China produzierten Waren – ob Schuhe von Adidas oder Küchenmesser für Tchibo – werden mit einem Computerchip versehen. Per Radiotechnologie können sie so »überwacht« werden, das heißt, man weiß jederzeit, wo sich das Produkt gerade befindet – in der Fabrik, auf dem Transport, im Lager oder im Laden. Das optimiert die Warenströme der Unternehmen. China bastelt derzeit an seinem eigenen RFID-System, das mit dem im Westen nicht kompatibel ist.
- Mobilfunk: Alle Wirtschaftsblöcke entwickeln ihren eigenen Standard der dritten Mobilfunk-Generation, die so genannte 3G-Technologie. Die Amerikaner benutzen den CDMA 2000, die Europäer W-CDMA und die Chinesen – übrigens mit kräftiger Mithilfe von Siemens – TD-SCMA. Zum ersten Mal hat China damit einen eigenen Mobilfunk-Standard.

China hat inzwischen über 300 Millionen Handy-Nutzer und ist damit mit weitem Abstand der größte Markt der Welt. Die schiere Größe des chinesischen Marktes ist ein enormer Wettbewerbsvorteil. Deshalb prophezeit Clyde Prestowitz, Präsident des Economic Strategy Institute in Washington: »Wenn die Chinesen die größten

Märkte für Handys, DVD-Spieler, Computer und andere Produkte haben werden, verfügen sie über ausreichend Macht, um technologische Standards zu setzen.«

Die Amerikaner und die Europäer werden sich sicher nicht widerstandslos den chinesischen Diktaten beugen. Denn es steht viel Geld und Prestige auf dem Spiel. Konflikte sind also programmiert, und zwar an einer Front, die bisher kaum jemand beachtet hat. »Standards werden zum neuen Kampfplatz der Nationen«, prophezeit Philipp Bond, Unterstaatssekretär im US-Handelsministerium.

6. Kennen Sie Huawei?
Vom Entstehen globaler chinesischer Konzerne

»In China gibt es Unternehmen, von denen Sie noch nie gehört haben, die im kommenden Jahrzehnt jedoch auf der Wettbewerbslandkarte auftauchen und Ihre Existenz bedrohen werden.«

Jack Welch, ehemaliger Vorstandschef von General Electric

Vor rund 50 Jahren haben wir noch die Nase gerümpft: Fernseher aus Japan? Wir haben doch Grundig, Nordmende und Saba. Autos aus Japan? Die können doch nur Deutsche, Amerikaner, Briten, Franzosen und Italiener – also wir im fortschrittlichen Westen – bauen. Damals, in den 50er und beginnenden 60er Jahren, amüsierten sich die westlichen Konsumenten noch selbstherrlich über die Exoten aus dem Fernen Osten. Als die ersten Sony-Fernseher in deutschen Wohnstuben liefen und die ersten Toyotas auf unseren Autobahnen fuhren, nahm man das milde lächelnd zur Kenntnis.

Vor rund 20 Jahren wiederholte sich dann das Schauspiel. Diesmal lächelte man über die Koreaner, die plötzlich Videorekorder und Autos auf dem Weltmarkt anboten. Ihre Markennamen klangen reichlich exotisch; Hyundai, Samsung, Lucky Goldstar oder das unaussprechliche Daewoo. Auch die Koreaner nahm anfangs keiner ernst im Westen, weder die Konzerne noch die Konsumenten.

Heute sind wir alle klüger: Die japanischen und koreanischen Nobodys von einst sind in vielen Industrien weltweit dominierend.

Einige von ihnen haben sogar ganze Branchen im Westen ausgelöscht. Kameras und Geräte der Unterhaltungselektronik werden – abgesehen von ein paar kleinen Nischenanbietern – im Westen überhaupt nicht mehr hergestellt. Fast alles in diesen Industrien kommt inzwischen aus Korea und Japan. Marken wie Toshiba, Panasonic, JVC, Sony und Samsung beherrschen die Märkte. Außerdem sind Japaner wie Koreaner wichtige Mitspieler auf dem globalen Automarkt geworden.

Und nun schickt sich China an, denselben Weg zu gehen wie Korea und Japan. Aber wir im Westen scheinen zum dritten Male den gleichen Fehler zu machen – weil wir nicht glauben wollen, dass demnächst chinesische Konzerne mit ihren eigenen Produkten und eigenen Marken auf den Weltmärkten auftauchen werden. Wie damals vor 50 Jahren bei den Japanern, wie vor 20 Jahren bei den Koreanern, herrschen auch jetzt wieder Arroganz und Ignoranz auf westlichen Chefetagen: »Unsere Untersuchungen haben ergeben, dass Führungskräften multinationaler Konzerne der Aufstieg der neuen chinesischen Unternehmensklasse, die einige ausländische Märkte bereits mit Erfolg erobert haben, vollkommen entgangen ist«, sagen die Berater und Professoren Ming Zeng und Peter Williamson, die am renommierten Insead in Singapur und französischen Fontainebleau lehren.

Die ersten chinesischen Multis tummeln sich schon auf den Weltmärkten. Sie fangen klein an und machen ihre ersten Auslandserfahrungen auf den umliegenden asiatischen Märkten. Doch Schritt für Schritt nähern sie sich den reifen Märkten des Westens. Markt für Markt, Branche für Branche werden sie erobern. Ihre zum Teil schwer auszusprechenden Namen kennen derzeit nur Insider. Wer hat schon jemals von Haier, Huawei, Lenovo, Ningbo Bird oder TCL gehört?

Diese, aber auch einige andere Namen sollte man sich merken, denn sie sind die Samsungs und Sonys von morgen. Bald werden sie in der »Fortune 500«-Liste auftauchen, der globalen Eliteliga der Konzerne. Sie werden den etablierten Multis General Electric, Siemens und wie sie alle heißen kräftig Konkurrenz machen. Und sie werden bald auch das eine oder andere große Unternehmen im Westen aufkaufen.

Spätestens dann wird hier niemand mehr lächeln.

Von Japan und Korea lernen

Die Vorbilder Chinas liegen im Osten – in Japan und Südkorea. Immer wieder hört man von chinesischen Politikern und Managern zwei Namen von Unternehmen, denen sie nacheifern wollen: Sony in Japan und Samsung in Südkorea. Das sind zwei asiatische Weltkonzerne, die es geschafft haben, systematisch den globalen Markt zu erobern. Wenn es den Japanern und Koreanern gelungen ist, warum sollten wir es dann nicht auch schaffen, sagen sich die Chinesen. Eifrig und gründlich studieren sie deshalb die Erfolgsmodelle ihrer östlichen Nachbarn.

In den 90er Jahren waren die koreanischen und japanischen Konglomerate die ganz großen Vorbilder der Chinesen. Chaebols heißen die einen, Keiretsus die anderen – gigantische Mischkonzerne, die unter einem Namen nahezu alles anboten, von Autos über Bankkredite bis Stahl. Daewoo, Hyundai, Lucky Goldstar waren die koreanischen Giganten, Mitsubishi, Mitsui und Sumitomo die japanischen.

Doch dann brach Mitte 1997 die Asien-Krise aus, in deren Folge vor allem einige der koreanischen Chaebols schwer ins Trudeln gerieten. Bei den Chinesen kamen erste Zweifel auf, ob denn solche schwerfälligen Konglomerate die richtigen Vorbilder seien. Klammheimlich verabschiedete sich kurze Zeit später die chinesische Führung von der Strategie, Mischkonzerne nach koreanischem und japanischem Vorbild zu kreieren.

Eher »reinrassige« Konzerne wie Samsung und Sony dagegen taugten schon eher zur Nachahmung. Beide sind stark auf den Elektronikbereich konzentriert und gelten als sehr innovativ.

Sony, das unmittelbar nach dem Zweiten Weltkrieg gegründet wurde und heute eines der führenden Elektrounternehmen der Welt ist, hat seinen Erfolg seinen permanenten Innovationen zu verdanken. Der Walkman und die Videokamera, die kaum größer ist als ein Fotoapparat, sind in Sonys Entwicklungslabors entstanden.

Auch Samsung fing klein an. Das Unternehmen ging erst einmal ein paar Joint-Ventures mit ausländischen Firmen ein und schloss mehr als 50 Lizenz-Abkommen ab. Das war sozusagen die Lernphase.

Die ersten Exporte gingen dann Anfang der 80er Jahre in die USA. Da die Marke Samsung dort niemand kannte, mussten die Koreaner durch etwas anderes auf sich aufmerksam machen. Sie wählten eine konsequente Niedrigpreis-Strategie und waren einfach deutlich billiger als ihre amerikanischen und japanischen Konkurrenten. So eroberten sie sich Markt für Markt. Heute ist Samsung mit einem Umsatz von über 35 Milliarden Euro einer der größten Elektrokonzerne der Welt.

Samsung und Sony haben es vorgemacht, die Chinesen wollen es nachmachen, und es wird ihnen gelingen. Die Frage ist längst nicht mehr, ob sich die entstehenden chinesischen Konzerne auf die Weltmärkte wagen, sondern nur noch, wann sie dort auftauchen.

Nur eine Frage der Zeit

Noch stehen gerade einmal 15 chinesische Unternehmen auf der Liste der »Fortune 500«, die das amerikanische Wirtschaftsmagazin jährlich im Herbst veröffentlicht. Unter den 100 bekanntesten Marken der Welt, die die Agentur Interbrand jedes Jahr ermittelt, fehlt noch jeder chinesische Name. Doch das wird sich ändern, sagen die Experten – zwar nicht von heute auf morgen, aber mittelfristig. »In zehn Jahren werden wir eine beträchtliche Zahl von international wettbewerbsfähigen chinesischen Unternehmen haben«, prophezeit zum Beispiel Barry Naughton, Wirtschaftsprofessor an der University of California in San Diego.

Die allwissenden Unternehmensberater von McKinsey sind etwas vorsichtiger. Sie wollen sich nicht auf einen Zeitraum festlegen. In ihrer Vierteljahreszeitschrift *McKinsey Quarterly* fragten sie: »Können es chinesische Marken im Ausland schaffen?« Ein paar Zeilen später dann die diplomatische Antwort: »Ja, aber es wird nicht leicht sein.«

Die McKinsey-Experten sehen einige Defizite bei den chinesischen Unternehmen, die so gerne Global Players werden wollen. Zum Beispiel: »Sie haben keine wirkliche Marketing-Erfahrung.« Und: »Es fehlen ihnen Vertriebskanäle, vor allem in den entwickelten Ländern.« Das alles koste Zeit und Geld.

Die chinesischen Möchtegerns wissen, dass sie noch einige Hausaufgaben zu erledigen haben, doch der Staat gewährt ihnen dabei bereitwillig finanzielle Unterstützung. Im Frühjahr 2003 hat die Regierung dafür eigens eine neue Organisation geschaffen – die State-Owned Assets Supervision and Administration Commission (SASAC), die 30 bis 50 Unternehmen fit für den internationalen Wettbewerb machen soll. Die ausgewählten Firmen werden vom Staat gepäppelt, ihre Auslandsinvestitionen werden zügig genehmigt, sie erhalten günstige Kredite und – wenn es sein muss – auch großzügige Subventionen. Die Beijinger Regierung steht da ganz in der interventionistischen Tradition der Japaner und Koreaner, die sich auch erst ihre nationalen, dann ihre internationalen Champions gezüchtet haben.

Doch mit Geld alleine ist es nicht getan. Die chinesischen Unternehmen, die auf den Weltmarkt wollen, müssen umdenken. Sie müssen lernen, dass eine Marke fast so wichtig ist wie das Produkt. Das heißt auch, sie müssen in die Marke investieren, also Marketing betreiben. Sie müssen bereit sein, viel Geld für Werbung auszugeben. Das ist ein Denken, das vielen Managern in chinesischen Unternehmen noch fremd ist. Woher sollte es auch kommen?

Werbung war lange Zeit als verführerisches Teufelszeug des Kapitalismus geächtet. Anfang der 90er Jahre gab es in China noch keine Werbespots im Fernsehen, keine Anzeigen, keine Reklametafeln. Heute verkünden entlang der 25 Kilometer langen Strecke vom Beijinger Flughafen in die Innenstadt ein Billboard nach dem anderen mehr oder wenige flotte Werbebotschaften. An Shanghais berühmter Uferpromenade flimmert Leuchtreklame von in- wie ausländischen Konzernen. Und im Fernsehen gehören Werbespots längst zum Alltag.

Sämtliche großen globalen Werbeagenturen sind inzwischen in den Metropolen Beijing und Shanghai vertreten und tragen ihren kreativen Teil dazu bei, dass chinesische Unternehmen die Bedeutung von Marken und Werbung für ihre Marken erkennen. Die großen Firmen haben schon seit geraumer Zeit Marketing-Abteilungen etabliert, meist ausländische Werbeagenturen engagiert und lassen sich von Consultants beraten.

Fiona Gilmore ist eine dieser Beraterinnen. Sie hat schon einige chinesische Unternehmen beim Branding, also beim Kreieren und Etablieren einer Marke unterstützt. Ihre Erfahrungen hat sie in dem Buch *Brand Warriors China* (»Die Marken-Krieger aus China«) aufgeschrieben. Sie geht davon aus, dass binnen eines Jahrzehnts mindestens ein chinesischer Name in der Liste der zehn bekanntesten globalen Marken auftauchen wird.

Welches Unternehmen das sein wird, weiß sie noch nicht. Aber wer zu diesem Kreis gehört, das weiß sie genau.

Die (noch) unbekannten Giganten

Wer sind die Samsungs, die Sonys von morgen? Wer aus dem fernen China wird in nicht allzu ferner Zukunft Siemens und Bayer, Vodafone und Nokia, Cisco und ThyssenKrupp attackieren?

Es ist eine illustre Schar von chinesischen Unternehmen, die das Zeug zum Global Player haben. Darunter sind High- und Lowtech-Firmen, noch kleine und schon große Konzerne. Sie kommen aus alten und aus neuen Industrien, sie haben ihren Sitz in den Metropolen, aber auch in der Provinz. Ihre Gemeinsamkeit: Sie haben meist charismatische Chefs an ihrer Spitze, die häufig auch Gründer des Unternehmens waren. Und sie haben alle eine Vision: Sie wollen auch außerhalb des Riesenreiches eine wichtige Rolle spielen.

Im Folgenden eine subjektive, aber bei weitem nicht willkürliche Auswahl elf potenzieller chinesischer Multis, die in den nächsten Jahren zu ernsthaften Rivalen auf den Weltmärkten heranwachsen könnten:

China Mobile

Der größte Mobilfunk-Betreiber der Welt. Unvorstellbar: 170 Millionen Kunden! Weit mehr als Vodafone, die Nummer zwei der Welt. Jeden Monat kommen vier Millionen neue Kunden dazu. Sehr profitabel: 4,3 Milliarden Dollar Gewinn bei 19 Milliarden Dollar Umsatz.

Ningbo Bird

Handy-Hersteller Nummer eins in China. Hat alle ausländischen Konkurrenten überholt. Kometenhafter Aufstieg: Verkaufte 1992 das erste Handy, heute werden 20 Millionen Stück im Jahr produziert. Kooperiert bereits mit Siemens. Es darf spekuliert werden, wann Bird die Handy-Sparte von Siemens kauft.

Alibaba.com

E-Commerce-Unternehmen. Erst nur B2B (Business to Business) nun auch B2C (Business to Customer). Will Ebay Konkurrenz machen, erst in China, dann im Rest der Welt. 1998 von dem ehemaligen Englisch-Lehrer Jack Ma gegründet. Größen-Vorteil: China hat schon heute mit knapp 90 Millionen Menschen die größte Internet-Gemeinde nach den USA.

Wanxiang Group

Privates Unternehmen aus der Kapitalisten-Provinz Zhejiang, gleich neben Shanghai. Gegründet von Lu Guanqiu, Chinas fünftreichstem Mann (geschätztes Vermögen: 670 Millionen Dollar). Ist Chinas größter Autozulieferer und hat schon eine erste Fabrik in den USA gebaut.

SAIC

Chinas größter Autokonzern mit Sitz in Shanghai. Hat zwei große Joint-Ventures, eines mit Volkswagen, das andere mit General Motors. Steigt sukzessive in den koreanischen Automarkt ein: Hat sich erst mit zehn Prozent an Daewoo beteiligt, kürzlich übernahm SAIC sogar den viertgrößten Hersteller Ssangyong. Außerdem besteht Interesse an MG Rover in Großbritannien.

CITIC

Voller Name: China International Trust & Investment Corporation. Traditionsreiches Konglomerat, Ende der 70er Jahre entstanden. Stand unter starkem Einfluss der Regierung, inzwischen ist ein Teil an der Börse gelistet. Stark auf dem Finanzsektor, hat aber auch Investments in den Bereichen Bau, Energie und Telekommunikation.

Sinopec

Einer der drei Öl-Giganten Chinas. Jetzt schon Asiens größter Raffinerie- und Petrochemiekonzern. Bereits an den Börsen in London und New York notiert. Kauft sich zunehmend wie BP oder Shell in Öl- und Gasfelder im Ausland ein, vor allem im Nahen Osten. Hatte mal 1,3 Millionen Beschäftigte, jetzt – nach einer Schlankheitskur – sind es nur noch rund 400 000.

Li Ning

Der Unternehmer Li Ning war 1984 dreifacher Olympiasieger im Turnen und ist sehr populär. Gründete deshalb 1989 als 26-Jähriger unter seinem Namen einen Sportbekleidungskonzern. Engagierte eine große ausländische Werbeagentur. Hat 450 Geschäfte in China. Verkauft seine Kleidung und Schuhe um einiges billiger als Adidas und Nike. Möchte mit seinem Unternehmen so erfolgreich werden wie einst im Turnen.

Baosteel

Lieblingskind der Regierung. 1978 in Shanghai gegründet, von den Machthabern hochgepäppelt. Bekam immer die besten Manager und die neueste Technologie aus dem Westen, ganz gleich was sie kostete. Heute Chinas größter und effizientester Stahlhersteller. 1,6 Milliarden Dollar Gewinn bei 14 Milliarden Umsatz. Selbst die Konkurrenz lobt Baosteel. »Das ist eine First-Class Company«, sagt Thomas Usher, Chef von US Steel. Wird zunehmend im Ausland aktiv. Beteiligte sich bereits an Eisenerz-Minen in Australien und Stahlkochern in Brasilien.

Qingdao Brewery

Sicher Chinas globalste Marke. In fast jedem China-Restaurant der Welt wird das Bier aus Qingdao (Tsingtao) aufgetischt. 1903 von Deutschen gegründet. Deshalb nach dem Reinheitsgebot gebraut. Mit 1,2 Milliarden Dollar Umsatz die Nummer eins unter den Bierbrauern in China. Weltweit jedoch weit abgeschlagen. Tat sich deshalb mit dem amerikanischen Braukonzern Anheuser-Busch zusammen. Er will das Bier aus China durch seine weltweiten Vertriebskanäle schleusen.

China State Construction Engineering

Die größte Baufirma des Landes. Hat viel Erfahrung in Großprojekten, von Dämmen bis Flughäfen, vor allem in China, aber auch in Entwicklungsländern. Nun sollen die Industrienationen erobert werden. Der Grundstein ist bereits gelegt: Mitten in New York zieht der Konzern Büro-Hochhäuser und ein Luxus-Hotel hoch. Präsident Sun Wenjie will aber noch höher hinaus: »Wir wollen eine der zehn größten Baufirmen der Welt werden.«

Während diese elf Unternehmen die Global Players von morgen sind, gibt es welche, die heute schon kräftig auf den internationalen Märkten mitmischen und bereits jetzt Konkurrenten der westlichen Konzerne sind. Zu diesem potenten Kreis zählen Legend (Computer), Haier (»Weiße Waren«), Huawei (Telekom-Ausrüstung) und TCL (Elektronik).

Wie haben diese Firmen es geschafft? Antworten geben ein paar spannende Tellerwäscher-Geschichten aus dem modernen China.

Eine Legende entsteht

Der 26. März 2004 war ein historischer Tag. Im Bankett-Saal des renommierten Beijing Hotel fand eine feierliche Unterzeichnung statt. Hunderte von Ehrengästen und Medien-Vertreter wohnten der Zeremonie bei. Rund 100 Kamera-Objektive richteten sich auf das Podium, wo fast vollzählig die Führung des Internationalen Olympischen Komitees (IOC) und die Spitze des Unternehmens Lenovo saß.

Nach vielen Reden und netten Werbefilmchen schritten die Damen und Herren dann zur Tat: Sie unterzeichneten einen Sponsorenvertrag für die Olympischen Spiele 2006 (Winterspiele in Turin) und 2008 (Sommerspiele in Beijing). Beifall brandete auf, es wurde Champagner gereicht.

Zum ersten Mal ist ein chinesischer Konzern – und das ist das Historische – einer der Top-Sponsoren bei Olympia – neben so bekannten Weltmarken wie Coca Cola und McDonald's. Geschätzte 40 Millionen Dollar lässt sich Lenovo dieses Privileg kosten, hinzu kommt das gesamte elektronische Equipment, das die Chinesen für die beiden Ereignisse als Sachwerte stellen müssen. Der Aufwand wird sich jedoch lohnen: Das Lenovo-Logo wird überall präsent sein und per Fernsehen einem Milliarden-Publikum weltweit bekannt gemacht werden. Viele an den Bildschirmen werden sich neugierig fragen: Wer ist denn Lenovo? Und fast niemand wird die Antwort kennen.

Lenovo hieß bis vor kurzem Legend. Das Unternehmen wurde Mitte der 80er Jahre von Liu Chuanzhi, einem Mitglied der Akademie der Wissenschaften in Beijing gegründet. Liu war mit 40 Jahren schon relativ alt für einen Entrepreneur. »Aber durch die Kulturrevolution hatte ich keine Chance, früher Unternehmer zu werden«, sagt er fast entschuldigend. Zusammen mit seinen zehn Mitgründern handelte Liu zuerst mit Computern, bis er im Jahr 1990 anfing, selbst welche herzustellen.

Damals waren in China die amerikanischen Computerhersteller dominant, doch seit 1996 ist Legend die Nummer eins vor Dell, IBM und Hewlett-Packard. Inzwischen haben die Chinesen auch auf dem asiatischen Markt die Amerikaner abgehängt.

Ihr Erfolgsrezept: Man biete fast genauso gute Technologie wie die ausländische Konkurrenz, nur eben zu günstigeren Preisen. Technologisch liegen die Chinesen gar nicht so weit hinter den Amerikanern, und sie leisten sich einen hohen Forschungseinsatz. Von den rund 13 000 Beschäftigten arbeiten mehrere Tausend in Forschung und Entwicklung, die Firma kann sich die Besten aussuchen. Legend liegt dafür günstig im Nordwesten Beijings, der Hightech-Ecke der Hauptstadt mit den besten Unis, vielen kleinen Technologie-Buden und den Multis aus aller Welt, die hier ihre Forschungs- und Entwicklungszentren haben.

Die Produktpalette von Legend ist im Laufe der Jahre wesentlich breiter geworden: Neben Computern umfasst sie Notebooks, Server, MP3-Spieler, Digitalkameras und Handys. Die Devise lautet: Alles in der Informations- und Kommunikationsindustrie wächst zusammen, also machen wir all diese Produkte selbst.

Der Umsatz beträgt inzwischen rund vier Milliarden Dollar. Erst vor kurzem hat Lenovo die PC-Sparte von IBM übernommen und ist damit zum drittgrößten PC-Verkäufer der Welt aufgestiegen. Das Unternehmen ist also auf dem besten Wege, sein erklärtes Ziel, »ein führendes internationales Unternehmen zu werden«, zu erreichen.

Dafür änderte Legend sogar seinen Namen. Denn der Allerwelts-Name Legend ist in vielen Märkten bereits vergeben und geschützt. Deshalb heißt Legend seit dem Frühjahr 2004 Lenovo.

Aus dem Innenleben eines Multis

Shenzhen ist die Nachbarstadt Hongkongs. Sie liegt direkt hinter der nach wie vor bestehenden Grenze, die die Ex-Kronkolonie von der Volksrepublik trennt. Vor 20 Jahren war Shenzhen noch ein verträumtes Fischerdorf, heute ist es eine Sechs-Millionen-Metropole. Shenzhen wirkt wie ein geklontes Hongkong.

Verlässt man die City von Shenzhen auf der Autobahn, kommt nach rund einer halben Stunde Fahrt eine Ausfahrt, auf die ein grünes Schild mit der Aufschrift »Huawei« hinweist. Huawei ist kein Dorf und kein Stadtteil, sondern der Name eines Unternehmens. Huawei ist der führende Technologie-Konzern Chinas.

Das Firmengelände ähnelt einer kleinen Stadt. Es gibt ein Krankenhaus mit 20 Ärzten von der berühmten Beijing-Universität und eine Wohnsiedlung für rund 3000 Mitarbeiter. Mittendrin ein von Palmen umsäumter Swimming Pool, Tennisanlagen, ein geräumiges Clubhaus mit Bar und Billard-Tischen. Das Ambiente entspricht eher einer Club-Med-Anlage denn einer Heimstätte für Beschäftigte von Huawei. Überall wuseln junge Leute über das weitläufige Gelände.

Willkommen bei Huawei. Richard Lee empfängt den Gast und führt ihn zu einem Konferenzraum in der Konzernzentrale. In perfektem Englisch stellt er in einer Power-Point-Präsentation das Unternehmen vor: 1988 von Ren Zhengfei, einem Armee-Ingenieur, gegründet. Startkapital: 1000 Dollar. Er begann mit dem Verkauf importierter Telefonanlagen. Später baute er sie selber und verkaufte sie in den ländlichen Gegenden Chinas, wo die ausländischen Konkurrenten nicht hinkamen.

Heute ist Huawei (Umsatz: rund vier Milliarden Dollar) auf fast demselben technologischen Niveau wie die großen ausländischen Konkurrenten namens Cisco, Nortel oder Siemens. Ein großer Vorteil von Huawei: Die Hälfte der 22 000 Beschäftigten (Durchschnittsalter knapp 30 Jahre) arbeiten in der Forschung, darunter 200 Inder. Sie arbeiten Tag und Nacht, wenn es sein muss. »Unsere Forscher sind hervorragend ausgebildet, kosten aber nur ein Viertel gegenüber Westexperten«, sagt PR-Manager Fu Jun.

Huawei kann deshalb seine Produkte – Router, Server, Schaltanlagen, Handys – um einiges billiger als die westliche Konkurrenz auf den Markt bringen. Experten schätzen, dass die Chinesen bei Ausschreibungen die Preise der Konkurrenz teilweise um 30 Prozent unterbieten.

Mittlerweile bewirbt sich Huawei auch um Aufträge im Ausland. Erst vorsichtig in Dritte-Welt- und Schwellenländern, nun aber auch verstärkt in den Industriestaaten. In Deutschland hat Huawei schon einen ganzen Büroflur in Eschborn vor den Toren Frankfurts gemietet. Mitten unter vielen Chinesen sitzt dort der deutsche Marketing-Manager Sören Pürschel und sagt: »Die Krise ist unsere Chance. In schlechten Zeiten haben preiswerte und flexible Neulinge bessere Chancen am Markt.«

Schon im Jahr 2006 will Huawei 30 Prozent seines Umsatzes im Ausland machen. Unterschätzt wird Huawei nicht mehr. Eine interne Studie beim amerikanischen Konkurrenten und Weltmarktführer Cisco ergab: Huawei ist gefährlichster Wettbewerber des Unternehmens.

Der Mann mit dem Hammer

Immer wieder wird die Geschichte erzählt, weil sie fast zu schön ist, um wahr zu sein: Es war einmal ein chinesischer Manager, der mit der Qualität der Produkte, die seine Arbeiter in den Fabriken herstellten, nicht sehr zufrieden war. Da alles gute Zureden nicht half, die Qualität zu verbessern, griff er zu einem ungewöhnlichen Mittel – zu einem Hammer. Vor den Augen seiner Mitarbeiter zertrümmerte er die nagelneuen Kühlschränke und Waschmaschinen. Die erstaunten Mitarbeiter hatten durch diese ungewöhnliche Demonstration verstanden: Sie produzierten häufig nur Schrott – und sie gelobten Besserung.

Die Aktion mit dem Hammer fand 1984 statt. Die Firma hieß damals noch bieder-sozialistisch Allgemeine Qingdaoer Kühlschrankfabrik. Der destruktive Chef war der damals 35-jährige Zhang Ruimin. Heute heißt der Chef immer noch Zhang Ruimin, das Unternehmen firmiert aber längst unter neuem Namen: Haier. Produziert werden noch immer Kühlschränke und andere so genannte weiße Waren.

Ruimin, der Autodidakt, revolutionierte das Unternehmen. Er studierte andere Länder und übernahm von ihnen jeweils das Beste: »Von den Amerikanern lernten wir den Innovationsgeist, von den Deutschen die strenge Qualitätskontrolle und von den Japanern die Solidarität einer qualifizierten Belegschaft.«

Haier ist so etwas wie das globale Vorzeige-Unternehmen Chinas. Über neun Milliarden Euro Umsatz, 30 000 Beschäftigte, Produktion in 13 Ländern, Verkauf in 165 Ländern. Und Chef Zhang Ruimin ist der Vorzeige-Entrepreneur Chinas. Vom Arbeiterkind zum Top-Manager – solche Karrieren mögen die Kommunisten. Zhang sitzt deshalb in höchsten Parteigremien. Dafür sagt er öffentlich solche Sätze, die auch der Regierung gefallen: »China kann sich nicht damit zufrieden geben, das globale Powerhouse der Fertigungsindustrie zu sein. Wir brauchen eigene Marken, um nationale Stärke aufzubauen.«

Haier ist eine solche starke Marke, in China ist sie bereits die bekannteste. Auf allen Flughäfen Chinas wirbt Haier auf den Gepäck-Trolleys mit dem Werbespruch »Haier and Higher«. Haier will noch höher hinaus. Die Nummer fünf in der Welt ist man schon, aber Ruimin will mehr. Dem *Handelsblatt* sagte er: »Unser Ziel ist es, zuerst die Nummer drei zu werden, dann die Nummer eins« – vor Whirlpool und Electrolux.

Das gelingt nur mit globaler Expansion. Sie erfolgt bedächtig Schritt für Schritt: Erst Südostasien vor der Haustür, dann die USA, nun Europa. Auch bei den Produkten geht Haier sukzessive vor. Es wird nicht gleich die gesamte – inzwischen 250 Produkte umfassende – Palette angeboten. Man fängt klein an, zum Beispiel mit Minibars für Hotels oder Weinkühlschränken. So ging es 1994 in den USA los. Systematisch wurde die Produktpalette erweitert. Heute ist Haier in neun der zehn größten US-Handelsketten vertreten. In Los Angeles hat Haier ein Design-Center, in South Carolina eine Fabrik und mitten in Manhattan die US-Hauptverwaltung.

So wie Haier haben sich einige chinesische Hersteller weißer und brauner Waren auf die Weltmärkte geschlichen. Weiße Waren – Kühlschränke und Waschmaschinen – stehen in der Küche, braune Waren – TV-Geräte und Musikanlagen – im Wohnzimmer.

Changhong, Konka, Panda sind unbekannte Namen von Braune-Waren-Produzenten, die schon die großen Märkte der Dritten Welt wie Indien oder Indonesien erobert haben. Den chinesischen Markt beherrschen sie längst. Dort spielen ausländische Marken nur noch eine Statistenrolle, sie wurden Stück für Stück hinausgedrängt. Und dieses Schicksal wird ihnen auch noch in anderen Branchen blühen.

Wie der Handy-Markt kippte

Wer noch vor ein paar Jahren in China in einen Handy-Laden ging, konnte in den Vitrinen und Verkaufsregalen fast nur ausländische Marken entdecken und kaufen. Motorola, Nokia, Ericsson und Siemens beherrschten damals den chinesischen Markt. Sie alle träumten von hohen Wachstumsraten und glaubten nicht im Traum daran, dass ihnen jemals chinesische Hersteller Konkurrenz machen könnten.

Besucht man heute ein Handy-Geschäfte, wo Dutzende von gleich gekleideten VerkäuferInnen um Kunden buhlen, wird man feststellen, dass sich Gravierendes verändert hat. Zwar sind dort immer noch Handys der ausländischen Top-Marken im Angebot, doch sie sind in der Minderheit. Umlagert sind die Verkaufsstände anderer Marken, und die heißen zum Beispiel Bird, TCL, Konka, Amoi oder Haier – allesamt chinesische Marken.

Innerhalb kürzester Zeit ist der Handy-Markt gekippt – von der Dominanz der Ausländer zur Vorherrschaft der Chinesen. So waren im Jahr 2003 die beiden führenden Marken Ningbo Bird (13 Prozent Marktanteil) und TCL (elf), erst danach kamen die einstigen Herrscher Nokia (elf) und Motorola (neun). Alle chinesischen Handy-Hersteller zusammen kommen bereits auf einen Marktanteil von 55 Prozent. Vier Jahre zuvor hatten sie nur bescheidene fünf Prozent.

Das Beispiel lehrt zweierlei. Erstens: Wie ausländische Konzerne ihr Potenzial falsch einschätzen, weil sie überheblich meinen, ihnen könne keiner das Wasser reichen. Und zweitens: Wie schnell chinesische Firmen auf- und ihre westlichen Konkurrenten überholen, um sie Schritt für Schritt aus dem Markt zu drängen. Der Aufstieg der chinesischen Firmen geht atemberaubend schnell. Diesem Tempo sind keine koreanischen und keine japanischen Unternehmen gewachsen.

Beispiel Ningbo Bird. Erst 1992 wurde das Unternehmen mit einem Startkapital von rund 20 Millionen Dollar gegründet. Die drei

Gründer um Xu Lihua stellten erst Pager her, dann Ende der 90er Jahre stiegen sie ins boomende Handy-Geschäft ein. Heute ist Ningbo Bird die Nummer eins in China, wo es über 300 Millionen Nutzer von Mobiltelefonen gibt.

Rund 30 Minuten außerhalb von Ningbo – einer Sechs-Millionen-Stadt 250 Kilometer südlich von Shanghai – liegt das Firmengelände von Ningbo Bird. In der Hauptverwaltung zeigt eine PR-Dame eine Karte Chinas. Überall sind schwarze Punkte eingezeichnet. Sie sagt, es seien über 400. Die Punkte markieren Verkaufsbüros. Diese betreuen wiederum 50 000 Händler, die Bird-Handys verkaufen. Kein Handy-Unternehmen hat ein solch flächendeckendes Verkaufsnetz wie Ningbo Bird. Von den 10 000 Beschäftigten bei Ningbo Bird arbeiten 7000 im Marketing und Vertrieb, der Rest in Forschung und Produktion.

Eine Informationsmappe des Unternehmens enthält viele Graphiken, deren Kurven steil nach oben zeigen. Umsatz, Gewinn, Produktion – alles wächst rasant. Auf der letzten Seite der Präsentation steht das Ziel der Firma: »Bird will become a top-ranking international brand and world famous multinational enterprise!« Ganz in diesem Sinne schwärmt Unternehmenschef Xu Lihua: »Ich habe einen Traum: Wir wollen so groß werden wie Motorola, IBM oder Microsoft.« Xu, der Traumtänzer?

Wenn man solche Sprüche hört, ist man geneigt, sie als Überheblichkeit oder gar Größenwahn abzutun. Doch wer innerhalb von solch kurzer Zeit den chinesischen Markt erobert wie Ningbo Bird, dem ist auch global einiges zuzutrauen.

Denn: Der chinesische Markt ist hart umkämpft, vielleicht ist er sogar einer der härtesten der Welt. Alles, was Rang und Namen hat, ist dort inzwischen vertreten. Alle Multis sind präsent, außerdem eine breite Phalanx inländischer Konkurrenten. So kämpft Ningbo Bird auf dem Heimatmarkt nicht nur gegen die Nokias und Motorolas dieser Welt, sondern gegen rund 35 lokale Wettbewerber. Wer sich da durchsetzt, ist gestählt und für den weltweiten Wettbewerb gewappnet. Deshalb sind die globalen Ambitionen von Ningbo Bird, das mit dem Export seiner Handys bereits begonnen hat, sehr ernst zu nehmen.

Die Ningbo-Bird-Strategie – erst den Heimatmarkt (zurück)erobern, dann auf dem Weltmarkt angreifen – wird auch in anderen Industrien Nachahmer finden. Für die ausländischen Firmen bedeutet diese Strategie eine doppelte Gefahr: Sie verlieren Marktanteile in China, und sie bekommen auf den Weltmärkten neue, aggressive Konkurrenten.

Viele multinationale Unternehmen sind sich dieser Entwicklung noch gar nicht bewusst. Während sie noch vom Wirtschaftswunderland China träumen, sind die chinesischen Wettbewerber hellwach. Sie wollen und werden der ausländischen Konkurrenz ihren Heimatmarkt nicht kampflos überlassen. Die Regierung hilft ihnen dabei – ganz offen, aber auch versteckt. Tricks gibt es genug, um den ausländischen Firmen das Leben schwer zu machen und die einheimische Industrie zu begünstigen. Nur in einer Industrie – ausgerechnet einer Schlüsselbranche – scheint ihnen das nicht zu gelingen: in der Autoindustrie. Oder doch?

Wann rollen chinesische Autos an?

Taxi fahren in Shanghai bedeutet im Stau stehen. Es ist aber auch eine gute Gelegenheit, hautnah den chinesischen Automarkt zu studieren und zu beobachten, welche Modelle links und rechts an dem grün-weißen Peugeot-Taxi vorbeischleichen. Klar: Sehr viele Volkswagen sind darunter, denn die Wolfsburger sind nach wie vor Marktführer, darunter vor allem viele Santanas, das – man mag es kaum glauben – immer noch bestverkaufte VW-Modell in China. Aber auch Polos, Boras, Golfs – fast die gesamte Volkswagenpalette rollt inzwischen auf Chinas Straßen.

Die Zeiten, in denen man den Chinesen alte Modelle verkaufen konnte, sind längst vorbei. Die autoverrückten Chinesen sind heutzutage bestens informiert, was draußen in der Welt angeboten wird. Dafür sorgen schon über 30 Autozeitschriften, die den Chinesen auf bunten Fotos Woche für Woche zeigen, was auf den bedeutenden Auto-Messen in Detroit, Frankfurt, Genf, Paris und Tokio an neuen Modellen präsentiert wurde.

So stehen nicht nur Volkswagen im Stau, sondern auch Autos von General Motors, BMW, Honda, Toyota, Peugeot und ein paar Fords, aber kein einziger chinesischer Pkw. Zwar stammen fast alle Autos, die auf chinesischen Straßen fahren, inzwischen aus chinesischen Fabriken, doch werden sie in so genannten Joint-Ventures gebaut. Der chinesische Partner stellt die billigen Arbeiter, der ausländische Partner bringt das teure Know-how und die Marke ein.

Volkswagen war der erste Autokonzern, der 1984 ein solches Joint-Venture einging. Seitdem sind alle Autohersteller dieser Welt – sieht man von Nobel-Firmen wie Porsche oder Jaguar ab – in China mit einem Joint-Venture vertreten. Keiner will sich diesen lukrativen Markt entgehen lassen. China ist zum Mekka der globalen Autoindustrie geworden. Die Konzerne pilgern dorthin, weil es nirgendwo auf dieser Welt solche traumhaften Wachstumsraten von 20, 30 oder gar 60 Prozent jährlich gibt. Vom Norden in Changchun (VW, Audi) bis zum Süden in Guangzhou (Honda), vom Osten in Shanghai (General Motors) bis zum Westen in Chongqing (Ford) – überall gibt es Joint-Ventures zwischen ausländischen und chinesischen Herstellern. Dort werden fast nur Modelle der ausländischen Partner zusammengebaut. Rein chinesische Marken gibt es nicht – bis auf ganz wenige Ausnahmen. Warum eigentlich?

Zur Klärung soll Xing Hong beitragen. Er ist Anfang 40, spricht perfektes Englisch (er lebte lange in New York), gibt sich weltläufig und offen. Hong ist Auto-Manager, Vorstand der Brilliance Holding, einem Joint-Venture-Partner von BMW, der aber auch Autos unter eigenem Namen baut. Seit August 2002 gibt es den »Zhonghua«, übersetzt: Reich der Mitte oder schlicht China – eine Limousine für den Geschäftsmann, die 35 Prozent weniger als ein Audi kostet.

»Wir sollten den Fehler von Brasilien vermeiden«, sagt Hong. Das südamerikanische Land sei zwar auch eine große Autoproduktionsnation, habe aber keine eigenen Automarken. Dieses Schicksal soll China nicht ereilen, und deshalb baut sein Unternehmen den »Zhonghua«. Aber die westlichen Automanager sagen, dass den Chinesen das Know-how zum Autobau fehle? »Wir bauen hier unsere Expertise auf – Schritt für Schritt. Und was wir noch nicht können, das kaufen wir im Ausland zu«, antwortet Hong ganz ruhig. So kamen zum Beispiel für den »Zhonghua« das Design und Engineering aus Italien. Hong glaubt, dass chinesische Autos aufholen werden. Brilliance sei ja nicht der einzige chinesische Hersteller mit eigener Marke: »Schauen Sie sich doch Geely an!«, sagt er zum Schluss.

Geely ist eine private Autofirma, ihr Chef heißt Li Shufu. Der sagt: »Chinas Autoindustrie sollte sich nicht nur auf die ausländischen Giganten verlassen.« Deshalb produziert er seine Autos selbst – fast selbst: Design-Hilfe aus Italien und Korea nimmt er nach wie vor in Anspruch. Seine Modelle heißen Haoqing, Meiril, Uliou und Urban Nanny. Sie haben vier Räder, einen Motor, eine Karosserie, keinen Schnickschnack – und sind deshalb mit 5000 Dollar sehr günstig. Es sind die idealen Einsteigermodelle für eine Nation, die gerade anfängt, das Autofahren zu lernen. Im Jahr 2004 verkaufte Geely schon 200 000 Stück dieser Billig-Karossen, im Jahr 2010 sollen es bereits 1,2 Millionen sein.

Dieses untere Segment haben die ausländischen Konzerne sträflich vernachlässigt, und das könnte sich rächen. Unternehmen wie Geely, aber auch der Batteriehersteller BYD, der mit seinem 4000 Dollar teuren »Flyer« auf den Markt kam, wollen sich in diesem Segment etablieren und den Markt sozusagen von unten aufrollen.

Irgendwann wird es auch chinesische Auto-Exporte geben. Nach Aussagen von Hondas China-Chef Sho Minekawa hat China »absolut das Potenzial, in einigen Jahren zur Gruppe der ersten Exportländer der Branchen aufzusteigen«.

Geldbeschaffung im Westen

Es war fast wie in allerbesten Hype-Zeiten des Börsenbooms: Schon früh am Morgen des 18. Dezember 2003 bildeten sich vor den Bank-Filialen in Hongkong riesige Schlangen. Die Menschen wollten eine oder mehrere Aktien von China Life ergattern, der großen chinesischen Versicherung. Der Andrang war schließlich so stark, dass die Polizei einschreiten musste, um den Bank-Verkehr zu regeln.

Da die Nachfrage nach den Aktien viel größer als das Angebot war, stieg der Kurs gleich am ersten Handelstag enorm. China Life spülte die zeitgleiche Emission an der Hongkonger und New Yorker Börse über drei Milliarden Euro in die Kasse. Der Börsengang des Versicherungsunternehmens aus der Volksrepublik war im Jahr 2003 der größte IPO (Initial Public Offering) weltweit.

Chinas Unternehmen haben die Börse als Geldmaschine entdeckt. Doch sie gehen nicht an die beiden Börsen im eigenen Land, denn weder Shanghai noch Shenzhen haben einen guten Ruf. Nicht zu Unrecht werden sie als Zocker-Börsen bezeichnet, wo chinesische Unternehmen mit zweifelhaftem Ruf und undurchsichtigem Zahlenwerk gehandelt werden. Die Börsenaufsicht entspricht bei weitem noch nicht westlichen Standards. Außerdem können Ausländer – ob private oder institutionelle Anleger – nur eingeschränkt und unter einigem bürokratischen Aufwand an den beiden chinesischen Börsen tätig sein.

Chinesische Firmen, die etwas auf sich halten und Geld von ausländischen Anlegern wollen, gehen deshalb entweder ins benachbarte Hongkong oder an die New Yorker Börse. Wer dort gelistet ist, hat gleich drei Vorteile: Er steigert sein Renommee und seinen Bekanntheitsgrad, er erhält quasi ein Gütesiegel, weil die Listing-Anforderungen der westlichen Börsen sehr hoch sind – und er bekommt jede Menge Geld in die Kassen.

Immer mehr chinesische Unternehmen nutzen deshalb diese Geldquellen im Westen. Ihre Gier deckt sich mit dem zunehmenden Interesse vieler westlicher Anleger, die seit kurzem China als neues

Boomland entdeckt haben. Sie spekulieren: China ist das größte Wirtschaftswunderland der Welt, also werden auch chinesische Unternehmen von dem Boom profitieren und damit als Anlageobjekte interessant.

Und auch die großen Börsen dieser Welt buhlen inzwischen um die chinesischen IPOs. Allein 70 Firmen aus der Volksrepublik sind bereits an den beiden amerikanischen Börsen, der New York Stock Exchange und der Nasdaq, notiert. Doch angesichts der weltweiten IPO-Flaute klopfen immer mehr Börsen dieser Welt bei den chinesischen Unternehmen an und fragen, ob sie nicht bei ihnen gelistet werden wollen. So zeigen London, Singapur und Tokio großes Interesse an chinesischen IPOs. »China ist unser wichtigster Markt«, sagt Jane Zhu, Asien-Chefin der London Stock Exchange (LSE), die deshalb im Herbst 2004 ein Büro in China eröffnete.

Doch die Chinesen bevorzugen nach wie vor Hongkong, wo sie fast ein Heimspiel haben. Auch 2004 war die Börse in der ehemaligen britischen Kolonie beliebteste Adresse chinesischer Börsenneulinge, und es war ein sehr illustrer Kreis von Unternehmen, die den Gang aufs Parkett wagten: Ping An Versicherung, Air China, China Construction Bank, China Power, China Netcom, Minsheng Bank und andere mehr.

Fast alle sind Staatsunternehmen. Die Beijinger Führung geht dabei geschickt vor. Sie bringt nur 20 bis 25 Prozent des Kapitals der Unternehmen an die Börse und behält damit die deutliche Mehrheit. Rund 20 Milliarden Dollar an frischem Kapital flossen so den Unternehmen zu. Viel Geld, um weiter zu expandieren – vor allem im Ausland.

Auf globaler Einkaufstour

Mitte des Jahres 2004 schickte die Shanghai Electric Corporation, einer der großen Elektrokonzerne Chinas, zwei Mitarbeiter nach Hamburg. Ganz unauffällig bezogen sie in der Hansestadt ein Büro. Ihre geheime Mission: Sie sollen nach Unternehmen in ganz Europa Ausschau halten, die für Shanghai Electric interessant sein könnten – entweder für eine Beteiligung oder gar einen Aufkauf.

Solche diskreten Späher aus China sind derzeit überall auf der Welt unterwegs. Viele chinesische Konzerne – egal, ob privat oder staatlich – haben nämlich erkannt, dass es oft einfacher ist, auf fremden Märkten Fuß zu fassen, wenn man sich an dort etablierten Firmen beteiligt oder sie gleich ganz übernimmt. Man erwirbt somit Know-how, Marktanteile und Kenntnisse über bis dahin unbekannte Märkte.

Nach einem Bericht der UNCTAD (United Nations Conference on Trade and Development) haben chinesische Unternehmen bereits 27 Milliarden Dollar im Ausland investiert. In über 40 Ländern seien sie bereits präsent. Jedes Jahr steigen die Auslandsinvestitionen deutlich. »Chinesische Unternehmen stehen an der Schwelle, führende Auslandsinvestoren in Asien, aber auch darüber hinaus zu werden«, sagt UNCTAD-Direktor Karl P. Sauvant.

»Ein Angriff aus China ist nur eine Frage der Zeit«, prophezeit Philipp Vorndran, Stratege bei der Schweizer Bank Credit Suisse. Es sei – so Vorndran – durchaus denkbar, dass auch große europäische Blue-Chip-Unternehmen ins Visier chinesischer Firmen geraten werden.

Noch sind es nicht die ganz großen Deals, die die Chinesen machen. Ein chinesischer Arzneimittelkonzern kauft zum Beispiel die Pharma-Sparte eines japanischen Kosmetik-Unternehmens, oder Hainan Airlines will bei der ungarischen Fluglinie Malev einsteigen.

Schon eine Nummer größer: der Shanghai Automotive Industry Corp. (SAIC) übernimmt, wie schon erwähnt, die Mehrheit des angeschlagenen Autoherstellers Ssangyong, immerhin die Nummer vier auf dem koreanischen Markt.

Die Chinesen befinden sich noch in der Lernphase. Das Geschäft mit M&A – Mergers & Acquisitions, also Fusionen und Übernahmen – ist relativ neu für sie. Sie müssen sich erst noch an die Spielregeln gewöhnen. Einer, der sie schon zu beherrschen scheint, ist das Elektrounternehmen TCL.

Im Herbst 2002 übernahm TCL den konkursreifen deutschen Hersteller von Unterhaltungselektronik Schneider. Das war quasi das Gesellenstück. Das Meisterstück folgte ein Jahr später. Im Herbst 2003 und im Frühjahr 2004 beteiligte sich TCL an zwei großen französischen Konzernen. Erst stiegen die Chinesen beim TV-Geräte-Produzenten Thomson ein, dann beim Handy-Hersteller Alcatel. In beiden Fällen übernahm TCL die Mehrheit und damit auch das Sagen.

Die beiden französischen Unternehmen waren nicht mehr in der Lage, ihre Produkte profitabel herzustellen. In ihrer Not wandten sie sich an die Retter aus Fernost. Für die expansionshungrigen Chinesen waren die maroden Franzosen ein gefundenes Fressen. Sie bekamen für relativ wenig Geld zwei gute Markennamen und jede Menge Know-how. Im Falle Alcatel waren es 600 Forscher, die TCL miteingekauft hat.

Von solchen Deals wird man in Zukunft häufiger hören und lesen. Wo immer marode Unternehmen im Westen einen Käufer suchen, werden Chinesen als potenzielle Kandidaten gehandelt werden.

Die Chinesen sind nicht mehr ante portas, sie sind bereits mitten unter uns – manchmal auch mit verrückten Ideen.

Wahaha – »lachendes Kind« – nennt sich eine Firma in Hangzhou. Sie produziert Getränke in Flaschen – Mineralwasser, Milch, Tee und Softdrinks. Im Sortiment hat sie auch »Future Cola«, zufällig in rot-weißen Flaschen abgefüllt – wie das große Vorbild Coca-Cola.

Im Juni 1998 kam »Future Cola« auf den chinesischen Markt, als nationale Alternative zu den Weltherrschern Coca-Cola und Pepsi. »Chinesen wollen chinesische Cola trinken«, lautet die Begründung der Firma damals beim Launch. Heute hat »Future Cola« – die Flasche kostet nur 20 Cents – immerhin einen Marktanteil von sieben Prozent, Coke aber immer noch 24 Prozent.

Der relative Erfolg machte die Wahaha-Manager so siegestrunken, dass sie ihre Cola nun auch in den USA anbieten. 170 000 Flaschen verschifften sie nach New York und Los Angeles. Man darf gespannt sein, ob »Future Cola« eine Zukunft hat.

7. Dicke Luft und wenig Wasser
Mit der Wirtschaft wachsen auch die Umweltprobleme

»Mit 1,3 Milliarden Einwohnern und dem Ziel, die Wirtschaftsleistung bis 2020 zu vervierfachen, wird Chinas Umwelt-Performance Konsequenzen für die ganze Welt haben.«

Klaus Töpfer, Chef des UN-Umweltprogramms UNEP

Gerade schien an einem dieser ersten Frühlingstage in Beijing noch die Sonne. Doch in Minutenschnelle verdunkelt sich der Horizont zu einer braun-grauen Mischung. Ein heftiger Wind kommt auf. Fahrräder kippen um, Kopfbedeckungen fliegen umher. Mit dem Wind kommen die ersten von Millionen und Milliarden Sandkörnern, die sich in Windeseile ihren Weg durch die Kleidung und in die Wohnungen bahnen. Die mutigen Beijinger setzen ihren weissen Mundschutz auf und radeln gegen den Sturm an. Die anderen verkriechen sich hinter die Mauern ihrer Häuser und Wohnungen oder in Einkaufspassagen.

Am nächsten Tag steht in der Zeitung: Gestern gab es bereits den siebzehnten Sandsturm in diesem Jahr, der die chinesische Hauptstadt heimgesucht hat. Es sei der schwerste in diesem Winter gewesen. Flugzeuge konnten nicht auf Beijings Flughafen landen, 1200 Flüge mussten in andere Städte umgeleitet werden.

Jahr für Jahr nimmt die Zahl der Sandstürme in Chinas Norden zu. Längst machen sie nicht mehr an den Grenzen Halt. Sie erreichen inzwischen Korea und Japan, manche überqueren gar den Pazifik und sind an Amerikas Westküste zu spüren.

Die Welt ist längst ein globales Dorf geworden. Wenn in einer Ecke ökologischer Frevel getrieben wird, spüren das ziemlich schnell die Einwohner in der anderen Ecke des *Global Village*. Wenn in China irgendwann in den nächsten Jahren rund 200 Millionen Autos über die Straßen rollen werden, werden auch wir das zu spüren bekommen.

Chinas Umweltprobleme betreffen deshalb die ganze Welt. Und China hat jede Menge Probleme. Schlechte Luft, saurer Regen, sterbende Flüsse, abgeholzte Wälder, zunehmende Versteppung – um nur die wichtigsten zu nennen. Es sind die gleichen Probleme, die jedes Land auf dem Weg zur Industrialisierung hat. Der große Unterschied ist: Noch nie hat sich ein so großes, bevölkerungsreiches Land auf solch schnellem Wege zur Industrialisierung begeben.

Hier potenzieren sich die Umweltprobleme in gewaltige, bisher noch nie erreichte Dimensionen. Und hinzu kommt: »Die chinesische Gesellschaft muss sich heute *gleichzeitig* mit den Problemen auseinander setzen, die in der Entwicklung der Industriestaaten *aufeinander* folgten«, sagt der Sinologe und Ökologe Dirk Betke von der Technischen Universität Berlin.

Das ist eine Mammutaufgabe für die chinesische Regierung, die sich in den vergangenen Jahren der ökologischen Probleme zunehmend bewusst geworden ist. Sie hat viele Umweltgesetze erlassen und gibt auch einiges an Geld aus. Doch es ist trotz allem zu wenig, sagt die Weltbank. Die chinesische Regierung müsse – so die Weltbank – mehr tun, mehr Geld ausgeben und es sinnvoller einsetzen.

Es ist ein Wettlauf mit der Zeit. Und es ist nicht sicher, ob ihn China – und damit auch der Rest der Welt – gewinnen wird.

Die Not mit dem Wasser

Wasser ist ein immer knapper werdendes Gut. Experten prophezeien weltweit Kämpfe, gar Kriege darum. Einen Vorgeschmack auf das, was uns erwarten könnte, liefert China. Dort finden diese

Kämpfe bereits statt. Bauern gegen Unternehmer, Provinzen gegen Provinzen, Städte gegen Städte. So streiten die benachbarten Riesenstädte Beijing und Tianjin um das Wasser vom Juhe-Fluss.

Zwischen 1990 und 2002 habe es 120 000 Auseinandersetzungen um Wasser gegeben, gab das Ministerium für Wasser freimütig bekannt. Unvorstellbar: Das Ministerium beschäftigt allein 60 000 Mitarbeiter, die sich nur um das Schlichten von Streitereien um das Wasser kümmern.

Nicht alle Auseinandersetzungen waren und sind friedlich. Legendär sind die Kämpfe am Zhang-Fluss, der die Provinzen Hebei und Henan trennt. Dort sind schon seit Jahrzehnten ganze Dörfer im Clinch, die sich gegenseitig beschuldigen, illegal Wasser aus dem Fluss abzuleiten. Immer wieder wurden dabei Waffen aller Art eingesetzt, berichten Beobachter.

Die Kämpfe zeigen, dass China ein gewaltiges Wasserproblem hat. Eigentlich sind es sogar zwei Probleme: Das Wasser wird immer knapper, und das weniger werdende Wasser wird immer stärker verschmutzt.

Problem Nummer eins: die Knappheit. Lester Brown, der bekannte Umweltschützer aus den USA, sagt: »Die Wasserknappheit ist eine der schwierigsten Fragen, denen die chinesische Regierung gegenübersteht.« Rund 400 der über 600 Großstädte Chinas leiden unter Wassermangel. Besonders schlimm ist es in der Hauptstadt Beijing. Die beiden Wasserreservoirs Miyun und Guanting, die bis vor kurzem die Hauptstadt noch mit zwei Dritteln des Oberflächenwassers belieferten, sind leer. Fährt man im Frühjahr nach den trockenen kalten Wintern hinaus ins Umland von Beijing, ist das Desaster leicht zu erkennen: Allerorten finden sich ausgetrocknete Seen.

Weil das Oberflächenwasser immer weniger wird, wird tiefer gebohrt und immer mehr auf die unterirdischen Wasservorräte zurückgegriffen. Natürliche Folge sind absinkende Wasserspiegel, die wiederum – wenn auch langsam – ganze Städte mit in die Tiefe nehmen. So ist zum Beispiel Shanghai in den vergangenen 40 Jahren um 1,70 Meter gesunken.

Problem Nummer zwei: die Verschmutzung. Fünf der sieben größten Flüsse in China führen Wasser, das zu über 70 Prozent für Menschen ungenießbar ist. So sind 90 Prozent der städtischen Gewässer mehr oder weniger verschmutzt. Menschen erkranken an Hepatitis und bekommen Leber- und Magenkrebs. Jährlich sterben vor allem in den Städten unzählige Menschen aufgrund der schlechten Wasserqualität.

Die Gründe für die Wasserprobleme sind vielschichtig. Natürlich ist eine davon die riesige Bevölkerung und die boomende Wirtschaft. Mit steigendem Wohlstand verbrauchen die vielen Chinesen mehr Wasser, sei es zum Autowaschen oder zum Duschen. Das Gleiche gilt für die vielen Fabriken, die landauf, landab entstehen. Auch sie benötigen immer mehr Wasser, das sie dann als schmutziges – manchmal auch als giftiges – Abwasser der Natur zurückgeben.

Doch Wassersünder Nummer eins sind die Bauern. Sie müssen mangels Regens ihre Felder sehr intensiv bewirtschaften. »In keinem Land der Welt wird mehr Land bewässert«, konstatiert Umweltschützer Lester Brown. Außerdem nutzen Chinas Bauern extensiv chemischen Dünger, der sich seinen Weg ins Grundwasser bahnt.

Als ob all das nicht schon genug wäre, tragen rissige Wasser-Pipelines noch zu einer weiteren Vergeudung bei. Zahllose Kubikmeter Wasser versickern einfach, weil die Rohre nicht mehr dicht sind. »Dort passiert eine riesige Verschwendung«, sagt Qu Geping, Vorsitzender des China Environmental Protection Fund, in der *Beijing Review*.

Die Regierung hat verstanden, mit welchem Problem sie konfrontiert ist. Ungeschminkt wird die Wahrheit ausgesprochen. So prophezeit inzwischen selbst das Wasser-Ministerium spätestens im Jahr 2030 »eine ernsthafte Wasser-Krise«.

Doch was tun?

Wasser wird rationiert, die Preise werden erhöht. Bislang war Wasser sehr günstig, in vielen Städten war seit 1949 der Wasserpreis nicht erhöht worden – mit der Folge, dass Wasser verschwendet wurde, weil man wusste, es koste fast nichts. »Die Menschen werden Wasser erst dann schätzen, wenn sie fühlen, dass Wasser teuer ist«, sagt Jiao Zhizhong, Direktor der neu geschaffenen Beijinger Stadtbehörde für Wasserressourcen, in der *Beijing Review.*

Deshalb erhöhte Beijing in den vergangenen Jahren in mehreren Schritten die Preise, der Wasserpreis in der Hauptstadt wird sich zwischen 2003 und 2006 nahezu verdoppeln. Gleichzeitig soll ein verbrauchsorientiertes Gebührensystem eingeführt werden. Wer viel Wasser verbraucht, muss relativ mehr bezahlen als derjenige, der sparsam mit dem Wasser umgeht. Die Zentral-Regierung hat inzwischen andere Städte und Gemeinden angewiesen, ähnliche verbrauchsabhängige Preissysteme zu etablieren.

Des Weiteren verfolgen die Regierenden in Beijing einen gigantischen Plan. Das Wasservorkommen ist im Lande ungleich verteilt – grob gesagt, gibt es im Süden viel, im Norden zu wenig Wasser. Deshalb sollen zwei jeweils 1000 Kilometer lange Pipelines vom Süden in den Norden gebaut werden. Kosten des Mega-Projekts: 50 Milliarden Dollar. Rund 400 000 Menschen müssten der Pipeline Platz machen und umgesiedelt werden. Geplante Bauzeit: 50 Jahre.

Doch noch ist kein Spatenstich getan. Deshalb müssen sich die Chinesen zunehmend an ausgetrocknete Flüsse gewöhnen, aber auch an – so paradox es klingen mag – reißende, hochwasserführende Ströme. Denn dafür sorgt ein anderes Umweltproblem.

Auf dem Holzweg

Die Bilder begleiteten die chinesischen Fernsehzuschauer und auch die draußen in der Welt durch den ganzen Sommer 1998. Tapfere Soldaten kämpften bis zur Erschöpfung am Yangtze-Fluss. Sie versuchten, eines der schlimmsten Hochwasser in der Geschichte der Volksrepublik unter Kontrolle zu bringen. 18 Millionen Menschen mussten vor den Wassermassen flüchten und evakuiert werden. 4000 Menschen gelang dies nicht mehr – sie starben.

Die Republik war von den Katastrophen-Bildern erschüttert. Fragen kamen auf: Wie konnte das passieren? Wie können wir zukünftige Hochwasser solchen Ausmaßes verhindern?

Bei der Ursachenforschung war den Experten schnell klar, wo sie die Gründe für die Katastrophe suchen mussten: am Oberlauf des Yangtze. Dort wurden in den Jahren zuvor massiv Bäume gefällt, ganze Wälder abgeholzt. Waren in den 50er Jahren in der Gegend um den oberen Yangtze 30 bis 40 Prozent der Fläche bewaldet, so sind es heute nicht mehr als zehn Prozent. Chinas Regierung stoppte aufgrund der Flutkatastrophe den Kahlschlag am Yangtze.

Doch trotz solcher Maßnahmen, die oft nicht konsequent umgesetzt werden, nimmt die Waldfläche Chinas weiter ab. Nur noch knapp 17 Prozent von Chinas Fläche sind bewaldet. Das liegt weit unter dem Weltdurchschnitt von 27 Prozent. China ist deshalb nicht mehr in der Lage, seinen gigantischen Holzbedarf im eigenen Lande zu decken.

Schon jetzt verbrauchen die Chinesen – nach den Amerikanern – am meisten Holz in der Welt. Es ist nicht nur das Holz für die Milliarden – oder sind es Billionen? – von Stäbchen, die täglich rund eine Milliarde Menschen zum Essen brauchen und nach Gebrauch wegschmeißen. Es ist vor allem der zunehmende Wohlstand, der den Holzverbrauch steigen lässt. Größere Wohnungen, mehr Möbel, mehr Holz – so lautet die einfache Wirkungskette.

Man muss nur durch die vollen Flure der Ikea-Märkte in Beijing oder Shanghai schlendern und dort in die glänzenden und staunenden Augen der Chinesen sehen, um zu erkennen, wie gerne sie sich endlich neue schicke Möbel kaufen wollen. Eine geräumigere Wohnung inklusive neuer Möbel steht auf ihrer Prioritätenliste ganz oben – nur übertroffen vom Wunsch nach einem Auto.

Weil der Bedarf steigen wird und das Holz im eigenen Land knapper wird, kaufen die Chinesen es verstärkt im Ausland, vor allem in Myanmar (Burma), Russland und Indonesien. Nun werden eben dort die Wälder abgeholzt – zu Lasten der dortigen Umwelt. Vieles geschieht illegal. »Über 40 Prozent der chinesischen Holz-Importe basieren auf verbotenem Abholzen«, schätzen die beiden *Newsweek*-Autoren Brook Larmer und Alexandra Seno. Nach ihren Recherchen ist China inzwischen zu *dem* Absatzmarkt für illegales Holz aus Indonesien geworden.

Die Chinesen reden sich heraus und sagen, es sei nicht ihre Aufgabe zu überprüfen, ob die Bäume in anderen Ländern zu Recht oder zu Unrecht gefällt würden. Dass sie selbst am illegalen Abholzen beteiligt sind, wird immer wieder einmal aufgedeckt. So haben zum Beispiel chinesische Holzunternehmen Ende der 90er Jahre im brasilianischen Amazonas-Gebiet kräftig abgeholzt und verstießen dabei gegen brasilianische Forst-Gesetze. Als sie die Strafe nicht zahlen wollten, mussten sie das Land verlassen.

Doch auch in Chinas Wäldern wird weiter illegal abgeholzt. Und was die Holzfäller noch übrig lassen, könnte Opfer des sauren Regens werden, der durch die schlimme Luftverschmutzung in vielen Teilen des Landes niedergeht.

Dicke Luft

Am 15. November eines jeden Jahres verändert sich die Luftqualität in Chinas Norden buchstäblich von heute auf morgen. Ab diesem Datum legt sich Smog über die Städte. Die Sonne hat kaum eine Chance, durch die Smogschicht zu stoßen. Gleichzeitig riecht es penetrant nach Ruß. Der 15. November ist für viele Chinesen jedes Jahr ein einschneidendes Datum: Vorher ist Heizen verboten, vorher bewegen sich die Chinesen dick vermummt durch die Straßen und schälen sich – wenn sie in geschlossene Räume kommen – nach dem Zwiebelprinzip aus ihren zahlreichen Hüllen.

Und wenn dann schließlich geheizt werden darf, geschieht das in erster Linie mit Kohle. Das »schwarze Gold« ist einer der wenigen Rohstoffe, den die Chinesen in großen Menge im eigenen Lande haben. Deshalb wird in den Wohnungen und den Fabriken fast nur

Kohle verfeuert. Rund 75 Prozent der Heiz-Energie stammen aus kleinen und großen Kohleöfen sowie Kohlekraftwerken, die jährlich rund 1,3 Milliarden Tonnen Kohle verfeuern.

Die Technologie dieser Kraftwerke ist freilich meist nicht die neueste und damit auch nicht die sauberste. Deshalb verlassen mit dem Rauch jede Menge Schadstoffe die Schornsteine. Es liegt also im Winter einiges in der chinesischen Luft: Blei, Schwebstoffe, Ruß, Flugasche und Schwefeldioxid. Das Problem wird dadurch verschärft, dass die in China geförderte Kohle besonders schwefelhaltig ist.

Kein Wunder, dass die Schwefeldioxid-Emissionen in China die höchsten der Welt sind. Bei den Kohlendioxid-Emissionen liegt China immerhin noch hinter den USA. Aber spätestens im Jahr 2020 – so schätzen Experten – wird sich auch das ändern.

»Die Folgen für Mensch und Umwelt in China und in Chinas Anrainerstaaten sind jetzt schon fatal«, sagt der Trierer Umweltwissenschaftler Peter Heck. In den großen Städten, wo private wie industrielle Haushalte mit Kohle heizen und arbeiten, herrscht eine extrem hohe Luftverschmutzung. Ein trauriges Rechen-Beispiel: Der Dreck, den Kinder in den verschmutzten Metropolen einatmen, entspricht in etwa dem Konsum von zwei Schachteln Zigaretten am Tag.

Fünf der zehn verpestetsten Städte der Welt liegen bereits in China: Guangzhou, Shanghai, Shenyang, Xi'an und an erster Stelle Beijing.

Selbst dem ehemaligen Ministerpräsident Zhu Rongji war das zu viel. Im Dezember 1999 beklagte er sich bei Beijinger Bürokraten: »Das Leben in eurer Stadt verkürzt mein Leben um mindestens fünf Jahre.« Der über 75-jährige Zhu lebt zwar noch, aber viele seiner Landsleute rafft die dicke Luft dahin. Nach Angaben der Weltbank sterben in China jedes Jahr rund 300 000 Menschen an den Folgen der Luftverschmutzung in den Metropolen.

Die dicke Luft in den Mega-Städten führt zu saurem Regen auf dem Land. Auf knapp einem Drittel des Landes geht bereits saurer

Regen nieder. Und dieser macht nicht an den Grenzen Chinas Halt. Auch in den Nachbarländern Chinas sind die Folgen zu spüren. Westliche Winde treiben den sauren Regen Richtung Osten nach Korea und Japan. Auch dort sterben deshalb Wälder und versauern Flüsse und Seen.

Doch diese Nationen sind nicht Endstation. So haben Wissenschaftler des International Consortium for Atmospheric Research on Transport and Transformation im Sommer 2004 in einer überraschenden Studie zum ersten Mal herausgefunden, dass die schlechte Luft Asiens und damit auch Chinas inzwischen sogar die USA erreicht, und dort nicht nur die West-, sondern sogar die Ostküste.

Spätestens jetzt dürfte klar sein, dass Chinas Luftverschmutzung kein lokales, sondern ein globales Problem ist. Doch die betroffenen Länder haben keinerlei Sanktionsmöglichkeiten, denn es gibt kein globales Verursacherprinzip, nach dem man die Verschmutzer zur Kasse bitten kann.

So bleiben ihnen nur Appelle und Ermahnungen. Der wichtigste Aufruf heißt: China muss seine Abhängigkeit von der Kohle verringern. Denn sonst »wird sich der Kohlenstoff-Gehalt in der Atmosphäre verdreifachen, und es wird eine massive Destabilisierung des Klimas und Ökosystems in der ganzen Welt geben«, sagt der amerikanische Professor Jeffrey Sachs.

Doch was sind die sauberen Alternativen zur schmutzigen Kohle? Atomenergie? Zwar baut China derzeit einige neue Kernkraftwerke, doch auch nach deren Fertigstellung wird der Anteil des Atomstroms an der gesamten Energieerzeugung Chinas nur rund vier Prozent betragen. Um Kohle völlig durch Kernkraft zu ersetzen, müsste China Hunderte von Atommeilern übers Land verteilen. Abgesehen von den Kosten: Dieses Risiko geht keine chinesische Regierung ein.

Also erneuerbare Energien? Alles schön und gut. Aber auch diese Energiequelle ist nicht annähernd in der Lage, den riesigen Energiehunger Chinas zu speisen. So bleibt nur die bittere Erkenntnis:

»Eine echte Alternative ist nicht in Sicht«, sagt Heck. Und diese Erkenntnis ist umso bitterer, zumal es – neben der Kohle – noch einen zweiten gigantischen und extrem wachsenden Luftverschmutzer in China gibt: das Auto.

Auf der Straße ins Chaos

Achtspurig ist die Jianguomen Dajie, Beijings Hauptverkehrsader von West nach Ost. Es ist 16 Uhr 30, und sie ist mal wieder verstopft. Nichts geht mehr. Privatautos, Busse, Taxis stehen, manchmal kriechen sie ein paar Meter. Es wird gehupt und geflucht. »Jeden Tag das gleiche Spiel«, sagt der Taxifahrer in seinem bordeauxroten Santana, »langsam macht dieser Job keinen Spaß mehr.« Er bietet dem Fahrgast an, auszusteigen und den Rest der Strecke zu laufen. Dieser nimmt das Angebot an und überholt lockeren Schrittes die stehende Blech-Karawane.

Beijing erstickt in Verkehr, Lärm und Gestank. Jeden Tag kommen 1000 neue Fahrzeuge hinzu. Die Durchschnittsgeschwindigkeit auf den Hauptverkehrsstraßen betrug 1994 noch 45 Kilometer pro Stunde, im Oktober 2003 waren es nur noch 12 km/h.

Wer ein Auto hat, fährt es auch. Im Schnitt fahren die Chinesen 47 400 Kilometer im Jahr – das ist dreimal so viel wie ein amerikanischer Autofahrer. Darunter sind viele unnütze Kilometer. »Sehr oft sehe ich, wie jemand in einem glänzenden Auto in ein Luxusrestaurant zum Abendessen fährt, obwohl es in Laufweite liegt«, sagt Professor Zhang Guowu von der Jiatong-Universität in Beijing.

Extrem rar sind Parkplätze. In Beijing finden täglich rund 300 000 Autofahrer keinen Parkplatz. »Manchmal muss ich mein Auto kilometerweit von meinem Ziel parken, um dann mit dem Taxi dorthin zu fahren«, klagt der Geschäftsmann Wang Liang.

In den anderen Metropolen ist es nur unwesentlich besser. In Guangzhou ist Stop-and-go-Verkehr inzwischen ebenfalls die Regel. In Shanghai hat man zwar frühzeitig – das heißt Mitte der 90er

Jahre – das Problem erkannt und doppelstöckige Stadt-Autobahnen gebaut. Doch selbst die können das wachsende Verkehrsaufkommen nicht mehr aufnehmen. So erlebt man dort die bizarre Situation, sogar mitten in der Nacht im Stau zu stehen. Wo gibt es das sonst auf der Welt?

Der Verkehrskollaps in den großen Städten ist programmiert, denn die Motorisierung des Landes schreitet unaufhaltsam voran, sehr zur Freude der globalen Autoindustrie.

Die Autohersteller denken nur an heute und kaum an morgen, geschweige denn an übermorgen. Sie sind für die Motorisierung zuständig, für deren ökologische Folgen nicht. Sie wollen verkaufen, verkaufen, verkaufen und sind fasziniert von den stolzen Wachstumsraten, die es sonst auf der Welt nirgendwo mehr gibt.

Voller Euphorie rechnen sie hoch, was wäre, wenn das Wachstum so weiter ginge. Auch BMW-Chef Helmut Panke, sonst ein eher besonnener Manager, kommt ins Schwärmen. Derzeit – so Panke – kämen auf 1000 Chinesen nur 6,6 Autos. Der Weltdurchschnitt liege heute bei 133 Pkw pro 1000 Einwohner. »Um das in China zu erreichen, müssten noch weitere 163 Millionen Fahrzeuge zugelassen werden«, rechnet Panke vor und hofft, dass darunter viele BMW sein werden.

Welche ökologischen Folgen das haben wird, verschweigt er. Zhai Guangming sagt es dagegen ganz deutlich: »Das ist eine Horror-Vorstellung, wenn alle, die derzeit ein Fahrrad haben, ein Auto fahren werden.« Der ehemalige Chef der China National Petroleum Corporation (CNPC) prophezeit: »Das wird die Welt erschüttern.«

Chinas Behörden gehen davon aus, dass 2020 rund 140 Millionen Autos auf den Straßen des Landes unterwegs sein werden. Die rapide Motorisierung Chinas ist eine ökologische Bedrohung des Planeten Erde und seiner Atmosphäre. Aber kann man sie aufhalten?

Natürlich nicht. Der Westen, in dem viele Haushalte sogar einen Zweitwagen besitzen, ging ja mit schlechtem Beispiel voran. Wer mit seiner Motorisierung zur massiven Vergrößerung des Ozonlochs beigetragen hat, hat keine Legitimation, den Chinesen irgendwelche Vorhaltungen zu machen oder gar von ihnen Einschränkungen zu verlangen.

Relativ hilflos versuchen Städte wie Shanghai, durch Auktionen, bei denen Pkw-Zulassungen (wie übrigens in Singapur) meistbietend versteigert werden, der Autoflut Herr zu werden. Im Juni 2004 wurden zum Beispiel 6233 Zulassungen vergeben, aber knapp 20 000 potenzielle Autobesitzer wollten eine. Wer mehr als 1700 Euro bot, bekam auch eine. Solche Auktionssysteme können das Problem nur lindern, aber nicht lösen.

Die einzige Möglichkeit, den Kollaps des globalen Öko-Systems bei der weiter zunehmenden Motorisierung Chinas zu verhindern, ist eine Abkehr von der herkömmlichen Antriebstechnik. Die Devise muss lauten: Weg von dem umweltfeindlichen Benzin, hin zu den umweltfreundlichen Brennstoffzellen und Wasserstoff.

Eine Vision, die viele Wissenschaftler umtreibt: »Angesichts der globalen Folgen einer chinesischen Massenmotorisierung scheint die Vision eines Überspringens von konventionellem Fahrzeugantrieb und dem sofortigen Einstieg in nachhaltige Zukunftstechnologien wie Wasserstoff und Brennstoffzelle für China attraktiv.« Diesen hoffnungsfrohen Satz schrieben westliche Wissenschaftler in ein Diskussionspapier für einen Workshop zum Thema im Frühjahr 2004 in Shanghai.

Doch wie realistisch ist diese Vision? »So bestechend der Gedanke ist, er ist nicht so einfach umzusetzen«, heißt es ein paar Sätze weiter in demselben Papier. Noch sind diese neuen Antriebstechnologien schlicht zu teuer. Und die Autoindustrie scheint auch nicht gerade mit viel Elan an diese Zukunftsaufgabe heranzugehen. So »engagieren sich bis heute nur Ford und General Motors zum Thema Wasserstoff und Brennzellen in China«, um nochmals aus der besagten Studie zu zitieren.

Doch China hat keine andere Wahl, als auf diese neuen Technologien zu setzen. Es ist ein Wettlauf mit der Zeit – wie fast alle ökologischen Herausforderungen des Landes.

Die Wüste naht

Überall in den großen Städten Chinas stehen an den Ausfallstraßen große Billboards, die für Golfplätze werben. Golf-Legenden wie der Australier Greg Norman preisen zum Beispiel in Shenzhen auf riesigen Plakaten einen wunderschönen Golfplatz in der Nähe der südchinesischen Stadt Shenzhen.

Golf ist in China »in«, besonders unter den (Neu-)Reichen der Nation. Wer zeigen will, dass er Geld hat, schwingt den Golfschläger. So sind in den vergangenen 20 Jahren rund 200 Golfplätze entstanden. Allein in der Provinz Guandong gibt es 60 Plätze, in und um Shanghai 20, in Beijing ebenfalls rund 20.

Geplant sind weitere 600 (!) Plätze. Genaues weiß man nicht, denn die meisten Golfkurse entstehen illegal. Nur rund fünf Prozent von ihnen – so wird geschätzt – wurden von den Behörden genehmigt.

Inzwischen stehen Golfplätze aber auf dem Index der Behörden. Das sei »grünes Opium«, schimpfen die Bürokraten. Das sind keine Nachhutgefechte des Klassenkampfes gegen eine elitär-westliche Sportart – nein, die Beamten sind frustriert, weil die Spielwiesen der Reichen Hektar für Hektar wertvolles Land vernichten.

Land ist sehr rar in China, was man nach einem ersten Blick auf die Landkarte gar nicht glauben mag. Nach Quadratkilometern ist China auch das drittgrößte Land der Welt (hinter Russland und Kanada). Doch ein Großteil der riesigen Fläche besteht aus Bergen oder Wüste, ist also unbrauchbar zum Bauen oder Bewirtschaften.

So bleibt den Chinesen nur ein kleiner Teil ihres großen Landes: »Die überwiegende Mehrheit der Chinesen ist mit allen wirtschaftlichen, industriellen und ackerbaulichen Aktivitäten auf etwa einem Viertel der Landesfläche zusammengedrängt«, sagt der Umweltwissenschaftler Peter Heck.

Doch selbst diese lebenswichtige Fläche schrumpft weiter. Denn die Wüste wächst. Ein Viertel der Landfläche ist bereits Wüste, und jedes Jahr wird sie größer. Insbesondere im Nordwesten breitet sie sich aus. In den 70er Jahren wuchs die Wüste dort Jahr für Jahr um 1560 Quadratkilometer (qkm), in den 90er Jahren schon um 3436 qkm.

Die Wüste rückt damit Beijing immer näher. Das sorgte im Mai 2000 den damaligen Ministerpräsident Zhu Rongji, der prompt Gedankenspiele um eine Verlegung der Hauptstadt anstellte. Wissenschaftler beruhigten ihn: Dass die Wüste Beijing einnehme, sei sehr unwahrscheinlich.

Versteppung (oder Desertifikation) nennt sich dieses Phänomen, das sich für die Chinesen als großes Problem erweist, denn sie trägt dazu bei, dass die landwirtschaftlichen Nutzflächen zurückgehen. Gleichzeitig beanspruchen Golfplätze, Fabriken, Satellitenstädte und Wirtschafts-Sonderzonen immer mehr Platz, was zu Lasten von Äckern, Feldern und Plantagen geht.

Immerhin hat die Regierung 2003 eine Kampagne gegen illegale Wirtschaftsentwicklungszonen gestartet. Jede Stadt, die etwas auf sich hält, hat eine solche Zone ausgewiesen, um ausländisches Kapital anzulocken. Viele dieser Zonen waren jedoch von der Zentralregierung nicht genehmigt. Deshalb hat der Staat inzwischen knapp 5000 dieser Zonen dichtgemacht.

Das ist ein kleiner Erfolg bei der Landrückgewinnung. Viel entscheidender wäre freilich, der Versteppung Einhalt zu gebieten. Deshalb hat die Regierung schon seit Jahren Aufforstungsprogramme aufgelegt. Begleitet werden sie von schönen Propaganda-Slogans: »Pflanzt Bäume. Schafft Wälder. Das ist gut für das Land.«

Rund 42 Milliarden Bäume sollen in den vergangenen 20 Jahren neu gepflanzt worden sein, sagen internationale Forst-Experten. Das sei das größte Aufforstungsprogramm aller Zeiten, doch es scheint nicht viel genützt zu haben.

Die Sandstürme nehmen an Intensität zu statt ab. An sich sind sie kein neues Phänomen in China, denn seit mehr als 1000 Jahren fegen sie regelmäßig über das Land. Aber seit kurzem nimmt ihre Häufigkeit rapide zu. So wird seit 2000 die Bevölkerung Beijings jedes Jahr von durchschnittlich 13,4 Sandstürmen heimgesucht.

Die Müllkippe der Welt

Guiyu ist ein 100000-Einwohner-Städtchen in der südlichen Provinz Guangdong. Vom Wirtschaftsboom des Landes bekommt Guiyu nur die Schattenseiten mit. Es ist die Müllkippe der Nation, ja fast der ganzen Welt. Seit den 90er Jahren ist die kleine Stadt auf das Ausschlachten von elektronischem Müll – kurz E-Müll – spezialisiert.

In den Gassen und Straßen von Guiyu stapeln sich alte Computer, Laptops, Monitore und Tonnen von ausgemustertem E-Müll. In kleinen Schuppen zerlegen flinke Hände die Relikte der Wohlstandsgesellschaft in ihre Einzelteile. Für etwas mehr als zwei Euro pro Tag machen sich Wanderarbeiter aus den fernen Westprovinzen ihre Hände schmutzig und gefährden ihre Atemwege.

Denn sie erledigen eine gefährliche Arbeit. In dem Müll sind allerlei giftige Stoffe, Blei, Cadmium und Phosphor zum Beispiel. Sie werden verbrannt oder weggeworfen und vergiften somit Luft, Boden und Gewässer.

Doch andererseits stecken in den ausrangierten Computern auch wertvolle Rohstoffe, die man gewinnbringend ausschlachten und recyclen kann: Kupfer, Platin oder gar Gold.

Schrott ist deshalb weltweit begehrt. Doch die Industrienationen sind sich zu fein für diese schmutzige Arbeit. Deshalb hat sich ein weltweiter Abfall-Tourismus entwickelt, der meist nur ein Ziel hat: China. Dort ist in den vergangenen Jahren eine regelrechte Schrott-Industrie entstanden. Ein Schwerpunkt ist in Guiyu, der andere in Taizhou in der Provinz Zhejiang. In Taizhou laden vor allem Koreaner und Japaner ihren E-Müll ab, in Guiyu die Amerikaner und Unternehmen aus dem nahen Hongkong.

Eigentlich ist dieser Giftmüll-Export nicht erlaubt. Die Konvention von Basel verbietet dies. Doch die Amerikaner sind eine der wenigen Industrienationen, die die Konvention von Basel nicht ratifiziert haben. Solange die Amerikaner ihre schmutzigen Geschäfte betreiben und die Chinesen trotz eines im Jahr 2000 verhängten

Einfuhr-Verbotes beide Augen zudrücken, landet weiter E-Müll in China.

So fahren durch Taizhou weiterhin täglich Hunderte von Lastwagen zur riesigen Schrottfabrik – und zwar rund um die Uhr. So liegt über Guiyu nach wie vor der unangenehme Geruch von Säure und verschmorten Kabeln.

Weil China nationale und internationale Umweltgesetze lasch anwendet, wird es zunehmend zum Magneten für schmutzige Geschäfte aller Art.

Die amerikanische Autorin Elizabeth Economy (*The River Runs Black*)sagt klipp und klar: »China ist das beliebteste Investitionsland der umweltschädlichsten Industrien unserer Welt.« Dazu zählt sie vor allem die petrochemische und die Halbleiter-Industrie.

Insbesondere koreanische und taiwanesische Konzerne haben unter Mithilfe lokaler Bürokraten in China Fabriken hochgezogen, die sie in ihren Heimatländern nie und nimmer hätten bauen dürfen. Das hat die chinesische Umweltbehörde SEPA herausgefunden. Und auch Unternehmen aus Hongkong »nutzen die schwächeren Umweltgesetze und ihre mangelnde Umsetzung auf dem Festland aus, um ihre hochgradig umweltfeindlichen Industrien in die benachbarte Guangdong-Provinz zu verlagern«, behauptete Elizabeth Economy.

Es gibt also – so wie es ein Sozial-Dumping gibt – auch ein Umwelt-Dumping. So bauen die deutschen Konzerne Bayer und BASF derzeit riesige Chemie-Komplexe in China. Jedes der beiden Unternehmen investiert mehrere Milliarden Euro in diese Projekte. Errichten sie diese Anlagen hier, weil die Öko-Gesetze und deren Kontrollen lockerer sind? Die Chemie-Manager schauen einen an, als sei die Frage strafbar. Entrüstet weisen sie solche Gedanken von sich und beteuern unisono: »Wir wenden dieselben Umwelt-Standards wie in Deutschland an.«

Wer kann das schon nachprüfen? Die staatlichen Umweltbehörden etwa?

Wie grün sind die Roten?

Die Behörde heißt kurz SEPA. Die vier Buchstaben stehen für *State Environmental Protection Administration*. Trotz dieses Namens ist die SEPA – seit 1998 übrigens – im Range eines chinesischen Ministeriums. Das soll all den besorgten Gemütern zeigen: Umweltschutz ist uns wichtig, er wird von uns Ernst genommen, wir haben dafür extra ein Ministerium installiert. So weit, so gut.

Doch die SEPA hat nur rund 270 Mitarbeiter. Dieses kleine Häuflein aufrechter Menschen soll sicherstellen, dass in der Volksrepublik China bestehende Umweltgesetze eingehalten werden und neue notwendige Gesetze eingeführt werden. 270 Menschen für diese Mammutaufgabe! Da dürfen Zweifel an der Effizienz dieser Mini-Behörde erlaubt sein.

Um kein Missverständnis aufkommen zu lassen: China hat in Sachen Umweltschutz viel getan, besonders wenn man das Heute mit dem Früher vergleicht. Damals unter Mao, als die Kommunisten noch Kommunisten waren, glaubte man an die Allmacht der Menschen: »Die Menschheit muss die Natur erobern«, lautete einer der Mao-Sprüche. Ein fataler Irrtum. Längst hat die geschändete Natur zurückgeschlagen. Sie beherrscht inzwischen die Menschen, auch und gerade die Chinesen, die von einer Naturkatastrophe nach der anderen heimgesucht werden.

Die Geschichte der chinesischen Umweltpolitik begann eigentlich schon im Jahre 1972. In Stockholm fand damals die erste Umweltkonferenz der Vereinten Nationen statt. China vertrat damals den Standpunkt, Umweltverschmutzung sei ein Problem der industrialisierten kapitalistischen Welt. Trotzdem schickten sie eine dreiköpfige Delegation als Beobachter in die schwedische Hauptstadt.

Einer von ihnen war Qu Geping. Der Zögling des ersten Regierungschefs Zhou Enlai ist heute Mitte 70 und immer noch ein freundlicher, humorvoller Mensch. Qu Geping ist so etwas wie das umweltpolitische Gewissen der chinesischen Regierung. Er sprach immer die ökologischen Probleme seines Landes offen an, was ihm vor allem im Ausland viel Respekt einbrachte.

Kürzlich traf Qu in Beijing Maurice Strong wieder. Der Kanadier leitete damals die legendäre Stockholmer Umweltkonferenz, später war er jahrelang Generalsekretär der UN Conference on Environment and Development. Qu und Strong diskutierten über Chinas Fortschritte in der Umweltpolitik in den vergangenen 30 Jahren. Während der Chinese Qu kritisierte (»Ich bin oft besorgt, manchmal sogar tieftraurig«), lobte der Ausländer Strong (»China hat große Fortschritte gemacht«).

Wer hat Recht? Beide, auch wenn das auf den ersten Blick verwirren mag. China hat sich seit Stockholm 1972 umweltpolitisch enorm angestrengt. Es negiert die Probleme nicht mehr, es geht sie an – doch dies, und jetzt kommt die Kritik von Qu ins Spiel, oft nur halbherzig und mit zu vielen Kompromissen.

Die notwendigen Umwelt-Gesetze gibt es. China hat sogar – und das mag überraschend klingen – eine sehr fortschrittliche Umweltschutz-Gesetzgebung. In sehr kurzer Zeit hat das Land eine Fülle von Umweltgesetzen, Regelungen und Standards eingeführt. »Aber der Preis der Geschwindigkeit sind widersprüchliche beziehungsweise nicht aufeinander abgestimmte Vorschriften«, kritisiert Paul Suding, deutscher Umwelt-Experte der GTZ (Deutsche Gesellschaft für technische Zusammenarbeit) in Beijing.

Hinzu kommt ein weiteres Problem: »Die umfangreichen Umweltschutzgesetze, die qualitativ denen westlicher entwickelter Länder vergleichbar sind, werden nur mangelhaft umgesetzt«, sagt der Umweltwissenschaftler Peter Heck. Oben auf SEPA-Ebene sitzen kluge, einsichtige Leute, denen die Probleme klar sind. Doch je weiter man in der Hierarchie hinuntergeht, desto mehr verflüchtigt sich ökologisches Denken. Meist siegt in der Provinz und den Kommunen der Primat der Ökonomie. Heck: »Im Zweifel wiegen wirtschaftliche Interessen immer schwerer als Belange der Ökologie.« Arbeitsplätze sind – so die fatal-kurzfristige Sichtweise – wichtiger als verseuchte Böden.

Wird einmal ein Umweltsünder geschnappt, dann drohen ihm nicht allzu abschreckende Strafen. Maximal 10 000 Euro muss ein Unternehmen selbst in Shanghai – eigentlich eine umweltpolitische Modellstadt – für eine ökologische Schandtat blechen.

Die politische Führung weiß um die Probleme und nimmt sich deshalb immer mehr des Themas an. So gehören die Worte *sustainable development* inzwischen zum Standard-Repertoire jedes verantwortlichen Politikers. In seiner Rede vor dem Nationalen Volkskongress im März 2004 forderte Wen Jiabao mehrmals und geradezu penetrant eine »nachhaltige und ökologische Entwicklung«. Immer häufiger taucht das Wort von einem grünen Bruttosozialprodukt auf, in das neben der Wirtschaftsleistung auch die Umweltkosten einfließen sollen.

Keine Frage: Die Regierung redet nicht nur, sie tut auch was. Sie gibt viel Geld für den Umweltschutz aus – exakt 1,3 Prozent des Bruttosozialproduktes. Doch das sei noch immer zu wenig, nötig wären mindestens 2,2 Prozent, sagen selbst chinesische Umweltwissenschaftler.

Paradies, Schlamassel oder Hölle – drei Szenarien

Friends of the Earth, Greenpeace und WWF sind schon da. Längst haben die großen globalen Umweltschutz-Organisationen Büros in Beijing. Dazu kommen unzählige lokale Öko-Gruppen. Viele sind Mitte der 90er Jahre entstanden, als das Umweltbewusstsein zumindest unter den chinesischen Eliten zunahm. Nach offizieller Zählung soll es bereits über 1000 grüne Non-Governmental Organisations (NGOs) geben.

Sie spielen in der chinesischen Umweltpolitik eine zunehmende Rolle. Sie weisen auf Missstände hin. Und sie haben in den Medien einen immer stärker werdenden Verbündeten. Dort sind inzwischen »grüne« Themen nicht mehr tabu. Dafür sorgt eine neu entstandene Gruppe von Umweltjournalisten, die diese Themen ins Blatt heben oder senden.

Für Elizabeth Economy ist diese Bewegung ein ermutigendes Zeichen, dass es vielleicht doch zu einer Trendwende in der chinesischen Umweltpolitik kommen könnte.

In ihrem Buch *The River Runs Black* entwirft sie drei Szenarien, wie es in den nächsten Jahrzehnten mit Chinas Ökologie und Ökonomie weitergehen könnte.

China Goes Green nennt sie ihre optimistische Variante. Darin malt sie eine Zukunft aus, die zu schön ist, um wahr werden zu können. Ein paar visionäre Ausblicke:

- allenthalben entstehen grüne Musterstädte;
- Hochgeschwindigkeitszüge verbinden Shanghai mit seinen Satellitenstädten;
- chinesische Autofirmen sind weltweit führend in der Produktion energiesparender Vehikel;
- die Bauern lassen die Hände vom intensiven Anbau (zugunsten organischer Produkte);
- große Wasserkraftwerke wie der Drei-Schluchten-Damm und eine Gas-Pipeline aus Chinas Westen ersetzen zunehmend die schmutzige Kohle als Energieträger;
- Chinas noch unterentwickelter Westen wird zum ökologischen Musterlandstrich;
- die NGOs werden immer einflussreicher;
- Umweltthemen spielen bei lokalen Wahlen eine wichtige Rolle;
- die immer selbstbewusster werdende Öko-Bewegung mündet in eine politische Reformbewegung, an deren Ende ein Mehr-Parteien-System entsteht.

Environmental Meltdown heißt das pessimistische Szenario von Economy. Hier ist ihre Ausgangsthese, dass Chinas Wirtschaft einbricht. Wachstumsraten von sieben Prozent oder mehr gibt es nicht mehr. Die Folge sind hohe Arbeitslosigkeit und soziale Unruhen bis hin zu Sabotageakten, zum Beispiel gegen Pipelines. In diesem Klima rückt der Umweltschutz weit nach hinten, Umweltgesetze werden ignoriert. Nun ist alles erlaubt, was das Wachstum steigert und die Arbeitslosenzahl reduziert.

Zwischen den beiden extremen Polen bietet sie ein drittes, sozusagen gemäßigtes Szenario an: *Inertia Sets In* – die Trägheit bleibt bestehen. Oder: China macht mehr oder weniger so weiter wie bisher. Chinas Regierung ist zwar um Umweltschutz bemüht, entscheidet sich aber im Zweifel für die Wirtschaft und damit für mehr Arbeit, denn sie fürchtet sonst soziale Unruhen.

Leider scheint dieses Szenario das realistischste zu sein. Peter Heck drückt es bildhaft so aus: »Die jüngere Umweltgeschichte Chinas lässt den Schluss zu, dass der große Drache das rettende Ufer einer nachhaltigen Entwicklung nicht erreichen wird.«

Seiner Meinung nach müsste Chinas Umweltpolitik sich vom Wirtschaftswachstum abkoppeln. Die Regierung müsste einen großen Sprung hin zu sauberen Technologien wagen, also zum Beispiel den Einsatz von Wasserstoff oder Brennstoffzellen in Autos massiv fördern und propagieren. Doch dies geschieht nicht oder nur sehr zaghaft.

Stattdessen gehe China »denselben Weg wie die Industrieländer«. So bewegen sie sich gemeinsam in die ökologische Katastrophe.

8. Der hungrige Riese
China kauft die Rohstoffmärkte leer

»China wird möglicherweise bald solch riesige Getreidemengen importieren, dass dadurch eine Erhöhung der Weltmarktpreise in einem noch nie da gewesenen Ausmaß ausgelöst werden könnte.«

Lester Brown, Ex-Präsident des Worldwatch Institute

Die Autofahrer waren wieder einmal sauer. »Plötzlich« stiegen im Verlauf des Jahres 2004 die Benzinpreise exorbitant an. Der Ölpreis war auf über 40 Dollar pro Barrel emporgeschnellt. Seit vielen Jahren wurde wieder ein Rekordhoch erreicht, fast wie zuzeiten der Ölkrise im Jahr 1973. Die Ölkonzerne zitierten die üblichen Ursachen: der eskalierende Dauer-Konflikt im Nahen Osten und die anziehende Weltkonjunktur. Doch unter die altbekannten Argumente mischte sich zum ersten Mal eine völlig neue Erklärung: der Öldurst Chinas.

Das boomende China kann sich im Energiebereich nicht mehr selbst versorgen und muss deshalb immer mehr Öl auf den Weltmärkten kaufen. Die steigende Nachfrage aus China wird die Ölpreise immer weiter nach oben treiben. Denn wächst Chinas Wirtschaft nur annähernd in dem bisherigen Tempo von sieben bis neun Prozent pro Jahr weiter, braucht es immer mehr Öl, das Schmiermittel jeder Volkswirtschaft. Da gleichzeitig die Reserven im eigenen Land schwinden, müssen die Chinesen ihr Öl immer öfter auf den so genannten Spotmärkten einkaufen.

China wird somit zum Preistreiber bei Öl, auch wenn es sich in dieser Rolle überhaupt nicht gefällt. »Es gibt so viele andere Faktoren, die den Ölpreis bestimmen, zum Beispiel Währungsschwankungen, die Gefahr terroristischer Attacken und Spekulationen«, redet Yu Jiao, Forscher beim Ölkonzern Sinopec, die Lage schön. Doch das ist nur die halbe Wahrheit, denn Tatsache ist: Rund die Hälfte des Ölpreis-Anstiegs basiert auf Chinas steigendem Öldurst, rechneten Experten der Internationalen Energie-Agentur (IEA) aus.

Doch das Jahr 2004 bescherte uns nicht nur die betrübliche Erkenntnis explodierender Ölpreise. Auch andere Rohstoffe werden wegen Chinas unstillbarem Hunger immer knapper und deswegen immer teurer. Selbst Stahl – nach Öl der zweitwichtigste Grundstoff der Industriestaaten – ist plötzlich so heiß begehrt, dass die Preise geradezu explodieren. Manche Firmen bekommen gar keinen Stahl, selbst wenn sie bereit sind, die horrenden Preise zu bezahlen.

Wie bei Stahl und Öl zogen fast alle Rohstoff-Preise im Verlaufe der Jahre 2003 und 2004 gewaltig an. Ob Kupfer oder Zinn, ob Koks oder Kohle, ob Gold oder Platin, ob Getreide oder Sojabohnen – die Chinesen kaufen alles in riesigen Mengen ein. Ja, sogar Schrott importieren sie tonnenweise, um ihn nach den dringend benötigten Rohstoffen auszuschlachten.

»Staubsauger-Effekt« nennen die Ökonomen dieses Verhalten der Chinesen, die fast alle Rohstoffe an sich ziehen. Zwar hat China selbst Rohstoffe, aber längst nicht mehr so viele, dass es sich selbst versorgen könnte. Zum Beispiel Getreide: Bis vor wenigen Jahren reichte die Getreide-Ernte im Lande aus, um das 1,3-Milliarden-Volk zu ernähren. Seit 1996 müssen die Chinesen jedoch Getreide importieren.

Beispiel Öl: Die Quellen im eigenen Lande versiegen, neue werden kaum entdeckt, und wenn, dann kann das Öl nur unter extremen Bedingungen gefördert werden. China muss sich deshalb jenseits der Grenzen umschauen. Bislang kaufte China sein ausländisches Öl vor allem in Afrika und Südamerika. Doch diese Quellen reichen nicht mehr aus. Nun muss sich China immer mehr im Nahen Osten und Zentralasien bemühen – zwei Gegenden, die alles andere als friedlich sind und in denen die USA, das ölhungrigste Land der Welt, kräftig mitmischen und argwöhnisch neu eindringende Konkurrenten beobachten.

Der weltweite Kampf ums Öl könnte deshalb durch Chinas gewaltigen Auftritt eine neue Eskalationsstufe erreichen. Und was für das Öl gilt, könnte auch für andere Rohstoffe gelten: Durch Chinas anhaltenden Bedarf könnten wir am Beginn eines globalen Verteilungskampfes um Rohstoffe stehen.

Wer ernährt China?

Diese Frage stellte schon 1994 der Umwelt-Schützer Lester R. Brown, der damalige Präsident des Worldwatch Institutes. Gleich in fünf Sprachen erschien damals sein aufrüttelnder Text – darunter auch in Chinesisch. Die Antwort auf seine selbst gestellte Frage lieferte er gleich mit: China kann sich nicht selbst ernähren. China sei zunehmend auf Getreideimporte angewiesen. Die Folgen laut Brown: »Eine Erhöhung der Weltmarktpreise für Nahrungsmittel in einem noch nie da gewesenen Ausmaß.«

Das offizielle Beijing reagierte prompt auf Browns apokalyptisches Szenario. Nur einen Tag später, am 25. August 1994, bat das Landwirtschaftsministerium zu einer Pressekonferenz. Der damalige Vizeminister Wan Baorui wischte Browns Gedanken zur Seite und verkündete, China habe keine Versorgungslücken. Dies ist offizielle Politik bis heute.

Natürlich kann die Regierung nicht zugeben, dass es Probleme bei der Ernährung gibt. Denn diese ist in China seit Jahrhunderten ein heikles Thema – immer wieder gab es verheerende Hungersnöte. Diese haben – so Brown – in der chinesischen Volksseele deutlich ihre Spuren hinterlassen. Brown: »Die Aussicht, zur Deckung des Nahrungsmittelbedarfs zu einem erheblichen Teil von der Außenwelt abhängig zu sein, ist (in China) sowohl psychologisch schwer zu akzeptieren als auch politisch eine Gräuelvorstellung.«

Brown wies nach, dass China auf einen Ernährungsengpass zusteuere. Denn die Essgewohnheiten würden sich mit steigendem Einkommen ändern. Mehr Fleisch, mehr Geflügel, mehr tierische Produkte. Das alles erfordere mehr Getreide(futter). Die grobe Faustregel ist: Zwei Kilogramm für jedes Kilogramm Geflügel, vier für ein Kilo Schweine-, gar sieben für ein Kilo Rindfleisch.

Inzwischen futtern die Tiere fast genau so viel Getreide (nämlich 200 Millionen Tonnen) wie die Menschen (300 Millionen). Besonders die 460 Millionen chinesischen Schweine fressen immer mehr Getreidefutter.

Und auch Bier trage zur Steigerung des Getreidebedarfs bei. Browns eindrucksvolle Rechnung. »Wenn sich der Bierkonsum jedes erwachsenen (Chinesen) um nur eine Flasche (pro Jahr) erhöht, so ist das gleich bedeutend mit einem Mehrbedarf an 370 000 Tonnen Getreide.«

Keine Frage also: Der Getreidebedarf Chinas nimmt kräftig zu. Steigt aber die Produktion in gleichem Maße? Daran zweifelte Brown. Denn die landwirtschaftlich nutzbare Fläche Chinas gehe zurück. Die entscheidende Frage sei deshalb, »ob es den Bauern gelingt, den Getreideertrag pro Hektar schnell genug zu steigern, um den unvermeidlichen Rückgang des Ackerlandes auszugleichen«. Und auch daran glaubte Brown nicht. Er rechnete deshalb bis zum Jahr 2030 mit drastisch steigenden Getreideimporten Chinas. Im schlimmsten Falle müsste China rund 370 Millionen Getreide einführen, also die doppelte Menge der weltweiten Getreideexporte.

Heute, zehn Jahre nach Browns Weckruf, können seine Prophezeiungen untersucht werden. Und siehe da: Der heftig gescholtene Apokalyptiker hat die Trends richtig erkannt. Die landwirtschaftlich nutzbare Fläche Chinas geht Jahr für Jahr um 500 000 Hektar zurück. Die Gründe sind vielfältig: immer mehr saure und zunehmend trockene Böden, Umwandlung von Acker- in Industrieland, Landflucht der Bauern.

Inzwischen ist die Fläche aller chinesischen Getreidefelder wieder auf dem Stand von 1949. »Wir können uns keinen Verlust mehr an Getreidefläche leisten«, warnt deshalb eindringlich Huang Jikun, Direktor des Agrarpolitischen Forschungscenters an der Chinesischen Akademie der Sozialwissenschaften. In ihrer Not mieten die Chinesen schon Getreideflächen im benachbarten Ausland – 7000 Hektar in Kasachstan, 5000 Hektar in Laos. Beide Anbaugebiete werden von chinesischen Bauern bewirtschaftet.

Die Getreideproduktion – auch das eine Prognose Browns – sinkt deshalb seit Jahren. Nach Zahlen des chinesischen Landwirtschaftsministeriums gab es 1998 mit 512 Millionen Tonnen Getreide noch eine Rekordernte, doch danach ging es bergab – bis auf 435 Millionen Tonnen im Jahr 2003.

So tritt genau das ein, was Lester Brown prognostiziert hat: China muss immer mehr Getreide importieren. In Australien, den USA und Kanada sind die chinesischen Einkäufer schon in Scharen unterwegs. Aufgrund der steigenden chinesischen Nachfrage erhöhten sich die weltweiten Getreidepreise bereits um jährlich 20 Prozent.

Noch importiert China nur drei Prozent seiner benötigten Agrarprodukte. Aber dieser Anteil wird weiter zunehmen – und dann werden wir es alle mit höheren Preisen für unsere Lebensmittel bezahlen müssen.

Ein dunkles Kapitel

Lagebesprechung in einer Textilfabrik in Ningbo, einer Fünf-Millionen-Stadt in Zhejang, einer Nachbarprovinz von Shanghai. Der deutsche Besitzer Ulrich Mäder fragt seinen chinesischen Statthalter und General-Manager James: »Wann bekommen wir endlich den neuen Generator?« James antwortet: »In drei Wochen.« Das werde aber auch höchste Zeit, sagt Mäder, dessen 800-Mann-Fabrik Hosen, Röcke und Mäntel für europäische Modefirmen herstellt.

Abends sitzt Mäder in einem einfachen kleinen Restaurant direkt neben der Fabrik. Es ist heiß, der Ventilator kreist. Im Fernsehen läuft eine der üblichen vorabendlichen chinesischen Soap Operas. Plötzlich verstummt der Fernseher, der Ventilator stoppt, das Licht geht aus. Mäder schaut nur kurz von seinem Teller auf, dann schnappt er im Dämmerlicht weiter mit seinen Stäbchen nach Fisch und Gemüse. Blackout ist für ihn und seine Fabrik fast Routine: »Damit müssen wir leider leben«, sagt Mäder relativ teilnahmslos. Nach drei Minuten ist der Strom wieder da. Aber häufig ist er viel länger weg, im Sommer – wenn die Millionen Klimaanlagen eingeschaltet sind – oft tagelang.

Besonders schlimm: Der Blackout kommt unangemeldet. Von einer Minute zur anderen tappt man im Dunkeln. Keiner weiß, wie lange die unfreiwillige Dunkelheit anhält. Drei Minuten, drei Stunden oder drei Tage?

Auch beim Strom gilt das alte Lied: Die Nachfrage steigt viel schneller als das Angebot. Ein Grund für das Auseinanderklaffen ist die rapide wachsende Industrialisierung, die mit ebenso rapide steigendem Energieverbrauch einher geht. Zudem benutzen die Verbraucher immer mehr stromfressende Produkte. Fernseher und Kühlschränke gehören inzwischen zur Standardausrüstung fast jedes chinesischen Haushalts. Dazu kommt die zunehmende Zahl von Klimaanlagen, die sich jetzt viele Chinesen leisten können. Seit Jahren steigt der Energieverbrauch jährlich um 15 Prozent.

Und das wird so weitergehen. »Wenn man die chinesischen Wirtschaftswachstumsraten der letzten 15 Jahren fortschreibt, dann hat man einen Energiebedarf, der praktisch nicht zu decken ist«, prophezeit der Berliner Professor und China-Experte Eberhard Sandschneider.

Schon jetzt klafft eine deutliche Lücke zwischen Angebot und Nachfrage. Experten wie der Beijinger Energieberater Jim Brock schätzen, dass Chinas Energienachfrage inzwischen um elf Prozent größer ist als das Angebot. Es kommt deshalb immer häufiger zu

Blackouts. 21 von 35 Provinzen sehen häufig schwarz. Dort stehen vorübergehend Fabriken still, Verkehrsampeln fallen aus, Wohnzimmer werden zu Dunkelkammern. Ein betroffener Mittelschüler aus der Provinz Zhejiang schrieb deshalb an die zuständige Behörde und beschwerte sich, dass er seine Hausaufgaben nicht mehr beenden könne. »Darüber bin ich sehr besorgt«, antwortete pflichtschuldig Xu Dingming, Chef des Energiebüros der National Development and Reform Commission (NDRC).

Die Behörden reagieren – kurzfristig mit Verordnungen, die die Knappheit verwalten sollen, mittelfristig mit dem Bau neuer Kraftwerke.

So läuft landesweit eine Energiespar-Kampagne. An ihrer Spitze steht die Stadt Shanghai. In Büros und Wohnhäusern müssen die Thermostate auf 26 Grad hochgestellt werden. Erst ab dieser Temperatur darf die Klimaanlage zum Einsatz kommen. In Restaurants müssen bis 16 Uhr die Klimaanlagen ausgeschaltet bleiben. Manche Fabriken in und um Shanghai werden angewiesen, Nacht- statt Tagesschichten zu fahren oder zwei Tage die Woche dichtzumachen und stattdessen am Wochenende zu arbeiten.

In Beijing wurden im Sommer 2004 exakt 6389 Betriebe angewiesen, »Hitzeferien« zu nehmen. Für vier Wochen – vom 15. Juli bis 15. August – wurden in der heißesten Jahreszeit die Beschäftigten einfach nach Hause geschickt.

Ebenfalls im vergangenen Sommer griff man gar zu einem noch ungewöhnlicheren Mittel: Über Shanghai stiegen Flugzeuge in die schwül-heiße Luft, um künstliche Wolken zu produzieren. Als Katalysatoren enthielten die Kunstwolken Salz, Silberjodide und Trockeneis, die die Wolken dann zum Regnen veranlassten, was wiederum die siedende Metropole abkühlte. Rund 500 000 Euro kostete jeder künstliche Regenschauer.

Das sind sprichwörtliche Tropfen auf den heißen Stein. Solche Aktionen, aber auch die Energiesparmaßnahmen lindern das Problem, lösen es aber nicht auf Dauer. Notwendig sind verstärkte Anstrengungen zur Steigerung der Energie-Effizienz, verstärkter Einsatz alternativer Energien (Wind, Sonne und Gezeiten) und neue Kraftwerke.

Fieberhaft werden solche gebaut. China ist momentan das Eldorado für Kraftwerkbauer. Dort entstehen derzeit über 70 Prozent aller neuen Kraftwerke der Welt. Es ist ein gewaltiges Ausbau-Programm: »Die neuen Kraftwerke, die wir allein 2004 bauen, entsprechen der halben Kapazität Großbritanniens«, sagt Xu Dingming.

Darunter sind auch einige Kernkraftwerke. Beim Atomstrom hat China Nachholbedarf. Lange Zeit hielt sich das Land beim Bau von Kernkraftwerken (KKW) zurück. Doch im Sommer 2004, als die Energienot immer sichtbarer wurde, schwenkte die Regierung um. »Atomkraft wird ein wichtiger Pfeiler in unserem Energie-Mix«, verkündete Zhang Huazhu, Chef der Atomenergiebehörde. Nicht weniger als 27 KKW sollen bis 2020 gebaut werden.

Aber selbst dann würden nur vier Prozent des chinesischen Energiebedarfs aus Atomstrom gedeckt. Zum Vergleich: Im Welt-Durchschnitt sind es 17 Prozent. China setzt deshalb weiterhin auf Kohle – und zunehmend auf Öl.

Der Durst nach Öl

Daqing war lange Zeit die Heldenstadt Chinas. Dort im hohen Norden Chinas nahe der Grenze zu Russland schufteten und bohrten unermüdliche Helden der Arbeit unter extremen Bedingungen nach Öl. Im Winter ist es eisig kalt, im Sommer viel zu warm. Noch fördern hier 90 000 Arbeiter Öl, doch sie bekommen immer weniger zu tun. Die wichtigste nationale Ölquelle, die einst ein Drittel von Chinas Ölbedarf deckte, versiegt langsam aber sicher.

1997 war die Quelle mit 50 Millionen Tonnen Öl am ergiebigsten. Doch seitdem versiegt sie. 2003 wurden nur noch 40 Millionen Tonnen gefördert, 2010 werden es 30 Tonnen, 2020 gar nur noch 20 Millionen Tonnen sein.

Fieberhaft suchen die Chinesen deshalb nach neuen Ölquellen

im eigenen Land. Manchmal werden sie fündig, aber oft nur in unwirtlichen Gegenden, wo das Öl nur unter extremen klimatischen Bedingungen zu fördern ist, zum Beispiel im tiefen Westen Chinas. Ein Feld von der Größe Daqings gibt es aber – nach allem was man weiß – nicht mehr.

Über Chinas Ölreserven kursieren unterschiedliche Zahlen. Der britische Ölmulti BP taxiert sie auf 3,2 Milliarden Tonnen, Chinas Ministerium für Land und Ressourcen vermeldet dagegen 6,5 Milliarden Tonnen. Im weltweiten Maßstab ist das wenig. China besitzt nur zwei bis drei Prozent der weltweiten Ölreserven, bei Erdgas ist es gar nur ein Prozent.

So haben die Chinesen gar keine andere Wahl: Sie müssen immer mehr Öl importieren. Seit 1993 tun sie das, seit diesem Zeitpunkt ist China Netto-Importeur von Öl, importiert also mehr Öl als es exportiert. Im Jahr 2003 verbrauchte China rund 270 Millionen Tonnen Rohöl. 170 Millionen förderte das Land selbst, der Rest – also rund 100 Millionen Tonnen – musste bereits importiert werden.

Und die Importe werden in den nächsten Jahren weiter drastisch steigen. Die Prognosen sind jedenfalls alarmierend. So wird der Öl-Verbrauch bis zum Jahr 2020 auf 450 Millionen Tonnen steigen. Davon müssen 60 bis 80 Prozent importiert werden. Das wären also zwischen 270 und 360 Millionen Tonnen. Eine unvorstellbare Zahl – nach Stand von heute sind das zehn Prozent des weltweiten Ölverbrauchs.

So ist es fast eine Untertreibung, wenn der renommierte Öl-Experte Daniel Yergin, Chef der Cambridge Energy Research Association, im *Wall Street Journal* sagt: »China wird in den nächsten Jahren der dynamischste Player auf dem Weltölmarkt sein.«

Nein, China wird *der* dominante Faktor auf dem Ölmarkt werden, und zwar auf Jahre hinaus. Allein die Motorisierung – die Zahl der Autos wird von derzeit 20 auf schätzungsweise 140 Millionen im Jahr 2020 steigen – wird einen enormen Ölbedarf zur Folge haben.

Aufgrund der dadurch steigenden Import-Nachfrage Chinas

wird der Ölpreis tendenziell weiter nach oben gehen. Der China-Faktor wird in Zukunft den Ölpreis entscheidend determinieren.

Die Auguren der Öl-Spotmärkte müssen künftig viel stärker ihren Blick nach China richten. Wächst dort die Wirtschaft kräftig, wird das den Ölpreis nach oben treiben. Umgekehrt gilt: Zeigt China eine Wachstumsschwäche, wird das den Ölmarkt entlasten. Der Ölpreis wird also mit den Wachstumsraten der chinesischen Wirtschaft korrelieren.

Chinas massiver Auftritt auf dem Weltölmarkt wird freilich nicht nur die Preise entscheidend beeinflussen, sondern auch die Nachfrage-Struktur. Wer kauft wo? Alte Beziehungen werden plötzlich in Frage gestellt, neue entstehen. Die Internationale Energie-Agentur stellt fest: »China verändert sehr schnell die Weltkarte der Ölnachfrage.«

Die geostrategischen Folgen

Bis vor wenigen Jahren interessierte sich die neue Macht im Fernen Osten reichlich wenig für den Nahen Osten. Allenfalls pflichtschuldiges Eintreten für die Palästinenser war zu vermerken, ein Relikt aus alten kämpferischen Zeiten, als man noch Befreiungsbewegungen in aller Welt unterstützte.

Doch in Zukunft wird sich China – ob es will oder nicht – stärker im Nahen Osten engagieren müssen. Das schließt auch eine aktive politische Rolle ein. Die chinesische Regierung hat bereits reagiert und einen Beauftragten für den Nahen Osten ernannt.

Warum plötzlich dieses Engagement? Die Antwort heißt Öl. Fast alle Staaten des Nahen Ostens sitzen auf großen Ölvorräten.

Bis vor wenigen Jahren hat China geschickt den Nahen Osten als Ölquelle gemieden. China kaufte sein Import-Öl lieber in solchen Regionen und Ländern ein, an denen der Westen wenig Interesse zeigte und wo es folglich wenig Konfliktstoff gab – zum Beispiel in Afrika (Angola, Sudan) und in Südamerika (Venezuela). So ist das schwarzafrikanische Angola auch heute noch die Nummer eins unter Chinas Öllieferanten.

Doch mit Chinas zunehmendem Ölbedarf muss sich China auch nach anderen ergiebigeren Quellen umsehen. Und da kommen plötzlich zwei Regionen ins Spiel, die einerseits viel Öl haben, andererseits aber auch ein hohes Konfliktpotenzial besitzen: der Nahe Osten und der zentralasiatische Raum.

In beiden Regionen trifft China auf eine andere ölhungrige Macht – die USA. Die Amerikaner sind mit großem Abstand vor den Chinesen die größten Ölverbraucher der Welt. Doch ziemlich schnell gehen auch ihre heimischen Ölvorräte zur Neige. Wenn die Amerikaner weiterhin so verschwenderisch mit ihrer Energie umgehen, schätzen Experten, dass schon im Jahr 2010 ihre heimischen Ölquellen erschöpft sein werden.

Spätestens dann wird es zu einem Show-Down der beiden ölhungrigen Giganten kommen. Wahrscheinlich werden die Streitereien schon früher beginnen. So prophezeit James Caverly vom US-Energieministerium, dass es »bald zu (energiebedingten) Interessenkonflikten zwischen China und den USA kommen wird, insbesondere in der Golf-Region«. Noch haben die Amerikaner im Nahen Osten einen gewissen Heimvorteil, weil sie dort schon seit langem sehr aktiv sind.

In Zentralasien bemühen sich die USA seit dem Zusammenbruch der Sowjetunion, einen Fuß auf den Boden zu bekommen. Im Gefolge der beiden Feldzüge gegen Afghanistan und den Irak ist ihnen das gelungen. Geschickt haben sie sich nicht zuletzt unter dem Deckmäntelchen der Terroristenbekämpfung in einigen zentralasiatischen Republiken festgesetzt. Den Chinesen gefällt dieses Engagement der Amerikaner überhaupt nicht, denn Beijing betrachtet Zentralasien als seinen Hinterhof mit sprudelnden Öl- und Gasquellen. Dort hat China durch zahlreiche diplomatische Aktivitäten inzwischen eine starke Stellung. Mit Kasachstan und Usbekistan bestehen zum Beispiel enge Kooperationen im Energie-Bereich (zu den Beziehungen mit den zentralasiatischen Staaten siehe auch Seite 200 ff.).

Im Nahen Osten dagegen ist die Position Chinas relativ schwach, obwohl China dort immer mehr in die diplomatische Offensive geht. So brach im September 2004 zum Beispiel der chinesische Außenminister plötzlich zu einer Tour durch den Jemen, Oman, Ägypten und Saudi-Arabien auf. Mit dem Golfkooperationsrat, dem sechs arabische Staaten (darunter auch Saudi-Arabien) angehören, werden Gespräche über ein Freihandelsabkommen geführt, das den Chinesen unter anderem den Zugang zu den dortigen Öl- und Gasfeldern erleichtern soll.

Vor allem zu Saudi-Arabien gibt es immer engere Beziehungen – zu eng und zu gut, beklagen sich die Amerikaner, für die die Saudis der wichtigste Partner in der Golfregion sind. Das Pentagon macht sich deshalb schon große Sorgen wegen Chinas wachsenden Einflusses im Ölland Saudi-Arabien. Artikuliert wurden die Bedenken in einer Studie mit dem Titel *Sino-Saudi Energy Rapprochement: Implications for US National Security*.

Den Amerikanern missfällt, dass die Saudis junge Landsleute zur Ausbildung nach China schicken und dass die Chinesen den Saudis Waffen liefern. So besitzen diese bereits mehrere Mittelstreckenraketen vom Typ CSS-2, die sich auch als Träger von Atomsprengköpfen eignen. Chinesisches Militärpersonal ist permanent zur Wartung der Raketen und zum Training von Soldaten im Lande.

»Es gilt als sicher, dass die Chinesen eifrig dabei sind, ihren Einfluss im Persischen Golf auszudehnen, und Saudi-Arabien wird dabei eine Schlüsselstellung in ihrer Strategie einnehmen«, sagt China-Experte Thomas Woodrow von der Defense Intelligence Agency.

Chinas Engagement scheint bei den Saudis auf Gegenliebe zu stoßen. Als sie im März 2004 zum ersten Mal seit 1973 wieder Explorationsrechte für Gasfelder an Ausländer vergaben, kamen nicht amerikanische Energie-Multis zum Zuge, sondern – neben der russischen Lukoil – der chinesische Konzern Sinopec.

Dieses Staatsunternehmen bemüht sich auch im Iran um einen lukrativen Förderauftrag – sehr zum Ärger der Amerikaner. Mit allen Mitteln wollen diese ein Engagement Chinas im »Schurkenstaat« Iran verhindern. Sie drohen sogar den Chinesen, doch die stellen sich taub. Ein Sinopec-Manager sagt: »Wir beachten die US-Forderungen nicht.«

Westliche Sicherheitsexperten fürchten, dass China verstärkt Allianzen mit arabischen Ölstaaten eingehen wird, die Terroristen unterstützen. Politik-Professor Eberhard Sandschneider urteilt gegenüber *Spiegel online*: »China könnte gezwungen sein, sich mit Regimen zu arrangieren, die nicht unbedingt auf der Freundesliste der USA stehen.« Zum Beispiel mit dem Iran, mit dem inzwischen eine rege Öl-Diplomatie besteht. Auch mit dem – im Westen nicht sonderlich beliebten – Syrien wurde im Sommer 2004 ein erstes gemeinsames Ölförderprojekt gestartet.

Ob es eine bewusste Strategie der Chinesen ist, mit solchen eher geächteten Staaten Geschäftsbeziehungen einzugehen, ist schwer zu beweisen.

Tatsache ist jedoch, dass China einen Vorteil im Nahen Osten hat, weil es nicht so missionarisch auftritt wie die verhassten Amerikaner, die den arabischen Völkern die Heilsbotschaft der Demokratie predigen und als Besatzungsmacht empfunden werden. Die Chinesen hingegen gehen geschickter und pragmatischer vor – das wird ihnen mehr Sympathien einbringen.

Welche Strategie siegen wird – die wenig diplomatische amerikanische oder die subtile chinesische –, wird sich erst zeigen. Der amerikanisch-chinesische Konflikt um das Öl im Nahen Osten hat jedenfalls eben erst begonnen.

Harter Kampf um Stahl

So etwas hat die Welt noch nicht erlebt: Stahl wird knapp. Stahl braucht man zum Bauen von Autos, Containern, Schiffen und Kühlschränken – um nur ein paar Beispiele zu nennen. Und ohne Stahl gäbe es keine Hochhäuser, Brücken, Eisenbahnen und Straßen.

»Stahl ist gegenwärtig gefragt wie nie zuvor in seiner langen Geschichte«, sagt Dieter Ameling, Präsident der (deutschen) Wirtschaftsvereinigung Stahl. Gefragt ist er vor allem bei einer Nation: China. »Die Chinesen kaufen den gesamten Markt leer«, konstatiert Klaus Matthies, Rohstoffexperte beim Hamburger Wirtschaftsforschungsinstitut HWWA, im *Hamburger Abendblatt*.

Die Chinesen brauchen jede Menge Stahl für ihre boomende Autoindustrie, für ihre Werft- und andere Schwerindustrien. Forcierte Chinas Regierung bislang die wenig rohstoffintensiven Leichtindustrien wie Textil und Elektronik, so tritt sie jetzt in die stahlfressende Phase der Schwerindustrialisierung ein.

Die zunehmende, staatlich geförderte Urbanisierung ist ein weiterer Grund für den gigantischen Stahlhunger. Rund 200 Millionen Chinesen sollen in den nächsten zehn Jahren vom Land in die Städte umgesiedelt werden. »Das ist die größte Völkerwanderung aller Zeiten«, kommentiert *Die Zeit*. Rund um Shanghai beispielsweise entstehen – übrigens zum Teil von deutschen Architekten konzipierte – Satellitenstädte von der Größe Kölns oder Stuttgarts. Diese Bauprojekte werden Millionen Tonnen von Stahl verschlingen.

190 Kilogramm Stahl »verbraucht« jeder Chinese derzeit pro Jahr. Eine im Vergleich zur entwickelten westlichen Welt eher niedrige Zahl. Sie wird deshalb im Zuge der weiteren Industrialisierung steigen und steigen. »Chinas Stahlhunger wird somit vorerst ungesättigt bleiben«, prophezeit Dieter Ameling.

Er, der Boss aller deutschen Stahlfirmen, sagt dies mit einem lachenden und einem weinenden Auge. Lachend, weil der weltweite Stahlboom ihnen eine hundertprozentige Auslastung garantiert und ihnen glänzende Geschäfte verschafft. Weinend, weil die Rohstoffe, die man zur Stahlproduktion braucht, immer knapper und immer teurer werden.

Wer Stahl produziert, benötigt vor allem zwei Dinge: Eisenerz und Koks. Eisenerz ist quasi das Basisprodukt der Stahlherstellung, Koks der Brennstoff, der das Eisenerz im Hochofen zum Schmelzen bringt. Doch der Stahlboom macht beide Rohstoffe zu einem knappen Gut.

Eisenerz wird insbesondere in Australien und Brasilien gefördert. »Wir arbeiten an der Kapazitätsgrenze«, sagt Fernando Thompson, Manager bei der Companhia Vale do Rio Doce (CVRD), der größten Eisenerzmine Brasiliens. Rund um die Uhr – sieben Tage die Woche – wird im Dschungel des Amazonas-Gebietes das Eisenerz gebaggert. Zwar bauen CVRD und die beiden australischen Rohstoffkonzerne Rio Tinto und BHP ihre Kapazitäten aus, doch wird das nicht ausreichen.

Eisenerz bleibt ein kostbares Gut. Die Chinesen sicherten sich deshalb im Frühjahr 2004 langfristige Lieferverträge mit den australischen und brasilianischen Minen. Ein Zwei-Milliarden-Dollar-Deal wurde mit der CVRD abgeschlossen, ein 25-Jahres-Vertrag im Wert von neun Milliarden Dollar mit der australischen BHP.

Aber was nützt das ganze Eisenerz, wenn zu dessen Schmelzung die nötige Kokskohle fehlt. Kokskohle ist der Engpass in der Stahlherstellung. »So kostbar wie Goldstaub« sei Koks inzwischen, klagt Jürgen Schmidt von Eko Stahl in der *Financial Times Deutschland*.

Ironie der Wirtschaftsgeschichte: Bis vor kurzem hatte Deutschland noch Kokereien. Die Letzte stand bis 2003 in Dortmund. Doch weil keiner damit rechnete, dass Koks einmal ein kostbares Gut werden könnte, wurde sie verkauft – an die Chinesen, die die Fabrik zerlegten und sie zu Hause wieder aufbauten.

Die Chinesen sind also bei Kokskohle in einer wesentlich besseren Lage als die Europäer. Denn China ist der weltgrößte Hersteller von Koks. Bislang hat es auch Koks exportiert. Rund 60 Prozent des Weltmarktes belieferte China. Doch nun fängt es an, wegen Eigenbedarfs seine Exporte drastisch zu drosseln – mit gravierenden Folgen für Europas Stahlindustrie und die Branchen, für die Stahl lebensnotwendig ist.

Kostete Koks Ende 2000 noch 70 Dollar pro Tonne, so waren es

Mitte 2004 bereits 400 Dollar. Manchmal ist selbst zu diesen horrenden Preisen überhaupt kein Koks zu bekommen. Europas Stahlfirmen wie zum Beispiel die italienische Riva mussten deshalb mangels Koks ihre Stahlproduktion zwischenzeitlich um die Hälfte drosseln.

So wird mangels Koks auch Stahl zum kostbaren Gut. Die negativen Folgen sind bekannt: steigende Preise. Manche Stahlsorten wurden um 50 Prozent teurer, manche gar um rund 100 Prozent – und manchmal gibt es überhaupt keinen Stahl, weil die Märkte leergefegt sind. Im amerikanischen Pittsburgh konnten mangels Stahl drei Brücken nicht wie geplant gebaut werden. In Südkorea verzögerte fehlender Stahl den Wiederaufbau von Häusern und Schulen nach einem Typhoon.

Einzelfälle gewiss, aber in manchen Branchen macht man sich bereits große Sorgen, wie und zu welchem Preis sie zukünftig Stahl bekommen sollen. Besonders betroffen sind die Hersteller von den so genannten weißen Waren (Kühlschränke etc.) und vor allem Autozulieferer sowie -hersteller. Wie prekär die Situation ist, zeigt die Existenz von Krisengesprächen, die auf höchster Verbandsebene von Stahlindustrie und Autoindustrie schon mehrfach in Berlin geführt wurden.

Manch kleiner Zulieferer hierzulande kann durch die Stahlkrise in existenzielle Nöte kommen, mancher Autohersteller müsste wohl seine Preise erhöhen, wenn es der hart umkämpfte Markt nur zuließe.

Wenn Stahl der einzige Preistreiber wäre, könnten viele Unternehmen das irgendwie noch kompensieren. Aber dem ist leider nicht so. Denn fast alle anderen Rohstoffe werden – auch wegen Chinas Appetit – knapp und teurer.

Auf dem Einkaufszettel: Von Gold bis Gummi

Am 1. Mai beginnt in China die Hochzeits-Saison. Eine Heirat ist dort nach wie vor ein großes Ereignis – und ein teures. Das Brautpaar kleidet sich in ein schickes weißes Kleid und einen schwarzen Smoking, Dutzende von Bekannten und Verwandten werden zum Festmahl geladen. Je mehr Gäste, desto mehr Geschenke. Die Hochzeit ist ein finanzieller Erfolg, wenn der Wert der Geschenke die Kosten der Hochzeit übersteigt. Und das ist meist der Fall, denn die Gäste sind großzügig. Immer häufiger glitzert es auf dem Gabentisch. Es ist fast alles Gold, was dort glänzt. Mit Gold schenkt man dem Brautpaar ein Stück finanzielle Sicherheit.

Bis 2003 durften Chinesen privat kein Gold horten. Dann wurde das Verbot aufgehoben. In Shanghai wurde die erste offizielle Goldbörse des Landes eröffnet. Prompt stieg die Nachfrage deutlich an, und mit ihr die Preise. China ist inzwischen der drittgrößte Goldmarkt der Welt. Der Goldverbrauch wird sich – so schätzen Experten – in den nächsten Jahren von 200 auf 600 Tonnen verdreifachen.

Die ganz Reichen schenken sich Diamanten. Weil das in China immer mehr tun, werden auch Diamanten weltweit teurer.

Ob Diamanten oder Gold, ob Nickel oder Kupfer, ob Zinn oder Zink, ob Baumwolle oder Gummi – fast alle Rohstoffe werden wegen der gigantischen Nachfrage Chinas knapper. Und deshalb steigen – so funktioniert die Marktwirtschaft – deren Preise. »Noch nie in meinem Leben habe ich einen solchen Anstieg der Rohstoffpreise quer durch alle Produktgruppen erlebt«, sagt der australische Rohstoff-Experte Ron Manners im *Far Eastern Economic Review.*. Und das will etwas heißen: Manners ist knapp 70 Jahre alt.

Natürlich sind die westlichen Industriestaaten nach wie vor die großen Rohstoff-Konsumenten, aber zu ihnen gesellt sich nun China als ein mächtiger Nachfrager, der die Preise steigen lässt. »Bei nahezu jedem Rohstoff ist China *der* Preistreiber«, sagt Mike Komesaroff, australischer Rohstoff-Consultant. Er errechnete, dass zwischen 2000 und 2003 China für 99 Prozent des weltweiten Anstiegs der Nickel-Nachfrage verantwortlich war, und gar für 100 Prozent bei Kupfer.

Bei vielen Rohstoffen ist China nun der größte Konsument der Welt. Keine Nation verbraucht mehr Baumwolle, Kupfer, Zink, Zinn oder Platinum. Bei Aluminium und Blei ist China die Nummer zwei, bei Nickel die Nummer drei.

Viele Rohstoffländer – von Brasilien bis Zimbabwe – freuen sich über die Preistreiberei, denn ihre Rohstofferlöse steigen gewaltig. Für viele Branchen in der industrialisierten Welt dagegen ist diese Entwicklung verheerend. Ihre Kosten explodieren, manchmal bekommen sie nicht mal mehr die benötigten Rohstoffe.

»Die Chinesen fallen in großem Stile nach Europa ein und kaufen alles auf«, jammert Hans-Gerhard Hoffmann von der Norddeutschen Affinerie. Er sieht deshalb sogar die Zukunft der Metall verarbeitenden Industrie Europas in Gefahr. Das ist kein apokalyptisches Szenario, sondern eine reale Bedrohung.

Denn die schlimme Nachricht ist: Die angespannte Situation auf den Rohstoffmärkten wird bestehen bleiben. Man braucht kein Rohstoff-Experte zu sein, um folgende simple Weisheit zu prognostizieren: Wenn Chinas Wirtschaft auch nur annähernd so weiter wächst, wird sein Bedarf an Rohstoffen aller Art weiter zunehmen – mit allen negativen Folgen für deren Verfügbarkeit und Preise.

Man kann nur die Gelassenheit bewundern, mit der viele Verantwortliche im Westen vor dieser alles andere als erfreulichen Entwicklung den Kopf in den Sand stecken. Sie tun so, als sei der – von China induzierte – Rohstoffboom nur ein vorübergehendes Phänomen. Die Rohstoffmärkte seien schließlich immer schon zyklisch gewesen, argumentieren die schönredenden Experten.

Doch das sind Weisheiten von gestern. Was heute passiert, hat es noch nie gegeben: Eine Wirtschaft, die so schnell und so anhaltend wächst, tritt »plötzlich« als zusätzlicher Nachfrager nach allen Rohstoffen auf. Das wird die Märkte auf Jahre hinaus belasten – und die vielen Tanker, die auf den Weltmeeren verkehren.

Kein Schiff wird kommen

Im koreanischen Ulsan steht die größte Schiffswerft der Welt. Sie gehört dem Giganten Hyundai Heavy Industries. Auf neun Trocken-Docks werden dort Containerschiffe zusammengebaut.

Doch selbst die größte Werft der Welt platzt aus allen Nähten. »Wir haben 180 Schiffe in unseren Auftragsbüchern,« sagt Hyundai-Manager Lee Kwang-ho, in der *Financial Times*, »damit sind wir für drei Jahre ausgelastet.«

Wie den Koreanern geht es auch den Werften in anderen Ländern: Sie kommen mit dem Bauen von Schiffen nicht mehr nach. Die großen Reedereien ordern und ordern, doch die Werften können gar nicht so schnell liefern.

Es mangelt an Containerschiffen. »Weltweit herrscht eine Knappheit an Schiffen wegen Chinas Nachfrage«, sagt der Londoner Broker Albert Stahl, Direktor bei CTI Transport und Logistics, in *Time Magazine*.

Doch damit nicht genug: Es fehlen auch Container in ausreichenden Mengen. Auch hier können die Hersteller gar nicht so schnell produzieren, wie die Kunden bestellen. Die größten Produzenten von Containern sitzen in China. Inzwischen werden bereits 85 Prozent der Container in China hergestellt. Doch zum Container-Bauen braucht man Stahl. Und der ist knapp und muss zudem nach China transportiert werden – mit dem Schiff. Somit schließt sich der Teufelskreis: Keine Schiffe – kein Stahl – keine Container.

Man wird also mit einer Verknappung der Containerschiffe – vorerst – leben müssen. Und wenn etwas knapp ist, steigen die Preise. So erhöhten sich die Frachtraten exorbitant. Die Experten haben hierfür eine komplizierte Kennziffer entwickelt, den Baltic Dry Index. Er stieg von 2003 auf 2004 um das Dreifache.

Zwei konkrete Beispiele: Der Transport einer Tonne Alumina – dem Rohstoff für die Aluminium-Schmelzen – von Australien nach China kostete 2003 noch 12 Dollar – ein Jahr später bereits 35 Dollar. Und die Frachtraten von Südamerika nach China – inzwischen eine der lukrativsten Strecken – stiegen um bis auf das Vierfache.

Nach China werden all die nötigen Rohstoffe transportiert, die dort zu Produkten verarbeitet werden, welche dann wiederum mit dem Schiff China verlassen. So kommt es zu einem einträglichen Kreislauf für die großen Reedereien, die zu den großen Gewinnern bei diesem globalen Kampf um die Containerschiffe zählen.

Doch selbst wenn man einen Frachter für seine Waren gefunden hat, heißt das noch lange nicht, dass sie pünktlich an ihrem chinesischen Zielort ankommen. Denn dort wartet schon das nächste Problem: überfüllte und überforderte Häfen. So müssen in manchen chinesischen Häfen Schiffe bis zu 20 Tage vor Anker gehen, bis sie endlich andocken und ihre Waren löschen können.

Es fehlt an den nötigen Eisenbahnwaggons, die die Ware aus den Häfen abtransportieren können. China müsste dringend mehr Waggons bauen. Aber dazu braucht man Stahl. Und der ist – siehe oben – knapp. Der nächste Teufelskreis tut sich auf …

9. Ein neuer Mitspieler
Wie Chinas Aufstieg die Weltpolitik verändert

»Das Ausmaß, in dem China die Welt aus dem Gleichgewicht bringt, ist so gewaltig, dass die Welt binnen 30 bis 40 Jahren eine neue Balance finden muss. Man kann nicht so tun, als sei China nur einfach ein weiterer großer Mitspieler. Es ist der größte Mitspieler in der Geschichte der Menschheit.«

Lee Kuan Yew, Ex-Staatspräsident von Singapur

Noch sind die USA die einzige Weltmacht. Doch nicht mehr lange. China holt auf. Das Land wird zum Konkurrenten der derzeit noch allmächtigen Amerikaner. Die Frage ist nur, wann Amerikaner und Chinesen sich auf Augenhöhe begegnen. Die Chinesen rechnen sich derzeit klein. Sie seien wirtschaftlich noch viel zu schwach, auch militärisch lägen sie weit hinter den Amerikanern. Nein, eine globale Macht seien sie nicht, und sie wollten es auch nicht werden. China sei kein Welt-Hegemon. Das lehre auch die lange chinesische Geschichte. So lautet die offizielle Position der chinesischen Regierung.

Und die Amerikaner? Sie trauen dem Frieden nicht. Sie wissen, dass dort im Fernen Osten ein Rivale, wahrscheinlich der einzige Kontrahent im 21. Jahrhundert, heranwächst, und beäugen ihn deshalb sehr aufmerksam. In Washington gibt es Dutzende offizieller Kommissionen, die sich mit dem Aufstieg Chinas befassen. Regelmäßig veröffentlichen sie dicke Reports und veranstalten Hearings, um »the emerging power of china« zu diskutieren.

Doch die China-Beobachter Amerikas sind sich nicht einig, wie schnell China zur Gegenmacht wird, und welche Strategien die USA gegenüber dem immer mächtiger werdenden Reich der Mitte entwickeln sollen.

In ihrer Uneinigkeit spiegeln sie nur die offizielle Regierungspolitik des Landes wider. Seit Bill Clinton schwankt die China-Politik der US-Administration zwischen »Containment« und »Partnership«, also Eindämmung und Partnerschaft. Ist China Freund oder Feind der Amerikaner?

Das bilaterale Verhältnis zwischen den USA und China wird sicher das wichtigste weltpolitische in den kommenden Jahrzehnten sein. Die entscheidende Frage ist: Wird es ein friedliches Nebeneinander sein oder ein kriegerisches Gegeneinander? Pessimisten verweisen auf die Historie. Da hat sich immer gezeigt, dass wirtschaftlich erstarkende Nationen auch militärische Stärke zeigen wollten. Der Politikwissenschaftler Samuel Huntington sagt: »Das Entstehen neuer Mächte wirkt immer destabilisierend.« Deutschland und Japan in der ersten Hälfte des vergangenen Jahrhunderts waren solche Negativ-Beispiele.

Die Chinesen kennen natürlich diese historischen Vergleiche. So sagt Li Junru, Vordenker und Vizepräsident der Partei-Hochschule, in der *Beijing Review*: »In der jüngsten Geschichte ist der Aufstieg großer Nationen auf zwei Wegen erfolgt: dem der militärischen Expansion oder dem der extremen Konfrontation oder des Kalten Krieges.« Beide Wege werde China nicht gehen, versichert Li. China sei kein Zerstörer, sondern ein Konstruktor und Reformer.

China wird sich – sieht man von dem Konfliktherd Taiwan ab – militärisch nicht einmischen, diplomatisch dafür umso mehr. Das neue starke China – das zeichnet sich deutlich ab – wird außenpolitisch viel mehr Flagge zeigen als bisher. Die Zeiten des überwiegend stummen Beobachters der Weltpolitik sind vorbei. China wird seine Interessen stärker artikulieren und durchsetzen und seinen Einfluss vor der Haustüre in Asien, aber auch im Hinterhof der USA verstärken.

Die neue Außenpolitik

Die tropische Insel Hainan liegt tief im Süden Chinas vor der Küste Vietnams. Seit 2001 treffen sich dort jedes Jahr Politiker und Unternehmer aus Asien in dem kleinen Ort Boao, um über die aktuelle Situation und die Zukunft ihres Kontinents zu diskutieren. So war es auch Ende April 2004. Draußen brannte die Sonne bei 35 Grad, drinnen wurde heiß über das mächtige China diskutiert.

Das Modewort des Boao-Forums war »Peaceful Rising«, das friedvolle Aufstreben des Giganten Chinas. Jeder chinesische Redner – angefangen bei Premierminister Wen Jiabao – nutzte diese Formel. Den Begriff haben chinesische Think Tanks im Herbst 2003 kreiert. Wen Jiabao sprach sie erstmals öffentlich aus – übrigens auf amerikanischem Boden, am 10. Dezember 2003 bei einem Vortrag an der Harvard University.

Die politische Führung in Beijing hat panische Angst davor, dass das wirtschaftlich immer stärker werdende China als Bedrohung angesehen wird. Deshalb immer wieder die gebetsmühlenartige Besänftigung, dass China keine Expansionsgelüste habe, dass es eine friedliebende Nation sein, und dass es Verantwortung in der internationalen Staatengemeinschaft übernehmen wolle.

»China arbeitet nun innerhalb des internationalen Systems mit«, konstatieren die amerikanischen Politikwissenschaftler Evan Medeiros und Taylor Fravel in ihrem Aufsatz »China's New Diplomacy«. Chinas Außenpolitik hat sich in der Tat verändert. Sie ist aktiv und manchmal auch initiativ. »Das bedeutet eine der dramatischsten Veränderungen in den internationalen Beziehungen«, urteilen Medeiros und Fravel.

Die aktive(re) Außenpolitik Chinas ist auch die Folge eines außenpolitischen Konzepts, das die Volksrepublik schon seit ein paar Jahren vertritt: das der Multipolarität. Zuzeiten des Kalten Krieges dominierten zwei Mächte die Weltpolitik – die UdSSR und die USA. Nach dessen abruptem Ende sei – so die chinesischen außenpolitischen Vordenker – eine multipolare Welt mit mehreren Machtzentren entstanden.

Diese Zentren seien in etwa gleich stark und würden auf der Basis von Gleichheit und des gegenseitigen Respekts zusammenarbeiten.

Zu diesen Machtzentren zählen die Chinesen – neben China, versteht sich – die USA, die EU, Russland und Japan. Das Konzept der Multipolarität hat auch Anhänger in anderen Ländern, zum Beispiel in Russland, in Frankreich und zum Teil auch in Deutschland. Doch »steht keine Regierung so konsequent für dieses Konzept ein wie die chinesische«, schreibt Gustav Kempf in seinem Buch *Chinas Außenpolitik*.

Als Konsequenz versucht China, mit allen Machtzentren der multipolaren Welt besondere Beziehungen aufzubauen. »Strategische Partnerschaften« nennt dies Beijing. Mit Russland und Frankreich (beide 1997) sowie den USA (1998) wurden solche Partnerschaften bereits besiegelt. Der Vertrag mit Japan scheiterte wegen alter Animositäten kurz vor der Unterzeichnung (siehe Kapitel 11).

Die chinesische Regierung scheint ernsthaft an diese multipolare Welt zu glauben. Doch sieht die Wirklichkeit nicht anders aus?

Das schwierige Verhältnis zu den USA

Clark Randt, der amerikanische Botschafter in China, nennt das Verhältnis zwischen China und den USA »die wichtigste bilaterale Beziehung in der Welt«. Wie die beiden – die derzeit noch einzige Weltmacht USA und die kommende Weltmacht China – künftig miteinander umgehen werden, ist von zentraler Bedeutung für die Weltpolitik und damit auch den Weltfrieden.

Doch Chinas Verhältnis zu den USA ist ambivalent. Anti-amerikanische Rhetorik vermischt sich mit Bewunderung. So kritisieren sie einerseits das amerikanische Großmachtstreben und die Weltpolizisten-Rolle der USA. Andererseits bewundern sie viele amerikanische Errungenschaften – von der Technologiepolitik bis zu den Weltkonzernen, von Microsoft bis McDonald's.

Auch die USA fahren seit Jahren einen Zick-Zack-Kurs in ihrer China-Politik. Als Bill Clinton ins Weiße Haus einzog, sprach er von »Containment«, also der Eindämmung Chinas. Doch Clinton musste schnell erkennen, dass dies die falsche Strategie war. Er schwenkte um und sprach von einem »umfassenden Engagement« in China. Die Chinesen reagierten auf das Entgegenkommen, und so bot Jiang Zemin bei Clintons Chinabesuch 1998 eine »strategische Partnerschaft« an. Sie konnte jedoch nicht mit Leben gefüllt werden.

Denn nach Clinton kam der Republikaner George W. Bush an die Macht, der sich – wie so viele US-Präsidenten zu Beginn ihrer Amtszeit – als Hardliner gegenüber China gab. Für ihn und seinen neo-konservativen Beraterstab um Condoleezza Rice war China jetzt wieder Konkurrent.

Doch dann kam der 11. September, und dieses Datum änderte die weltpolitische Lage von heute auf morgen. Bush brauchte Verbündete in seinem Feldzug gegen den Terrorismus. China ließ sich bereitwillig in die Anti-Terrorfront einbinden, denn es hat ja im eigenen Land ein Problem mit Terroristen. Im tiefen Westen streben die Uiguren – eine muslimische Minderheit – nach Unabhängigkeit, was sie immer mal wieder durch diverse Bombenattentate unterstreichen.

Eine – freilich nur ideelle – Teilnahme an der Anti-Terror-Front der Amerikaner kam den Chinesen durchaus gelegen. Sie können nun ungestraft gegen die Uiguren – und nebenbei auch noch gegen die aufmüpfigen Tibeter – mit aller Gewalt vorgehen, ohne mit einem Aufschrei der Amerikaner rechnen zu müssen, jedenfalls solange diese sich im gemeinsamen Kampf gegen den Terrorismus wähnen.

So sind Amerika und China plötzlich wieder Freunde oder – besser – Partner auf Zeit – »Partners in Diplomacy«, wie Bush es bei Wen Jiabaos USA-Besuch im Dezember 2003 ausdrückte.

In vier Jahren vom Konkurrenten zum Partner – wie Clinton machte auch Bush eine Kehrtwende in seiner China-Politik. Die amerikanischen Präsidenten – ob Demokrat oder Republikaner – tun sich nach wie vor schwer mit der Einschätzung des Riesenreiches im Fernen Osten.

Auch im Präsidentschafts-Wahlkampf im Herbst 2004 wurde der Zwiespalt deutlich. Während der demokratische Herausforderer John Kerry kernig gegen China wetterte (»Ich werde aggressiv gegen Beijings unfaire Handelspraxis vorgehen«) und Bush der Blauäugigkeit gegenüber China bezichtigte, blieb der Republikaner Bush gelassen und vermied jede anti-chinesische Rhetorik.

Die politische wie die intellektuelle amerikanische Elite ist gespalten bei der Einschätzung Chinas. In keinem Land der Welt wird so leidenschaftlich darüber diskutiert, wie man China begegnen sollte: mit einer Politik der Eindämmung (containment), der Einbindung (engagement) oder der Einzwängung (constrainment)?

Feind oder …

Es gibt viele amerikanische Hardliner. Die so genannten »China-Basher« sitzen überall – in der Administration, in den Think Tanks, in den Medien und den Universitäten. Sie sind überwiegend im republikanischen Milieu zu Hause. Für sie stellt China eine Bedrohung dar. Der diplomatische Altmeister Henry Kissinger formulierte es so: »Bedauerlicherweise haben viele Republikaner China die Rolle der zusammengebrochenen Sowjetunion zugedacht.«

»Die Kalte-Kriegs-Mentalität ist nie aus den Köpfen der amerikanischen Entscheidungsträger verschwunden. Sie brauchen Feinde und pickten sich China heraus«, kritisiert ein Kommentator der chinesischen Zeitung *People's Daily*.

Richard Bernstein und Ross H. Munro denken in solchen Feind-Freund-Kategorien. Sie prophezeiten schon 1997 in einem viel beachteten Buch *The Coming Conflict with China*. Ihre Ausgangsthese: Die USA und China seien Gegner. Ihre Rivalität werde deshalb die zentrale globale Auseinandersetzung in den ersten Jahrzehnten des 21. Jahrhunderts sein. Sie halten überhaupt nichts von den Thesen, dass China immer westlicher und dadurch immer zahmer werde. Im Gegenteil: China rüste kräftig auf und werde militärisch immer stärker. Es werde deshalb zwangsläufig zu (militärischen) Auseinandersetzungen kommen, die sich an zwei Konfliktherden entzünden könnten: auf Taiwan und im Südchinesischen Meer. Ihre Schlussfolgerung: Amerika müsse durch eine starke militärische Präsenz in Asien verhindern, dass China ein regionaler Hegemon werde.

Ähnliches verbreiten heute John Mearsheimer, Professor an der University of Chicago, und John Tkacik, China-Experte am Asian Studys Center der konservativen Heritage Foundation. Sie gehen davon aus, dass Chinas wirtschaftliche Stärke zwangsläufig in politische und militärische Stärke umschlagen wird. Mearsheimer betrachtet China als »den mächtigsten und gefährlichsten Hegemon, dem die USA im 20. Jahrhundert je gegenüberstanden«. Wenn China weiter wirtschaftlich so stark wachse, »wird es mit Sicherheit diesen Reichtum nutzen, um eine mächtige Militärmaschinerie aufzubauen«. Diese werde sie benutzen, um erst Korea und Japan und schließlich den gesamten asiatischen Raum zu dominieren.

In konservativen Kreisen der Politik werden solche Gedanken bereitwillig aufgenommen. Bushs bisherige Sicherheitsberaterin Condoleezza Rice sagte – allerdings vor dem 11. September – , dass »China eine potenzielle Bedrohung der Stabilität in der asiatisch-pazifischen Region darstellt«. China sei deshalb ein »strategischer Wettbewerber«. Früher hätte man dazu Feind gesagt.

… Freund?

»Panda Hugger« nennt man in den USA die Freunde Chinas, auf Deutsch: »Panda-Schmuser«. Dazu zählen fast alle amerikanischen Manager, für die China ein wichtiger Markt ist und für die jede atmosphärische Störung in den bilateralen Beziehungen eine Geschäftsschädigung darstellt. Dazu zählen auch einige Wissenschaftler und Politiker.

Bushs bisheriger Außenminister Colin Powell zählte nicht unbedingt zu den Freunden, aber zumindest zu den Optimisten im amerikanischen Lager. Er glaubte – im Gegensatz zur neuen Außenministerin Condoleezza Rice – nicht, dass Chinas Aufstieg zwangsläufig in eine Konfrontation münden würde. Powell bezeichnete sogar »die Beziehungen mit China (als) die besten seit Nixons erstem Besuch« – und der fand vor über 30 Jahren, zum chinesischen Neujahrsfest 1972 statt. Es bleibt abzuwarten, wie sich die Dinge unter der neuen US-Administration entwickeln.

Die Vertreter der Einbindung Chinas jedenfalls gehen von der Grundüberlegung aus, dass China bislang keine aggressive Macht war. Aggressionen könnten jedoch entstehen, wenn China vom Westen zum Feind erklärt werde. Um dies zu verhindern, schlagen sie vor, China sowohl bilateral als auch multilateral einzubinden.

Ganz in diesem Sinne gibt es inzwischen vielfältige Kontakte zwischen der amerikanischen und chinesischen Administration. Es treffen sich gemeinsame Kommissionen, es gibt regelmäßige Ministerbesuche, ja sogar ranghohe Militärs tauschen in Gesprächsrunden ihre Gedanken aus. So schaut Admiral Thomas Fargo, Kommandant der Pazifik-Flotte, regelmäßig bei Militärs und Politikern in Beijing vorbei.

Insbesondere der 11. September hat nach Ansicht der Optimisten zur Entkrampfung des Verhältnisses beigetragen. Amerikaner und Chinesen kämpfen – wenn auch mit höchst unterschiedlicher Intensität – auf derselben Seite gegen einen gemeinsamen Feind, den Terrorismus. Amerika schätzt das Wohlverhalten Chinas in dieser Frage.

Für die Anhänger der Einbindung ist es deshalb auch nur folgerichtig, China in multilaterale Organisationen zu integrieren. Deshalb sei zum Beispiel die Mitgliedschaft Chinas in der Welthandelsorganisation WTO so wichtig gewesen, wodurch China quasi offiziell in die Weltwirtschaft integriert ist und sich an deren Spielregeln halten muss.

Banning Garrett, Direktor des Asien-Programms beim Atlantic Council of the US, sagt deshalb: »Den amerikanischen Interessen ist am besten gedient, wenn man China in internationale wirtschaftliche, politische und sicherheitsrelevante Institutionen integriert und darin bestärkt, international akzeptierte Verhaltensweisen zu pflegen.«

Warum also China nicht in die G8 aufnehmen?

Bald spielt China bei den Großen mit

Jedes Jahr treffen sich die Führer der sieben »wichtigsten« Industrienationen der Welt. G7 nennt sich das Spektakel, das zum ersten Mal 1975 auf dem französischen Schloss Rambouillet stattfand. Der Kreis wurde 1998 um das vom Kommunismus zum Kapitalismus konvertierte Russland erweitert, das fortan als Beobachter am Katzentisch teilnehmen durfte. Deshalb nennt sich die Runde inzwischen auch G8.

Doch längst spiegelt dieser elitäre Klub nicht mehr die tatsächlichen Machtverhältnisse der Weltwirtschaft wider. So befinden sich in der Runde mit Italien und Kanada zwei Industrienationen, die das aufstrebende China in puncto Wirtschaftskraft längst hinter sich gelassen hat. Zudem ist China viel stärker in die Weltwirtschaft integriert als viele glauben, insbesondere durch den Beitritt zur WTO.

Immer mehr Beobachter, aber auch die Beteiligten fragen sich deshalb: Wie lange kann und will der Club der selbst ernannten Mächtigen China (und auch Indien) den Zutritt verwehren? Professor Karl Kaiser, der Doyen unter den deutschen außenpolitischen Experten, sagt: »Nicht eine einzige wichtige Frage der Weltpolitik kann mehr ohne Chinas Mithilfe gelöst werden.«

Bislang sperrten sich die sieben Gründungsnationen, weil sie sich als eine Art westliche Wertegemeinschaft fühlten, die für Marktwirtschaft und Demokratie eintrat. Für einen solchen exklusiven Club hat China in der Tat schlechte Karten. Marktwirtschaft in China? Na ja. Demokratie in China? Klares Nein.

Doch lange kann man die Augen vor der sich ändernden Realität nicht mehr verschließen. Die Gewichte in der Weltwirtschaft haben sich nun einmal gravierend verschoben – und zwar Richtung Asien. China ist inzwischen ein ernsthafter Global Player geworden und fungiert – nicht mehr wie noch vor ein paar Jahren Deutschland oder Japan – als Lokomotive der Weltwirtschaft.

Wirtschaftspolitische Entscheidungen in Beijing haben inzwischen einen gravierenden Einfluss auf die globalen Finanzmärkte. Hat vor ein paar Jahren die chinesische Notenbank die Zinsen gesenkt, so interessierte das außerhalb Chinas fast niemanden. Heute ist das anders. Jede geld- oder finanzpolitische Änderung in China spürt man im Ausland.

Als zum Beispiel im Frühjahr 2004 die Beijinger Regierung wegen ökonomischer Überhitzungsgefahr ein paar drastische Maßnahmen zur Abkühlung ergriff, erschütterte das die Börsen weltweit. Die Börsianer fürchteten ein Ende des Booms oder gar einen bevorstehenden Crash in China.

Zudem hat China mit über 400 Milliarden Dollar eine der höchsten Währungsreserven der Welt und damit einen großen Einfluss auf die internationalen Währungsmärkte.

Fred Bergsten, Direktor des Institute for International Economics in Washington, fordert deshalb, dass »China, die neue Wachstumslokomotive, in der Zukunft eine zentrale Rolle spielen muss«. China müsse Verantwortung übernehmen und zu einer neuen und entscheidenden Führungsmacht werden, lautet Bergstens Petitum.

Es scheint, als hätten ein paar entscheidende Herren der G8-Runde inzwischen verstanden, dass China eine Wirtschaftsmacht ist, die man besser einbinden statt isolieren sollte.

Auf dem letzten Gipfeltreffen Mitte Juni 2004 im amerikanischen Sea Island kam jedenfalls Bewegung in die Diskussion. Die Regierungschefs Deutschlands, Großbritanniens und Italiens äußerten sich positiv über eine mögliche Aufnahme Chinas in den Kreis der G8. Bundeskanzler Gerhard Schröder sagte: »Wenn es ein Land gibt, das in unglaublich dramatischer Weise Einfluss auf die Weltwirtschaft nimmt, dann ist es China.«

Die Wahrscheinlichkeit ist groß, dass beim nächsten Treffen – 2005 im schottischen Hotel Gleneagles – China (und eventuell auch Indien) mit am Verhandlungstisch der dann G9 (oder G10) sitzt.

Spielt China die europäische Karte?

Spricht man in Beijing mit europäischen Diplomaten, hört man unisono die Einschätzung: Das Verhältnis zwischen uns und China ist nahezu problemfrei. Es sei noch nie so gut gewesen. Spricht man mit Vertretern des Beijinger Außenministeriums, hört man dasselbe. Mit der EU habe man keine gravierenden Probleme, bis auf eines: Das Waffenembargo, das 1989 nach dem Tiananmen-Massaker verhängt wurde und an dem vor allem noch die Briten und kleinere Länder wie Dänemark, Schweden und die Niederlande festhalten, während Deutsche und Franzosen es gerne beenden würden. Aber dieses kleine Problem werde sich mit der Zeit lösen, glaubt man in Brüssel wie in Beijing.

Die Beziehungen zwischen China und der EU sind viel entkrampfter als die zwischen China und den USA. Die Europäer treten in Sachen Menschenrechte und Tibet nicht so offensiv auf wie die Amerikaner. Europäische Politiker sprechen bei Treffen mit der Beijinger Führung diese heiklen Themen zwar an, aber eher im stillen diplomatischen Kämmerlein. Sie stellen China nicht – wie die Amerikaner – öffentlich an den Pranger.

Und auch in der leidigen Dauerdiskussion um eine Abwertung des Yuan poltern die Europäer nicht wie die Amerikaner, die angesichts der überbewerteten Währung den Chinesen Export-Dumping vorwerfen und deshalb eine Aufgabe des fixen Wechselkurses zwischen Yuan und Dollar fordern.

Hinzu kommt: Zwischen Europa und China gibt es keine Großmacht-Rivalität, denn Beijing sieht in der EU eher einen zahnlosen »Papiertiger«, um einen alten Propaganda-Begriff aus Maos Zeiten zu benutzen. »China betrachtet die USA als viel wichtiger als die EU«, sagt Thomas Heberer, Professor an der Universität Duisburg-Essen. Die EU ist nach Beijings Einschätzung wirtschaftlich stark, aber politisch schwach, weil sie nach wie vor keine einheitliche europäische Außen- und Verteidigungspolitik verfolge.

Umgekehrt stuft die EU, weil sie – im Gegensatz zu den USA – keine globalen Machtambitionen und auch keinerlei strategische Engagements in Asien hat, China nicht als Bedrohung ein. Ex-EU-Kommissar Chris Patten sagt: »Europa sieht China (...) als strategischen Freund.«

Die Beziehung zwischen China und der EU ist deshalb sehr stark auf das Wirtschaftliche reduziert. Ökonomisch nimmt China die EU sehr ernst, denn die erweiterte Gemeinschaft der 25 Staaten ist inzwischen der größte Handelspartner der Volksrepublik. Das hält Beijing freilich nicht davon ab, die Europäer immer mal wieder wirtschaftlich untereinander auszuspielen – so geschehen bei der Auftragsvergabe für den neuen Schnellzug. Deutsche (ICE) und Franzosen (TGV) antichambrierten abwechselnd in Beijing in der Hoffnung auf den lukrativen Deal. Mal ließ Beijing die einen Zugeständnisse machen, dann wieder die anderen – und am Schluss bekamen den Zuschlag die Japaner mit ihrem Shinkansen.

Beijing kann also ganz gut mit einem uneinigen Europa leben, obwohl es schon lange ein eifriger Verfechter der europäischen Integration ist. Ein einiges Europa ist für die chinesischen außenpolitischen Strategen ein bedeutender Aspekt in ihrem weltpolitischen Ordnungsbild. So sagt Wen Jiabao: »Eine politisch und wirtschaftlich starke EU wird ein wichtiger Pol in der Welt werden« – aber doch nur einer von vier oder fünf.

Auf Versuche, eine engere politische Beziehung mit der EU einzugehen, reagiert China eher zurückhaltend. So gab es kurzzeitig im Vorfeld des Irak-Krieges die freilich unausgesprochene Hoffnung deutscher und französischer Diplomaten, dass man die (antiamerikanische) Achse Paris-Berlin-Moskau bis nach Beijing verlängern könnte. Illusionslos konstatiert das Berliner Auswärtige Amt in einem Papier, dass eine solche Achse nicht trägt: »Zwar hat sich Beijing gegen den Irak-Krieg ausgesprochen; direkte Kritik an den USA wird jedoch sorgsam vermieden.«

Die Chinesen achten sehr darauf, nicht in solchem Sinne vereinnahmt zu werden. Sie wollen sich in ihrer multipolaren Welt viele Optionen offen halten. Eine völlig neue entsteht gerade – eine Allianz der aufstrebenden Schwellenländer.

Neue Süd-Süd-Allianzen

Einen solch gigantischen Staatsbesuch hat China selten gesehen. Ende Mai 2004 schwebte Brasiliens Staatspräsident Lula in Beijing und Shanghai ein. In seinem Schlepptau befanden sich acht Minister, sechs Gouverneure von Bundesstaaten und 450 Manager. Neben vielen Empfängen und Essen wurde auch gearbeitet. Nicht weniger als 15 – überwiegend wirtschaftliche – Abkommen wurden während Lulas Besuch unterzeichnet. Auch ein Komitee zwecks Konsultationen auf höchster Ebene wurde installiert. Man will sich nun regelmäßig treffen. Man will sich näher kommen.

Die Annäherung der beiden Schwellenländer Brasilien und China markiert den Beginn einer interessanten weltpolitischen Wende: Auf der Südhalbkugel formieren sich neue bilaterale wie multilaterale Allianzen. Noch sind sie nicht fest, noch suchen sich die Partner. Aber der Trend scheint klar: Unter den großen Mächten des Südens wächst die Neigung zu gegenseitigen Kooperationen. Rubens Ricupero, Generalsekretär der UN-Handelsorganisation UNCTAD, spricht bereits von einer »neuen Geographie des Welthandels«.

Zwar gab es immer wieder Gruppierungen und Zusammenschlüsse von Dritte-Welt-Staaten, die sich im Nord-Süd-Konflikt positionierten. Erinnert sei an die Bewegung der blockfreien Staaten, die 1955 im indonesischen Bandung gegründet wurde. Oder an die »Gruppe der 77« Entwicklungsländer, die vergeblich Gehör zu finden suchte bei den zahlreichen Nord-Süd-Gipfeln oder den Welthandelskonferenzen. Diese multilateralen Gruppierungen waren oft ideologisch vorbelastet, reichlich heterogen und ziemlich ohnmächtig im Kampf gegen die starke Phalanx der Industriestaaten.

Doch die neu entstehenden Allianzen auf der Süd-Schiene haben eine andere Qualität. Sie basieren auf einem neuen Selbstbewusstsein dieser Schwellenstaaten oder besser: Schwellenmächte. Die Industrieländer haben diese zum ersten Mal richtig auf der entscheidenden Sitzung der Welthandelsrunde im September 2003 zu spüren bekommen. Damals, im mexikanischen Badeort Cancun, sollte am Ende ein neues Abkommen zur weiteren Liberalisierung des Welthandels stehen. Doch daraus wurde nichts. Die Industrieländer, die bislang bei allen Welthandelsrunden letztlich das Sagen hatten, bekamen diesmal heftige Widerworte – und zwar von einem neuen Bündnis. Eine Süd-Süd-Koalition namens G 20 – angeführt von den aufstrebenden Mächten Brasilien, Indien und China – ließ die Cancun-Konferenz platzen.

Auffallend ist das starke Interesse Chinas an Kontakten in Südamerika und umgekehrt. So unternahm schon im April 2001 der damalige Präsident Jiang Zemin eine viel beachtete Reise nach Chile, Argentinien, Brasilien und Venezuela. Sukzessive wurden danach die Beziehungen ausgebaut. Auf Lulas Besuch folgte ein paar Wochen später der argentinische Präsident Nestor Kirchner ebenfalls mit großer Delegation.

Der Austausch bleibt nicht auf Politiker beschränkt. Auch Unternehmen kommen sich näher. Rohstoff-Unternehmen aus China und Chile gehen strategische Partnerschaften ein. Der brasilianische Energiekonzern Petrobas eröffnete ein Verbindungsbüro in Beijing. Gemeinsam mit chinesischen Ölfirmen will Petrobas Explorationen von neuen Öl- und Gasfeldern vor Chinas und Brasiliens Küste unternehmen.

Chinas Interesse an diesen Staaten ist klar: Sie verfügen über viele Rohstoffe, die China so dringend benötigt. Argentinien, Brasilien, Chile und Co. dagegen freuen sich über einen neuen, dauerhaften Abnehmer ihrer Rohstoffe. Gleichzeitig wollen sie so ihre Abhängigkeit von den allmächtigen USA – der nach wie vor dominierenden, aber in Lateinamerika stets ungeliebten Macht – verringern.

Lula wie Kirchner schweben deshalb auch ganz neue Allianzen vor, die über den bilateralen Rahmen hinausgehen. Im Visier haben sie dabei so große Staaten wie Indien, Russland, Südafrika und eben China. Eine G3-Allianz zwischen Brasilien, Indien und Südafrika ist schon in Grundzügen entstanden, doch Lula will mehr: »Wir träumen davon, dass in naher Zukunft daraus eine G5 mit Russland und China wird.«

Die neuen Allianzen sind vor allem wirtschaftlicher, aber zum Teil auch politischer Natur. Militärisch ist China auf sich alleine gestellt, und will das auch bleiben.

Militärischer Nachholbedarf

Der erste Golfkrieg 1991 war ein schwerer Schock für die chinesischen Militärs. Live konnten sie im Fernsehen mitverfolgen, über welches Waffenarsenal die amerikanischen Truppen verfügen und wie moderne Kriege geführt werden. Kriegsentscheidend waren zum ersten Mal nicht mehr die Menschen, sondern die Maschinen.

Der erste Hightech-Krieg der Neuzeit führte den chinesischen

Militärs brutal vor Augen, wie rückständig ihr Arsenal, wie unzeitgemäß ihre Strategie damals war. Sie glaubten noch an »Volkskriege«, daran also, dass man mit vielen Soldaten als Kanonenfutter auch technologisch überlegene Gegner besiegen könnte.

In der Folge überarbeiteten die Strategen in Beijing ihre Militärdoktrin. Nun stellten auch sie sich auf begrenzte Kriege unter Hightech-Bedingungen ein. Das erfordert freilich eine gewaltige Modernisierung des antiquierten Waffenarsenals und eine tief gehende Reform der Volksbefreiungsarmee (VBA).

Der leichteste Part war, die Mannstärke der VBA zu reduzieren. Eine riesige Armee war unter den neuen Bedingungen nicht mehr nötig. So wurde im Laufe der Jahre die Zahl der Soldaten mehrmals reduziert – von über drei Millionen auf derzeit rund 2,5 Millionen. Dabei wurde das Heer deutlicher dezimiert als Luftwaffe und Marine. Gleichzeitig wurde der Militärdienst von drei auf zwei Jahre gesenkt.

Viel schwieriger ist für die Chinesen die Modernisierung ihres Waffenarsenals. Da die chinesische Verteidigungsindustrie, obwohl sie sich in vergangenen Jahren deutlich verbessert hat, technologisch noch hinter dem Westen herhinkt, muss sie die benötigten Hightech-Waffen zukaufen. Aber wo? Die Amerikaner wollen nicht, die Europäer dürfen nicht. Das bereits erwähnte Waffenembargo hindert sie daran. Die Chinesen antichambrieren deshalb sehr stark in Brüssel und anderen europäischen Hauptstädten.

Sie brauchen und wollen Waffen und Geräte aus Europas Rüstungsschmieden wie BAE, Thales, Saab oder EADS, die alle schon hoffnungsfroh das Ende der Sanktionen herbeisehnen, um dann lukrative Rüstungsaufträge an Land zu ziehen.

Solange freilich das Embargo gilt, bedienen sich die Chinesen auf anderen Rüstungsmärkten. Vor allem zwei Länder liefern gerne: Israel und insbesondere Russland. Rund 80 Prozent der Waffen-Importe kommen aus russischen Fabriken, denen die chinesischen Aufträge eine hohe Auslastung garantieren und damit das Überleben sichern.

Aus Russland beziehen die Chinesen fast die ganze Palette von Rüstungsgütern: hochmoderne Kampfflugzeuge der Typen SU-27 und SU-30, Frühwarn-Flugzeuge, Radarsysteme, U-Boote der Kilo-Klasse, Zerstörer der Sovremenny-Klasse sowie SAM-Raketen. Israel liefert überwiegend Elektronik- und Kommunikationstechnologie.

Die große Schwachstelle des chinesischen Militärs ist und bleibt die Marine. Das hat historische Gründe. China war in den vergangenen Jahrhunderten immer nur eine Land-, nie eine Seemacht. Heute fehlt China zum Beispiel ein Flugzeugträger, ohne den es eine regionale Militärgröße bleiben wird. Wer Weltmacht sein will, braucht eine starke Marine und muss ein paar Flugzeugträger besitzen, mit denen sie flexibel in die Weltmeere vorstoßen könnte.

Da niemand den Chinesen einen Flugzeugträger liefern wird, müssen sie ihn selber bauen. Doch die Konstruktion eines solch hochkomplexen Schiffes ist die hohe Kunst der Militärtechnologie.

In den 90er Jahren kauften die Chinesen deshalb ausgemusterte Flugzeugträger aus Australien, der Ukraine und Russland. Sie zerlegten die »Melbourne«, die »Minsk« oder die »Kiev« in ihre Einzelteile, um zu lernen, wie man einen Flugzeugträger baut. Dann machten sie sich 1999 an die Arbeit. Das geheime Kommando-Unternehmen trägt den Namen »Projekt 9935«. Unter diesem Codewort soll auf einer Werft in Shanghai ein Flugzeugträger entstehen, der 30 bis 40 Kampfjets tragen soll.

Das alles – ob Käufe oder Eigenbau – kostet Geld. Entsprechend steigt der chinesische Rüstungsetat, in den vergangenen Jahren im Schnitt um 13 Prozent. Rund 20 Milliarden Dollar beträgt der offizielle Etat. Diese Zahl sei viel zu gering, sagen Experten. »Würde man die in anderen Haushaltsposten versteckten Militärausgaben hinzuzählen und dann noch die viel geringere Kaufkraft berücksichtigen, käme man auf einen chinesischen Rüstungsetat, der mindestens das Zehnfache des offiziellen beträgt«, rechnen die amerikanischen Hardliner Bernstein und Munro hoch. Der deutsche China-Experte

Frank Umbach dagegen beziffert den tatsächlichen Verteidigungsetat auf das Zwei- bis Fünffache des offiziellen.

Die Chinesen rechnen anders: Die Militärausgaben pro Kopf betrügen in den USA fast 300 000 Dollar, in Japan nahezu 200 000 Dollar, aber in China lediglich 10 000 Dollar. Das soll suggerieren: Wir rüsten nicht auf, wir rüsten nur nach.

Trotz aller Rüstungsbemühungen und Zahlenspielchen: China ist militärisch bislang kein ernsthafter Rivale der USA. Der militärische Riese China ist ein Popanz, den konservative Beobachter gerne aufbauen, um Ängste vor den Chinesen zu schüren. Viele Experten schätzen, dass China Jahre oder gar Jahrzehnte hinter der führenden Militärmacht USA, aber auch anderen Staaten des Westens sowie dem asiatischen Rivalen Japan hinterherhinken wird.

David Shambaugh, einer der intimsten westlichen Kenner des chinesischen Militärs, kommt in seinem neuesten Buch *Modernizing China's Military* zum Schluss: »Ohne Zugang zu Waffen und Technologien des Westens wird die Volksbefreiungsarmee Schwierigkeiten haben, die Lücken zum Westen und zu Japan zu schließen. Im Gegenteil: Der Abstand nimmt stetig zu.«

Bildhafter drückt es ein anderer Experte aus: Chinas Armee habe »kurze Arme und langsame Beine«. Das soll heißen: Die Volksrepublik ist nicht in der Lage, schnell in irgendwelche Konflikte jenseits ihrer Grenzen einzugreifen.

Können Chinas Nachbarn deshalb ruhig schlafen?

10. Aggressiver Nachbar?
Auf dem Weg zur Dominanz in Asien

»Die Machtverhältnisse in
Asien verschieben sich. China
wird mit großer Wahrscheinlichkeit
wieder zu seiner traditionellen
Rolle als zentrale Macht zurückkehren.«

David Shambaugh, Professor an der
George Washington University

China hat gemeinsame Grenzen mit 14 Ländern, großen und kleinen, mächtigen und ohnmächtigen. Kein Land der Welt hat so viele Nachbarn wie das chinesische Riesenreich mit seinen 22 000 Kilometern Grenze zu Land und 18 000 Kilometern Küste. In der Vergangenheit gab es immer wieder einmal gewalttätige Auseinandersetzungen zwischen China und seinen Nachbarn. Manche davon endeten in kriegerischen Scharmützeln, so zum Beispiel 1962 im Kaschmir-Konflikt gegen Indien, Ende der 60er Jahre am Grenzfluss Ussuri gegen die Russen oder 1979 gar bei der Intervention in Vietnam.

Doch inzwischen hat sich die Lage an Chinas langen Grenzen enorm entspannt. Mit keinem Nachbarn gibt es mehr große Streitereien, die das Potenzial zu Eskalationen haben könnten. Im vergangenen Jahrzehnt hat sich China mit allen Nachbarn arrangiert oder umgekehrt. Dutzende von Abkommen und Verträge wurden unterschrieben. Sogar mit Indien, dem großen südasiatischen Rivalen, schloss man Frieden. An Chinas Heimatfront herrscht Ruhe wie schon lange nicht mehr.

Doch es ist eine trügerische Ruhe. Gespannt verfolgen die asiatischen Nationen – ob Nachbarn Chinas oder nicht –, welche Rolle das aufstrebende, immer mächtiger werdende China künftig im asiatischen Raum spielen wird. Wird es wieder der Hegemon Asiens werden, der es jahrhundertelang war? Wird es die USA, die sich als die Schutzmacht in Nord- und Südostasien verstehen, herausfordern und deren dominierende Stellung angreifen? Wie wird sich das Verhältnis der beiden großen asiatischen Mächte und Lieblingsfeinde China und Japan entwickeln – konfrontativ oder kooperativ?

Der amerikanische Politikwissenschaftler Samuel Huntington, der mit seinem Buch *Kampf der Kulturen* weltberühmt wurde, ist überzeugt, dass China zur alten Dominanz zurückkehren wird: »Seine Geschichte und Kultur, seine Traditionen, seine Größe und wirtschaftliche Dynamik und sein Selbstverständnis treiben China dazu, eine Hegemonialstellung in Ostasien anzustreben.«

Beijing beschwichtigt auf die bewährte Weise. Man sei friedfertig, nicht expansionslüstern, man strebe »win-win«-Situationen an. Alle sollen von Chinas wirtschaftlichem Aufstieg profitieren. Deshalb strebt China auch ein Freihandelsabkommen mit dem südostasiatischen Staatenbund ASEAN an. Fernziel ist eine Ostasiatische Gemeinschaft (englisch: EAC – East Asian Community), die sich von Korea bis nach Indonesien erstrecken soll und als Vorbild die Europäische Union hat.

Das ist eine Uralt-Idee des malaysischen Ex-Premiers Mahathir Mohamad. China – das lange Zeit Integrationsmodellen in Asien skeptisch bis ablehnend gegenüberstand – entpuppt sich nun als treibende Kraft von Zusammenschlüssen in der Region. Es will so seinen Einfluss vergrößern und den der Amerikaner zurückdrängen. Denn die Chinesen fühlen sich »sehr unwohl mit Amerikas übergewichtiger Rolle in der Region«, schreibt Chefkorrespondent Michael Vatikiotis im *Far Eastern Economic Review.*

Fast überall in Asien haben die Amerikaner ihre Finger im Spiel. Ihr globaler »Kampf gegen den Terrorismus« hat ihren Einfluss in Asien sogar noch verstärkt. In mehreren Staaten sind sie auf Terroristensuche – wie etwa in Pakistan und auf den Philippinen. Verständlich, dass in China Umzingelungsängste aufkommen, auch wenn sie manchmal paranoide Formen annehmen.

Durch bi- und multilaterale Abkommen mit seinen asiatischen Nachbarn will China gegenhalten. Mit einer Charme-Offensive versuchen Chinas Führer ihre Kollegen in anderen Staaten zu umgarnen, und das nicht ohne Erfolg.

Bei allen friedlichen Umarmungsversuchen sollte man jedoch nicht vergessen, dass es drei Gefahrenherde im asiatischen Raume gibt, an denen die Volksrepublik China mitzündelt: Den Dauerstreit um Taiwan, wo China keinerlei Kompromissbereitschaft zeigt; den Streit um die Spratly-Inseln im Südchinesischen Meer, wo große Rohstoffvorkommen vermutet werden; und das ungeklärte Verhältnis zu Japan, mit dem China um die Vorherrschaft in Asien streitet.

Alle drei Konflikte haben das Zeug zu einer militärischen Eskalation. Am wahrscheinlichsten scheint freilich ein Waffengang wegen Taiwan.

Die Umarmung Südostasiens

Wer ist der engste Freund Thailands, ließ die Regierung in Bangkok ihre Landsleute fragen. Nur neun Prozent antworteten: Die Amerikaner, satte 76 Prozent meinten: die Chinesen. Solche Umfragen gefallen natürlich den Machthabern in Beijing, bestätigen sie doch, dass ihre Bemühungen in Südostasien die erhoffte Wirkung zeigen.

Früher – in den 60er und 70er Jahren – kamen die Chinesen als ideologische Exporteure in diese Region. Sie versuchten ihr kommunistisches Gedankengut unter die armen Völker Südostasiens zu streuen. Wo immer es Befreiungsbewegungen und aufständische Rebellen gab, war Beijing bereit, mit Geld, Waffen und Ideen der Weltrevolution dienlich zu sein.

Immer wieder kam es in jenen Zeiten zu anti-chinesischen Ausschreitungen, worunter vor allem die Übersee-Chinesen in Malaysia und Indonesien zu leiden hatten, die oft zu Unrecht als fünfte Kolonne der Kommunisten angesehen und attackiert wurden. Viele Freunde brachte den Chinesen das Einmischen in nationale Auseinandersetzungen also nicht ein. Und auch der 1979 erfolgte Einmarsch nach Vietnam erhöhte nicht die Sympathiewerte Chinas im südöstlichen Asien.

Doch nach Beginn der Dengschen Reformära endeten die politischen Abenteuer und Ausflüge in Südostasien. Doch es brauchte sehr lange, bis China seine neue Position in dieser Region definierte. Eigentlich fand China erst gegen Mitte der 90er Jahre zu seiner neuen Rolle in Asien: der des charmanten Hegemons. Regierungschef Wen Jiabao sagt, China sei ein freundlicher Elefant, der aber niemanden in Südostasien niedertrampeln wolle.

David Shambaugh, China-Experte an der George Washington University, beschreibt das veränderte China so: »China wird zunehmend als guter Nachbar, konstruktiver Partner und aufmerksamer Zuhörer (in Südostasien) empfunden.« China – so Shambaugh – exportiere keine Waffen und keine Revolution mehr, sondern guten Willen und Haushaltsgeräte.

Am deutlichsten wurde diese neue Asien-Politik Chinas beim ASEAN-Gipfeltreffen im Oktober 2003 auf der indonesischen Ferieninsel Bali. Dort unterzeichneten China und die zehn ASEAN-Staaten einen Vertrag über eine strategische Partnerschaft. Bestandteil des Dokuments war auch ein Freihandelsabkommen zwischen den Partnern. Sukzessive sollen bis 2011 die Zollschranken zwischen ihnen fallen.

Die Integrationsbemühungen in Asien haben plötzlich eine Dynamik erhalten, die vor wenigen Jahren undenkbar gewesen wäre. Vor allem China forciert dies. So ist die Volksrepublik inzwischen in zahlreichen Gruppierungen und Gesprächsrunden mit den südostasiatischen Staaten verbunden: ASEAN + 3 (China, Korea und Japan), ASEAN + 1 (nur China) und ARF (ASEAN Regional Forum). Im letzteren Gremium, dem 22 Staaten angehören, werden sogar Sicherheitsthemen besprochen.

Doch so ganz überzeugt von den guten Absichten sind die umgarnten Südostasiaten nicht. Gustav Kempf weist darauf hin, dass die Beziehungen Chinas zu Südostasien immer ambivalent waren. Das spüre man auch jetzt noch. »Die Regierungen Südostasiens schwanken noch heute in ihrem Verhältnis zum chinesischen Festland zwischen Sympathie, Bewunderung, Nähe und Antipathie, Feindseligkeit, ja Hass«, schreibt Kempf.

China verfolgt gegenüber der Region eine Doppelstrategie. Einerseits – und das wird offen ausgesprochen und proklamiert – strebt es eine engere wirtschaftliche Kooperation an. Andererseits – und das bleibt eher unausgesprochen – will China den gesamten Subkontinent zumindest neutralisieren, was das Zurückdrängen des japanischen und vor allem amerikanischen Einflusses in Südostasien mit einschließt. Die wirtschaftliche Zusammenarbeit könnte gelingen, der Neutralisierungsversuch eher nicht. Dagegen werden sich die südostasiatischen Staaten, aber auch die Amerikaner wehren. Sie wollen Südostasien nicht kampflos den Chinesen überlassen und engagieren sich deshalb besonders in der Straße von Malakka, dem lebensnotwendigen Nachschubweg der Chinesen.

Banditen und Störfälle

Fährt man zum ersten Mal mit einem kleinen Passagierschiff von Singapur hinaus aufs Meer, wird einem schwarz vor den Augen. Ein Tanker, ein Containerschiff nach dem anderen pflügen da in Abständen von wenigen hundert Metern durch die See. Rund 50 000 Schiffe passieren jährlich die Meerenge, die in den Atlanten als Straße von Malakka eingezeichnet ist.

Sie ist die befahrenste, aber auch die gefährlichste Passage der Weltmeere. In dieser Gegend wimmelt es schon seit Jahrhunderten von Piraten. An ihrer engsten Stelle zwischen Sumatra (Indonesien) und Singapur ist die Straße nur 2,5 Kilometer breit – da ist es ein Leichtes, das eine oder andere Schiff zu kapern.

Die Straße von Malakka passiert ein Viertel aller Waren dieser Welt und die Hälfte allen Erdöls. Hier müssen fast alle Öltanker auf dem Weg nach China (und auch Japan) hindurch. Die Straße ist damit die Lebensader der chinesischen Wirtschaft, weshalb China ein vitales Interesse daran hat, dass dort der Verkehr ohne größere Störungen fließt.

Als einen solchen Störfall betrachtet China den Vorschlag, den Ende März 2004 Admiral Thomas Fargo, Chef der amerikanischen Pazifikflotte, dem US-Repräsentantenhaus unterbreitete. Im Rahmen einer *Regional Maritime Security Initiative* sollten die Anrainerstaaten der Malakka-Straße enger mit den USA zusammenarbeiten. Die Nachrichtendienste von Indonesien, Malaysia und Singapur sollten Erkenntnisse austauschen, Militärs gemeinsame Patrouillen unternehmen, und US-Eliteeinheiten sollten vor Ort stationiert werden. All das – so die Amerikaner – diene nur der Terroristenbekämpfung.

Indonesien und Malaysia, aber auch China wittern nicht ganz zu Unrecht Hintergedanken. Die USA wollen sich wieder verstärkt in Südostasien festsetzen. Angesichts des Widerstandes modifizierten die USA den Fargo-Vorschlag und erklärten, sie wollten keine eigenen Truppen stationieren. Doch auch diese abgespeckte Version ist den Chinesen nicht geheuer. Allein die Tatsache, dass die USA Zugriff auf ihre Lebensader haben könnten, ist ihnen ein Gräuel. Sicherheitsexperte Lu Guoxue glaubt laut *China Youth Daily*, die Straße von Malakka sei »zweifellos der entscheidende Wasserweg, wo die USA ihre geopolitische Überlegenheit ausspielen, andere große Staaten vom Aufstieg abhalten und den Strom der weltweiten Energienachfrage kontrollieren wollen«.

China sucht deshalb nach Alternativen. Die eine wäre eine Art Panama-Kanal durch den Isthmus von Kra im südlichen Thailand. Dagegen spricht einiges: Bis zu 28 Milliarden Dollar würde ein solcher Kanal kosten, schätzen Experten. Zweitens gibt es starke militärische Beziehungen zwischen Thailand und den USA, was den

Chinesen missfällt. Und drittens ist der Süden Thailands muslimisches Rebellengebiet.

Realistischer ist die andere Alternative, eine Pipeline von einem Hafen in Myanmar (ehemals Burma) nach China. Chinesische Wissenschaftler haben die Idee bereits durchdacht. Sie schlugen in einem Artikel im Magazin *Orient Outlook* vor, vom burmesischen Tiefseehafen Sittwe eine rund 1000 Kilometer lange Pipeline in die südwestchinesische Metropole Kunming, die Hauptstadt der Provinz Yunnan, zu bauen. Geschätzte Kosten: rund zwei Milliarden Dollar. Diese Lösung »ist viel sicherer«, sagt Professor Li Chengyang, einer der Co-Autoren des Artikels.

Im Juli 2004 weilte Myanmars neuer Ex-Premierminister Khin Nyunt zu einem achttägigen Besuch in China. Offiziell hieß es, es sei nicht über die Pipeline gesprochen worden.

Ruhe am Hindukusch

Chinas zunehmender Einfluss in Südostasien sieht eine Nation nicht so gerne: Indien fürchtet, dass China seine Interessensphäre weiter ausdehnen und immer näher an Indien heranrücken könnte. Das ist keine unbegründete Sorge, wenn man sieht, wie aktiv China gerade in Myanmar ist, dem ASEAN-Staat also, der Indien am nächsten liegt.

Für Myanmar – wegen seines diktatorischen Regimes von vielen westlichen Staaten schon seit Jahren geächtet – sind die Chinesen ein willkommener Partner. Sie helfen dem Paria-Staat auf vielfältige und nicht ganz uneigennützige Weise. So trainieren Chinesen das burmesische Militär, so entstanden an der burmesischen Küste von Chinesen gebaute und auch von ihnen genutzte Hafen- und Radaranlagen. China hat damit einen Zugang zum Indischen Ozean.

Diese bedrohliche Entwicklung fällt interessanterweise in eine Phase zunehmender Entspannung zwischen Indien und China. Lange Zeit waren die beiden Feinde. Man stritt sich um Tibet und um Grenzregionen im Himalaya. Der Streit eskalierte im Oktober 1962 zu einen kurzem Krieg, den die Chinesen klar gewannen.

Die Beziehung zwischen beiden Staaten war in der damaligen Zeit vom Kalten Krieg geprägt. Indien war mit Russland liiert. Und weil der Feind des Feindes ein Freund ist, kamen sich China und Pakistan näher. Nach Ende des Kalten Krieges verwischten sich die Fronten. Pakistan war nun für China nicht mehr so bedeutend. Andererseits konnte man sich nun Indien unbesorgt nähern. China versuchte in der Folge ein ausgeglicheneres Verhältnis zu Indien und Pakistan zu bekommen.

So kam es in der zweiten Hälfte der 90er Jahre zu diversen Abkommen mit Indien. Viele Streitpunkte wurden dabei geklärt. Inzwischen sind die sino-indischen Beziehungen fast so gut wie einst zu Nehrus Zeiten, der damals den legendären Spruch »hindi chini bhai bhai« (Indien und China sind Geschwister) proklamierte.

Man zieht erstmals gemeinsam ins Manöver. Man hat auf höchster Ebene regelmäßige Kontakte etabliert. Man versucht, die Streitereien über die 3500 Kilometer lange Grenze im Himalaya auf Verhandlungsebene zu lösen. Man kommt sich wirtschaftlich näher, da man sich nahezu ideal ergänzt – die Software-Macht Indien und die Hardware-Macht China (siehe Seite 83 ff.).

Doch es zeigt sich auch hier – wie schon in Südostasien – die janusköpfige Außenpolitik Chinas – auf der einen Seite geriert man sich als guter Nachbar, auf der anderen Seite schafft man durch Aktionen wie in Myanmar unangenehme Fakten. Noch ist das Verhältnis zwischen Drachen und Elefant fragil. Wie es sich entwickelt, wird auch davon abhängen, was in Zentralasien passiert.

Plötzlich im Mittelpunkt: Zentralasien

Nahezu unbemerkt entwickelt China eine rege Reisediplomatie in einer Gegend, die bislang kaum im Fokus der Weltöffentlichkeit stand: Zentralasien, das fünf Länder umfasst. Früher waren sie Republiken der UdSSR, dann Mitglieder der GUS, heute sind es selbständige Staaten – Kasachstan, Kirgisistan, Tadschikistan, Turkmenistan und Usbekistan. Sie haben alle strategische Bedeutung, weil sie als »Puffer-Staaten« zwischen diversen Großmächten (Indien, Russland, China) liegen, und sie haben alle mehr oder weniger Rohstoffe, darunter mit Öl den begehrtesten. Kein Wunder, dass sich die alte Macht Russland und der Newcomer China für dieses Gebiet interessieren.

Doch sie haben mit den USA einen starken dritten Rivalen. Die Amerikaner nutzten nach dem 11. September geschickt die Gunst der Stunde und setzten sich sowohl im Vorfeld des Afghanistan- als auch des Irak-Krieges in der Region fest. Sie richteten Militärstützpunkte ein, um von dort gegen die Taliban und die Al Qaeda vorzugehen. Böse Zungen behaupten, dass das Einnisten in Zentralasien eines der Hauptmotive für beide Interventionen war.

Auf jeden Fall war es ein einkalkulierter Nebeneffekt: Schneller und konfliktfreier hätten die Amerikaner nicht in Zentralasien Fuß fassen können. Der Zürcher Politikwissenschaftler Victor Mauer konstatiert in seinem Aufsatz »Die geostrategischen Konsequenzen nach dem 11. September 2001«: »Die USA haben innerhalb kürzester Zeit eine informelle Quasi-Hegemonie in Zentralasien erreichen können.« Dies ist eine Entwicklung, die vor allem den Chinesen nicht gefällt. Sie versuchen deshalb dagegenzuhalten, was ihnen offenbar gelingt.

Ähnlich freundlich wie in Südostasien gehen sie auch in Zentralasien vor. »Die Chinesen schicken permanent Leute nach Zentralasien, um sich dort mit Premierministern, Präsidenten, Generälen und auch niederen Chargen zu treffen. So verbessern sie dort ihre strategischen und diplomatischen Beziehungen«, sagt Bates Gill, Co-Autor des Buches *China's New Journey to the West*.

Um diese Staaten einzubinden hat die Volksrepublik zum ersten Mal in ihrer Geschichte einen Staatenbund initiiert und kreiert – die »Shanghai Fünf«. Dieser Verbund wurde im April 1996 von den Präsidenten der fünf Staaten China, Kasachstan, Russland,

Kirgisistan und Tadschikistan gegründet. Im Juni 2001 schloss sich noch Usbekistan an. Seitdem nennt sich der Kreis »Shanghaier Organisation für Zusammenarbeit« (besser bekannt unter dem englischen Namen und Kürzel *Shanghai Cooporation Organization/SCO*).

Ursprünglich wurde die SCO gegründet, um gemeinsame Sache gegen die islamischen Terroristen und Separatisten zu machen, unter denen alle Mitgliedstaaten zu leiden haben. Sie tauschten deshalb Informationen aus und koordinierten ihre Vorgehensweisen gegen potenzielle Terroristen.

Doch im Laufe der Zeit entwickelte sich die SCO immer weiter. Auch andere Themen – militärische und wirtschaftliche – wurden in die Gesprächsrunden mit einbezogen. Inzwischen wird die SCO von Chinesen und Russen dominiert. Das wurde auf dem vierten Gipfel-Treffen im Juni 2004 deutlich. Dort wurde in der Taschkent-Erklärung konstatiert, dass die SCO nun in eine neue Phase mit umfassender Kooperation in verschiedenen Politikfeldern eingetreten sei. Inzwischen gibt es auch ein ständiges SCO-Sekretariat. Dessen Sitz ist in Beijing, der Generalsekretär – Zhang Deguang – ist ein Chinese. Er sagt, dass die wirtschaftliche Kooperation der sechs Staaten allmählich immer wichtiger werde.

Natürlich geht es den Chinesen vor allem um Öl, auch wenn sie das nicht so deutlich aussprechen. Sie brauchen immer mehr Öl, und sie wollen ihre Energiequellen diversifizieren. Was ist da nahe liegender als sich vor der Haustüre umzusehen? Kasachstan, Turkmenistan und Usbekistan sind die Länder mit den größten Energiereserven.

Bevorzugter Partner der Chinesen ist Kasachstan, das über das meiste Öl verfügt und unmittelbarer Nachbar Chinas ist. Mit den Kasachen gibt es schon erste Kontrakte, die ersten Pipelines in die chinesische Westprovinz Xinjiang werden bereits gebaut. Auch Usbekistan scheint näher an China heranzurücken, nachdem die USA im Juli 2004 den Usbeken mangels ausreichender demokratischer Reformen die Finanzhilfe verweigerten.

So steigt Chinas Einfluss in Zentralasien stetig. Das schwache Russland kann da nicht viel entgegensetzen.

Neue Freundschaft mit Russland

Sie waren einst dicke Freunde – die Chinesen und die Russen. Das war in den ersten Jahren der Volksrepublik. Die Sowjetunion war für den jungen kommunistischen Staat das große Vorbild. Von den Russen kopierten die Chinesen zu Beginn der 50er Jahre das Wirtschaftsmodell. Sie verstaatlichten die Schlüsselindustrien und kollektivierten die Landwirtschaft. Moskau schickte massenweise Aufbauhelfer in das sozialistische Bruderland.

Doch Ende der 50er Jahre gerieten sich die KP-Chefs Mao und Chruschtschow in die Haare. Sie stritten sich um den richtigen Weg zum Kommunismus. Hinzu kamen wirtschaftliche Eifersüchteleien und Rivalitäten. Chruschtschow zog 1960 zornig alle Helfer ab. Es folgten 30 Jahre Eiszeit zwischen den beiden kommunistischen Großmächten. Trauriger Tiefpunkt dieser Zeit waren Ende der 60er Jahre monatelange Scharmützel am Grenzfluss Ussuri.

Dann kam Anfang der 90er Jahre der Zusammenbruch des Sowjetreiches. Es folgte der Übergang zu einer Art Demokratie und Marktwirtschaft sowie eine gewisse Annäherung an den Westen, was China zunächst argwöhnisch beobachtete. Doch Moskaus Liebesmühen im Westen wurden nicht so beantwortet, wie es sich das erhofft hatte. Sukzessive kamen sich deshalb Moskau und Beijing näher.

Treibende Kraft war die wirtschaftliche Vernunft. Denn beide Länder ergänzen sich ökonomisch fast ideal. Russland hat eine überlegene Rüstungsindustrie, die den Chinesen die dringend benötigten Waffen liefern kann, und verfügt außerdem über Öl und Gas im Überfluss. China hat dagegen das nötige Geld, um Öl und Waffen in den gewünschten Mengen in Russland einkaufen zu können. Und China kann viele günstige Konsumgüter liefern, die die russische Bevölkerung vermisst.

Nirgendwo sichtbarer ist der Wandel durch Handel als in Russlands Fernem Osten. Mit riesigen Plastiktaschen voller – meist günstiger – Konsumartikel überqueren chinesische Händler täglich den Grenzfluss Amur. Rund 500 000 geschäftemachende Chinesen sollen bereits im östlichen Sibirien leben.

So bildete sich im Laufe der Jahre eine ideologiefreie Zweckgemeinschaft zwischen den beiden großen Nachbarn heraus. Es ist keine Liebesheirat, aber man respektiert sich. Die Regierungschefs treffen sich jedes Jahr zu Gipfeltreffen. Ein Bündel von Abkommen und Verträgen sanktionierte das Verhältnis. Man schloss einen Nichtangriffspakt, verzichtete auf einen atomaren Erstschlag gegen den jeweils anderen und einigte sich über die Grenzmarkierungen. Also sprach Präsident Vladimir Putin 1997: »Die Gebietsprobleme sind ein für allemal gelöst.« Seit 1999 ziehen die beiden Länder sogar gemeinsam ins Manöver.

Höhepunkt des gegenseitigen Näherkommens war der 1997 abgeschlossene Vertrag über eine »strategische kooperative Partnerschaft«. Eine Allianz gegen die einzige Supermacht USA? Manche russische Politiker träumen davon, doch die Chinesen halten nichts von solchen Gedankenspielen. Für sie ist viel wichtiger, dass sie durch die neue Freundschaft Ruhe an der russischen Front haben. Denn Gefahr droht nun dort vorerst nicht mehr.

Das hat weitreichende Konsequenzen: »Die Neutralisierung der russischen Bedrohung erlaubt China eine Neuorientierung seiner Militärstruktur weg vom Heer und hin zu Marine und Luftwaffe sowie eine Verlegung von Truppen aus dem Norden in den Südosten«, schreibt der amerikanische Fernost-Experte Lowell Dittmer.

Die Entspannung an der Nordwest-Grenze ermöglicht den Chinesen also, sich verstärkt den spannungsgeladenen Gegenden im Osten zuzuwenden, von wo – aus chinesischer Sicht – die größte Gefahr ausgeht: das Südchinesische Meer, Taiwan, aber auch Japan.

Japan – der ewige Feind

Es ist schon fast zum Ritual geworden: Seit Oktober 2001 pilgert jedes Jahr Japans Ministerpräsident Junichiro Koizumi zum Yasukuni-Schrein. Durch seinen offiziellen Besuch will er die 2,47 Millionen japanischen Toten des Zweiten Weltkrieges ehren, doch darunter sind auch 14 hochkarätige Kriegsverbrecher, die in China gewütet haben. Jedes Mal empört sich zu Recht die chinesische Regierung. Koizumi muss sich deshalb nicht wundern, wenn er bislang zu keinem Staatsbesuch nach China eingeladen wurde. Seit jenem Oktober gibt es keine Begegnungen mehr auf allerhöchster Ebene. Und dabei wird es auch bleiben, denn im japanischen Fernsehen hat Koizumi angekündigt, weiterhin den Yasukuni-Schrein zu besuchen. Es sei lächerlich, dass er deswegen China nicht besuchen könne, fügte Koizumi noch hinzu.

Die Beziehungen zwischen den beiden asiatischen Mächten sind alles andere als normal. Hauptgrund der Spannungen: Japan hat im Zweiten Weltkrieg China viel Leid zugefügt. Rund 13 Millionen Chinesen wurden von japanischen Soldaten umgebracht. Auf eine schriftliche Entschuldigung für die Gräueltaten wartet das chinesische Volk noch heute.

Allerdings stand man einmal kurz davor. Im November 1998 war Präsident Jiang Zemin zum ersten Staatsbesuch in Japan. Es sollte ein Partnerschaftsvertrag unterschrieben werden, gleichzeitig sollte sein Gastgeber, Ministerpräsident Keizo Obuchi, sich schriftlich für die Kriegsverbrechen entschuldigen. Alles war vorbereitet, doch Obuchi weigerte sich, zu unterschreiben – ein diplomatisches Debakel ersten Ranges, ein schwerer Affront gegenüber den Chinesen.

Immer wieder kommen deshalb in Chinas Bevölkerung anti-japanische Ressentiments hoch. Manche sind von der Regierung hinter den Kulissen geschürt. Es gibt regelmäßig Hetzkampagnen im Internet gegen Japan und alles Japanische. Sickert zum Beispiel wieder einmal durch, dass Japan großes Interesse bekunde, den im eigenen Lande bewährten Schnellzug Shinkansen nach China zu liefern, geht sofort ein Aufschrei durchs Land. Werden in der chinesischen Erde Restbestände von Giftgas oder Minen aus dem Zweiten Weltkrieg gefunden – was immer wieder vorkommt –, wird sofort über die barbarischen Japaner hergezogen.

Den Japanern gelingt es ihrerseits immer wieder, die Chinesen zu provozieren – zum Beispiel durch ein Urteil des Bezirksgerichts in Fukuoka, das in einer Berufungsverhandlung 15 chinesischen Zwangsarbeitern, die während des Zweiten Weltkrieges in japanischen Kohleminen schuften mussten, eine Entschädigung verweigerte. Oder durch eine japanische »Bums-Truppe« – so die chinesische Jugendzeitung wörtlich –, die ausgerechnet am Jahrestag des japanischen Überfalls auf die Mandschurei in ein südchinesisches Hotel einfiel und sich dort Hunderte von Prostituierten zuführen ließ. »Das ist so widerwärtig, dass einem die Haare zu Berge stehen«, kommentiert die Jugendzeitung.

Aversionen und Ressentiments sowohl im Volk als auch auf höchster Ebene prägen das Verhältnis der beiden Staaten. Man muss tief in die Geschichte einsteigen, um dieses spannungsgeladene Verhältnis zu verstehen. Fast zweitausend Jahre lang dominierten die Chinesen Japan, das sie ganz zu Beginn als »Land der Zwerge« bezeichneten. China hat zwar Japan nie besetzt, aber trotzdem kulturell, politisch und wirtschaftlich stark beeinflusst.

Erst Mitte des 19. Jahrhunderts kehrte sich das Verhältnis um. Damals begann die japanische Dominanz, die sich in zwei Kriegen entlud: Im chinesisch-japanischen Krieg 1894/95 und im zweiten chinesisch-japanischen Krieg von 1937 bis 1945. Danach brauchte es sehr lange, bis sich die Beziehungen einigermaßen normalisierten. So wurden erst 1972 diplomatische Beziehungen zwischen beiden Ländern aufgenommen. Kontakte auf allerhöchster Ebene finden erst seit 1978 statt.

Doch das sino-japanische Verhältnis blieb gespannt. Immer wieder kritisierte China Japans Aufrüstung und die enge Bindung an die militärische Schutzmacht USA, die knapp 60 000 Soldaten in Japan stationiert hat und diese auch vorerst nicht abziehen wird.

Japan beklagte sich im Gegenzug darüber, dass sich Chinas Militär weg von der Quantität hin zur Qualität entwickle. Und das macht den Japanern Sorgen. Deshalb plant Japan ein Raketenabwehrsystem, das – in Etappen gebaut – 2011 stehen und das Land vor allem vor China schützen soll. Japan betrachtet China als eine militärische Bedrohung. Zum ersten Mal hat dies ein zehnköpfiges Beratergremium im Herbst 2004 in einem Bericht an Ministerpräsident Koizumi deutlich gesagt.

Die Beziehung zwischen China und Japan ist eine des gegenseitigen Misstrauens. Auch »nach dem Ende des Kalten Krieges haben Japan und China noch keine stabile Form für ihre Beziehungen gefunden«, schreiben Hanns Günther Hilpert und Gudrun Wacker von der Stiftung Wissenschaft und Politik.

Während ihre wirtschaftliche Verflechtung immer enger und China zur Wachstums-Lokomotive Japans werde, bleibe – so die beiden Forscher – ihr politisches Verhältnis distanziert und berge zahlreiche Konfliktpotenziale. So wetteifern beide um eine gewisse Vorherrschaft in Südostasien. Vor gar nicht allzu langer Zeit, bis weit in die 90er Jahre hinein, galt noch die so genannte Gänseflug-Theorie: Japan flog vorneweg und gab die Richtung an, die südostasiatischen Staaten folgten brav. Heute scheint China die Nase vorn zu haben.

Zwar streben sowohl China als auch Japan ein Freihandelsabkommen mit den ASEAN-Staaten an. Doch »Japan bewegt sich nur in Millimetern, im Gegensatz zu China, von dessen Geschwindigkeit wir überrascht waren«, sagt Malaysias Handelsministerin Rafidah Aziz.

Die aufstrebende Weltmacht China läuft der Mittelmacht Japan zunehmend den Rang als führende asiatische Nation ab. Interessant wird sein, wie Japan (und mit ihm sein Verbündeter USA) auf diese Entwicklung reagiert. Für den diplomatischen Altmeister Henry Kissinger hat Japan drei Optionen: Fortsetzung seiner Außenpolitik, die auf der Allianz mit den USA basiert, Bildung einer Asiatischen Gemeinschaft nach dem Vorbild der EU oder eine Partnerschaft mit China.

Bislang ist noch keine japanische Strategie erkennbar. Wie zwei Boxer beim Abtasten in der ersten Runde umkreisen sich die beiden asiatischen Mächtigen. (Verbale) Schlagabtausche liefern sie sich vorerst nur auf einem Nebenkriegsschauplatz: beim Kampf um diverse Inseln im Japanischen und Ostchinesischen Meer. Dabei geht es vor allem um die Senkaku-Inseln, die von Japan kontrolliert, aber von China beansprucht werden. Klar ist, dass dort Rohstoffe – vor allem Gas – vermutet werden. Unklar ist, wem die Inseln gehören.

Es ist nicht Chinas einziges Problem mit umstrittenen Inseln.

Wem gehört das Südchinesische Meer?

Am 20. April 2004 um acht Uhr morgens verließ das Schiff den Hafen von Ho-Chi-Minh-Stadt, das früher einmal Saigon hieß. An Bord waren rund 100 vietnamesische Touristen, aber auch Vertreter der kommunistischen Jugendliga. Sie brachen zu einem einwöchigen Törn auf. »Gleich zu Beginn gab es Champagner«, sagte Duong Xuan Hoi, einer der vietnamesischen Reiseführer. Denn es war eine Jungfernfahrt. Das Ziel: die Spratly-Inseln. Dort wollte die Gruppe fischen und tauchen.

Kaum hatte das Schiff abgelegt, reagierte das chinesische Außenministerium und verurteilte diesen Trip. Denn dieser war keine lustige Ausflugsfahrt, wie es den ersten Anschein haben könnte, sondern eine ernsthafte politische Demonstration, dass die Inseln zu Vietnam gehören.

Die Spratly-Inseln sind nämlich eines der begehrtesten, aber auch umstrittensten Gebiete in Südostasien. In dem Gebiet der mehr als hundert Inseln, Riffe und Sandbänke werden nämlich Öl, Gas und andere Rohstoffe vermutet. Die Spratlys könnten zu einem zweiten Persischen Golf werden, schwärmten die Strategen in Beijing. Das macht die unwirtliche Inselwelt so attraktiv und umkämpft.

Zudem haben die Spratlys eine herausragende geostrategische Bedeutung. Hier kreuzen sich die Hauptschifffahrtswege zwischen dem Indischem Osten und dem Pazifischen Ozean, die so genannte Nord-Süd-Route. Vor allem die Tanker auf dem Weg zu den ölhungrigen Staaten China und Japan müssen hier hindurch. Für China und Japan ist freie Fahrt durch dieses Gebiet lebensnotwendig, denn mehr als 70 Prozent ihrer Rohöl- und Flüssiggasimporte werden durch dieses maritime Schlüsselgebiet transportiert.

Ausgerechnet diese Gegend um die Spratlys ist also heftig umkämpft. So erheben – neben der Volksrepublik China – Taiwan, Vietnam, Malaysia, die Philippinen und das Sultanat Brunei Anspruch auf diese karge Inselwelt. Um ihren Forderungen Nachdruck zu verleihen, haben bis auf Brunei all diese Staaten einige Inseln bereits besetzt und dort Militärstützpunkte errichtet.

Seit Anfang der 70er Jahre – als eine UN-Studie umfangreiche Öl- und Gasvorkommen vermeldete – gibt es deshalb Streitereien, die manchmal in den Gewässern des Südchinesischen Meeres eskalieren. 1974 kam es zum ersten Konflikt zwischen China und Vietnam. 1988 stießen chinesische und vietnamesische Kriegsschiffe nahe einem Riff der Spratlys zusammen, 70 Vietnamesen ertranken. 1995 vertrieben chinesische Militärs philippinische Fischer vom Mischief-Riff, das in der Exklusiven Wirtschaftszone der Philippinen liegt.

China war also stets dabei, wenn es zu Scharmützeln im Südchinesischen Meer kam. Dies unterstreicht, wie wichtig die Chinesen diese Gewässer nehmen, und es zeigt auch, dass die Chinesen es nicht nur bei verbalen Drohungen belassen, sondern notfalls auch mit aller Gewalt vorgehen. China betrachtet das Südchinesische Meer als »mare nostrum«.

Dabei ist es rechtlich nicht klar, ob China überhaupt einen Anspruch auf diese Inseln hat. »Die (chinesischen) Ansprüche auf die Spratly-Inseln sind, auch wenn Beijing die Sachlage in offiziellen Verlautbarungen anders beurteilt, durch das geltende Seerecht keinesfalls zweifelsfrei gedeckt«, schreiben die Politologen

Patrick Raszelenberg und Hans Scheerer in einer umfangreichen Studie.

Lange Zeit ignorierte Beijing diese Tatsache. Für sie galt das Recht des Stärkeren und nicht das Seerecht. Inzwischen hat China eingelenkt und erklärt, das internationale Seerecht als Verhandlungsgrundlage anzuwenden. Beobachter sehen das lediglich als taktisches Manöver. Die Chinesen wollten damit nur die ASEAN-Staaten beruhigen. Denn schon kurze Zeit später erklärte Beijing, dass Chinas Souveränität über die Spratly-Inseln keineswegs zur Disposition stünde.

Die Spratly-Inseln werden auch in Zukunft ein Konfliktherd in Asien bleiben – mehr Sprengstoff birgt nur noch der Streit um Taiwan.

Dauerstreit um Taiwan

Jedes Jahr haben Tausende von chinesischen Soldaten nur ein Ziel: die Insel Dongshan, knapp 280 Kilometer vor Taiwan gelegen. Seit 1996 proben hier die Festland-Chinesen den Ernstfall: Die (Rück-)Eroberung des abtrünnigen Inselstaates Taiwan, der in ihren Augen nach wie vor eine chinesische Provinz ist. Mal sind es 18 000 Soldaten (wie im Juli 2004), mal 100 000 (wie 2001 bei der Operation »Befreiung Nummer eins«), die zu Lande, zu Wasser und in der Luft proben, wie Taiwan einzunehmen sei.

Jedes Mal ist der martialische Auftritt ein deutliches Zeichen an Taiwans Regierende und deren »Verbündeten« USA: Wir sind bereit, wir meinen es ernst, wir wollen Taiwan zurückhaben – notfalls mit Gewalt.

Nachdem die Beijinger Machthaber relativ problemlos und völlig gewaltfrei die ehemaligen Kolonien Hongkong (britisch) und Macao (portugiesisch) heim ins Riesenreich geholt haben, fehlt ihnen nur noch ein Stück Land, das für sie untrennbar zum chinesischen Mutterland gehört: die Insel Taiwan mit rund 22 Millionen

Einwohnern, ungefähr so groß wie Baden-Württemberg, wirtschaftlich und technologisch ein chinesisches Musterländle.

Seit Ende des Bürgerkrieges im Jahr 1949 ist Taiwan im Visier der Machthaber in Beijing. Damals floh der von Maos Truppen geschlagene Nationalistenführer Chiang Kaishek mit zwei Millionen seiner Anhänger auf die Insel und baute dort ein Gegenmodell zur Volksrepublik auf – die Republik Taiwan. Lange Zeit war Taiwan eine Diktatur unter der Führung Chiang Kaisheks, eine Entwicklungs-Diktatur, wie sie lange Zeit auch in Südkorea herrschte. Der Staat griff massiv ins Wirtschaftsgeschehen ein und lenkte die Ökonomie in die gewünschte Richtung – im Falle Taiwans in Richtung Hightech. Heute ist die kleine Insel einer der reichsten Staaten Asiens (Pro-Kopf-Einkommen: 13 000 Dollar).

Mit dem wachsenden Wohlstand stieg auch das politische Bewusstsein der Bevölkerung. Sie forderte immer mehr demokratische Freiheiten und bekam sie in einem friedlich verlaufenden Prozess des Systemwandels auch: 1988 fanden die ersten Wahlen statt, die allmächtige Guomindang-Partei blieb freilich an der Macht. Erst 1996 schaffte Taiwan die demokratische Reifeprüfung – den Machtwechsel durch Wahlen. Bei der ersten demokratischen Präsidentenwahl wurde der Guomindang-Kandidat abgewählt. Es siegte Chen Shuibian von der oppositionellen Demokratischen Fortschrittspartei.

Für die Beijinger Regierung war das die falsche Wahl. Chen Shuibian entpuppte sich aus ihrer Sicht als Provokateur. Immer wieder ließ er durchblicken, dass er die Unabhängigkeit des Inselstaates anstrebe, was einen Affront gegenüber Beijing und dessen Politik darstellt. Seit Gründung der Volksrepublik verfolgt sie die »Ein-China-Politik«. Deren klare Aussage ist: Es gibt nur ein völkerrechtliches China, und das ist die Volksrepublik.

Wer diplomatische Beziehungen zu Beijing unterhalte, könne nicht gleichzeitig welche mit Taipeh haben. Fast alle Staaten der Welt unterwarfen sich dem Gebot Beijings, so dass Taiwan nur von wenigen unbedeutenden Staaten in Mittelamerika und der Südsee anerkannt wird. Meist erkauft sich Taipeh die Treue dieser Staaten in Form von großzügiger Entwicklungshilfe.

Erfolgreich hat Beijing Taiwan aus nahezu allen internationalen Organisationen gedrängt. Bereits 1971 musste Taiwan seinen UNO-Sitz zugunsten der Volksrepublik räumen. Wiederholte Versuche Taipehs, wieder in die internationale Staatengemeinschaft aufgenommen zu werden, scheiterten am kompromisslosen Nein Beijings. Diplomatisch ist Taiwan damit weitgehend isoliert. Hier zeigt sich auch die Scheinheiligkeit westlicher Außenpolitik: Das demokratische Taiwan wird geächtet, die autoritäre Volksrepublik hofiert. Machtpolitik siegt über die politischen Ideale.

Nur die Vereinigten Staaten halten zu Taiwan und verfolgen dabei eine reichlich schizophrene Politik. Einerseits erkennen sie die Ein-China-Politik der Volksrepublik an (schließlich wollen sie ja Geschäfte auf dem größten Markt der Welt machen), andererseits halten sie ihre schützende Hand über die Insel. Grundlage ist der Taiwan Relations Act, durch den die USA Taiwan militärischen Beistand garantierten und auch die Lieferung von Waffen zur Selbstverteidigung zusagten.

Sie liefern immer wieder Waffen an Taiwan und beschuldigen gleichzeitig China, gegenüber Taiwan aufzurüsten. So wurde in einem Bericht an den amerikanischen Kongress im Juni 2004 konstatiert, es habe eine »dramatische Veränderung im militärischen Gleichgewicht zwischen Taiwan und den USA gegeben – zugunsten Chinas«. Die US-Militärstrategen verweisen insbesondere auf die zunehmende Zahl chinesischer Mittelstreckenraketen, die auf Taiwan gerichtet seien. Zwischen 500 und 550 soll es derzeit geben, jedes Jahr kämen 75 neue dazu. »Von dort können sie jeden Ort auf Taiwan treffen«, wird in dem Resümee des Hearings festgestellt.

So findet derzeit ein Rüstungswettlauf der beiden chinesischen Rivalen statt. Begleitet wird er von starken Worten. Es fällt auf, dass die Regierung in Beijing ungeduldiger wird und ihre anti-taiwanesische Rhetorik verschärft. Die Drohungen gegen den ungeliebten Insel-Präsidenten Chen Shuibian werden heftiger: Entweder er akzeptiere endlich die Ein-China-Politik oder er werde den Weg der Zerstörung gehen, hieß das Ultimatum wenige Tage vor seiner Amtseinführung im Mai 2004.

Und auch auf Nebenkriegsschauplätzen wird heftig gekämpft: Taiwanesische Geschäftsleute, die sich öffentlich für eine Unabhängigkeit Taiwans aussprechen, bekommen auf dem Festland zunehmend Schwierigkeiten. Das taiwanesische Pop-Sternchen A-mei wurde in Hangzhou niedergebrüllt und musste daraufhin seine Tournee durch die Volksrepublik abbrechen. Die in China beliebte Sängerin hatte sich für ein unabhängiges Taiwan ausgesprochen.

Wird das alles zwangsläufig in eine militärische Auseinandersetzung münden? »Ein Krieg wird immer wahrscheinlicher«, prophezeien die beiden US-Politikwissenschaftler David Lampton und Kenneth Lieberthal in einem Artikel für die *Washington Post*. In der Demokratischen Fortschrittspartei von Präsident Chen Shuibian kursiert bereits das Szenario einer möglichen Blitzattacke der Festlandchinesen. 258 000 Mann würden danach innerhalb von 24 Stunden Taiwan besetzen. Eintreten könnte dies – so die Partei-Strategen – irgendwann zwischen 2005 und 2010.

Auch die Amerikaner beteiligen sich an den martialischen Gedankenspielen. Allen Ernstes wird in einem Bericht des Pentagons gefordert, dass Taiwan als Gegenschlag den Drei-Schluchten-Staudamm attackieren solle. Die prompte – nicht minder kriegerische Antwort – aus Beijing formulierte Generalleutnant Liu Yuan in *China Youth Daily*: »Das wird einen Gegenschlag provozieren, der die Welt erschüttern wird.« Abgesehen davon sei der Damm 100 Meter dick. Keine konventionelle Rakete irgendeines Landes könne ihn zerstören.

11. Eine friedliche Invasion
Chinas Sportler und Touristen erobern die Welt

> *»Es ist keine Frage: Die Anstrengungen, die von den Chinesen unternommen werden, sind beeindruckend. Sie lassen keine Chance aus, um 2008 die Medaillenwertung zu gewinnen. Das wird sehr hart für uns.«*
>
> Jim Scherr, Chef des Nationalen Olympischen Komitees der USA

Athen im Sommer 2004. In der griechischen Hauptstadt versammelte sich – wie es so schön heißt – die Jugend der Welt und kämpfte um olympische Medaillen. Einerseits war es ein Blick zurück, denn einige Wettkämpfe fanden an historischen Plätzen wie Olympia oder Marathon statt. Die Spiele kehrten über 2000 Jahre später sozusagen an ihre sagenumwobene Geburtsstätte zurück.

Andererseits war es ein Blick nach vorn. Die Wettkämpfe von Athen gaben einen deutlichen Hinweis, wer die Olympischen Spiele des 21. Jahrhunderts dominieren wird: die Chinesen.

Noch landeten die Sportler aus der Volksrepublik im Medaillenspiegel »nur« auf Platz zwei hinter den USA (wenn man die Goldmedaillen zählt) oder auf Platz drei (wenn man alle Medaillen addiert).

Doch ihr – in dieser Deutlichkeit nicht erwarteter – Siegeszug durch die Stadien wurde von der westlichen Welt mit einer Mischung aus Bewunderung und Staunen registriert. Athen erbrachte den Beweis: China ist nicht nur politisch und wirtschaftlich, sondern nun auch sportlich eine globale Supermacht. Stolz titelte das Beijinger Nachrichtenmagazin *Lifeweek*: »Olympisches China: die Ära einer Großmacht.«

Und es waren nicht nur die erfolgreichen chinesischen Athleten, die in Athen auffielen, sondern auch eine ganz andere, in dieser Zahlenstärke noch nie da gewesene Gruppe: Tausende chinesischer Olympia-Touristen, die fähnchenschwingend auf den Tribünen saßen und einkaufend durch die Innenstadt der griechischen Hauptstadt zogen.

Reisen ins Ausland ist längst nicht mehr – wie bis vor wenigen Jahren noch üblich – nur verdienten Funktionären und linientreuen Apparatschiks vorbehalten. Heute kann fast jeder reisen, der es sich leisten kann. Und immer mehr Chinesen haben das nötige Geld für eine Reise jenseits der Grenzen. 24 Millionen Chinesen waren 2004 als Touristen unterwegs. Damit haben sie zum ersten Mal die Japaner als reisefreudigstes asiatisches Land überholt.

Die Chinesen sind gewissermaßen die neuen Japaner. Wir stehen am Beginn einer friedlichen chinesischen Touristen-Invasion – sehr zur Freude der globalen Reisebranche. Alle – von den Fluglinien über Hotels und Restaurants bis zu den Einzelhändlern – werden von den chinesischen Globetrottern profitieren.

Vor ein paar Jahren kamen die reichen und spendablen Touristen aus den USA, Japan und dem Mittleren Osten. Jetzt kommt eine neue kaufkräftige Reise-Gruppe hinzu: Die Chinesen, die auf jeder Reise im Schnitt zwischen 1700 und 2500 Euro ausgeben.

Jedes Jahr wächst die chinesische Touristenschar um 20 Prozent. Nach Schätzungen der World Tourism Organisation werden im Jahr 2020 rund 100 Millionen Chinesen als Touristen ins Ausland reisen. »Das ist eine Folge unseres schnellen Wirtschaftswachstums und des Wunsches, die Welt zu sehen«, sagt He Guangwei, Direktor der China National Tourism Administration gegenübe *People' Daily*.

In 73 Länder dürfen die Chinesen inzwischen reisen, sogar in die Südsee nach Fiji und Tonga. Mit all diesen Staaten hat Beijing bilaterale Abkommen geschlossen. Die Fremdenverkehrsregionen aller Länder haben erkannt, welche Massen, aber auch welche Chancen auf sie zukommen.

Deshalb buhlen inzwischen viele um die millionenfache Schar

reise- und konsumfreudiger Chinesen. So hat die Nevada Commission on Tourism bereits ein Büro in Beijing eröffnet, um Chinesen in den amerikanischen Bundesstaat zu locken. Größter Lockvogel ist das Spielerparadies Las Vegas. Und da werden viele Chinesen schwach. Denn Spielen ist auf Reisen eine ihrer liebsten Freizeitbeschäftigungen – neben dem Einkaufen.

Nahziel Hongkong

Viermal täglich rattert der Zug zwischen Hongkong und Guangzhou, das wir besser unter dem Namen Kanton kennen, hin und her. Etwas mehr als zwei Stunden braucht er für die 140 Kilometer lange Strecke. Die blauen Wagen der Kowloon-Canton Railway sind meist voll besetzt. Ein paar westliche Touristen zwängen sich in die engen Sitze, aber die meisten Reisenden kommen aus der Volksrepublik. Ihre untrüglichen Erkennungszeichen: volle Einkaufstüten und volle Koffer.

Zur Jahresmitte 2003 erlaubte die Beijinger Regierung ihren Untertanen aus Hongkongs Nachbarprovinz Guangdong sowie aus einigen großen Städten die Reise nach Hongkong als Individualtouristen. Vorher durften sie nur in Gruppen in die ehemalige Kronkolonie reisen.

Seitdem strömen jeden Monat über eine Million *Mainland Chinese* nach Hongkong. Sie landen auf dem futuristischen Flughafen Chek Lap Kok, oder sie reisen über die Grenzstation Lo Wu ein.

Nachdem sie in Hongkong angekommen sind, suchen sie erst einmal eine Bleibe. Möglichst günstig soll sie sein. Zwei- oder Drei-Sterne reichen völlig aus, selbst wenn sich mancher der Chinesen eine Luxusherberge leisten könnte. Sie haben andere Prioritäten beim Geldausgeben.

Einkaufen ist ihre liebste Beschäftigung, wenn sie in Hongkong sind. Zahlen des Hongkong Tourism Board bestätigen diese Erkenntnis. So geben Festland-Chinesen nur 12,3 Prozent ihres Budgets fürs Übernachten aus, aber 68,5 Prozent fürs geliebte Shoppen.

Hongkongs Handelsszene jubelt. Sie hatte schwere Jahre hinter sich: wirtschaftliche Stagnation, nach der Übergabe an China ausbleibende West-Touristen und dann die Lungenseuche SARS. Aber nun werden sie millionenfach entschädigt: Die chinesischen Landsleute kommen und kaufen.

Die einst hochnäsigen Verkäuferinnen Hongkongs müssen umdenken. Bis vor nicht allzu langer Zeit waren sie wahre Meister im Ignorieren von Kunden, die weder Kantonesisch sprachen noch nach Geld aussahen. Jetzt müssen sie zu ihren Mandarin sprechenden Landsleuten, denen man den Reichtum nicht auf den ersten Blick ansieht, freundlich sein, was ihnen zunehmend gelingt.

Die Läden in Hongkong haben sich auf die Invasion der Festland-Chinesen eingestellt, denn sie haben sie als neue kaufkräftige Zielgruppe entdeckt. Die Händler akzeptieren neben dem Hongkong-Dollar chinesisches Bargeld, aber auch Kreditkarten in der chinesischen Währung Yuan.

Objekte der Begierde sind Luxuswaren: Uhren, Schmuck und Kleidung. »Sie schauen sich nicht nur um, sie kaufen in großem Stil«, sagt Laura Wenke, Marketing-Managerin beim noblen Kaufhaus Lane Crawford, der *Financial Times*. Es sei keine Seltenheit, dass ein Chinese für 60 000 Euro Schmuck kaufe oder 10 000 Euro für ein Vertu-Telefon ausgebe und Teile auch noch bar bezahle.

Teuer müssen die Produkte sein und einen traditionsreichen Namen tragen. Cartier, Lanvin, Patek Philippe, Prada oder Zegna sollte es schon sein.

Europa in fünf Tagen

Der 1. September 2004 war für 27 europäische Länder ein wichtiges, ja ein einschneidendes Datum. Seitdem dürfen chinesische Gruppentouristen dorthin reisen. Diese Staaten – darunter auch

Deutschland – haben mit der Regierung in Beijing einen Vertrag über den *Approved Destination Status* (ADS) unterschrieben.

Die chinesischen Gruppen können nun alle EU-Länder außer Dänemark, Großbritannien und Irland besuchen. Diese Staaten verhandeln noch bilateral. »Die Öffnung Europas ist das dramatischste Ereignis, seit China zu Beginn der 80er Jahre begann, seine Reiserestriktionen zu lockern«, urteilt die *Financial Times*.

Vor zwölf Jahren gab es keine einzige Flugverbindung zwischen Shanghai und Europa, jetzt fliegen fast alle europäischen Airlines die Metropole am Yangtze an: Die Lufthansa (sogar zweimal täglich), Air France, KLM, Austrian, SAS, Finnair, British Airways und Virgin, um nur ein paar zu nennen. Die Flieger aus Shanghai, aber auch Beijing bringen täglich Tausende von chinesischen Touristen nach Europa. Über 600000 sollen es im Jahr 2003 gewesen sein, Tendenz stark steigend.

Wie die Japaner in allerbesten Zeiten touren sie dann im Eiltempo durch Europa. Drei Länder in zwölf Tagen – wie es die erste chinesische Reisegruppe vormachte – ist eher die genügsame Variante. Die Regel ist heute London, morgen Paris, übermorgen Rom – und das alles am liebsten im Bus, weil es billig und flexibel ist.

Zwar kann man inzwischen in Beijing Bahntickets für Europas Züge kaufen, aber der Verkauf läuft schleppend. »Ein einfaches Eurostar-Ticket kostet 100 Euro, aber die Miete eines Mercedes-Benz-Busses kostet 400 Euro am Tag und da passen 54 Leute rein«, rechnet Pan Gang vom Reisebüro China Sunrise Travel Service gegenüber *China Daily* vor.

Die beliebtesten Reiseländer der Chinesen auf ihrer Blitztour durch Europa sind Frankreich (Dior und Eiffelturm), Italien (Gucci und Rom) und die Schweiz (Uhren und Berge).

In diesen Ländern freut man sich über den Besucherstrom. Italiens stellvertretender Außenhandelsminister Adolfo Urso ist euphorisiert: »Das ist eine einzigartige historische Chance für Italien. Die Chinesen können den Rückgang deutscher Touristen kompensieren und die Zahl der japanischen Touristen übertreffen.«

Innerhalb des nächsten Jahrzehnts »werden die Chinesen die größte oder zweitgrößte Besuchertruppe stellen – vor den Briten, Amerikanern und wahrscheinlich auch den Japanern«, prophezeit Paul Roll, Chef der Pariser Tourismus-Behörde.

In Paris stellt man sich bereits auf die chinesischen Touristen ein.

Das Kunstmuseum Louvre und der Einkaufstempel Galeries Lafayette haben bereits Prospekte in Chinesisch ausliegen. Pariser Hotels bieten grünen Tee, chinesische Zeitungen und chinesisches Frühstück – bestehend aus einer wässerigen Reissuppe – an.

Wie Deutschland sich vorbereitet

Zweimal täglich landet ein Jumbo der Lufthansa aus China auf dem Rhein-Main-Flughafen in Frankfurt. 300 bis 400 Reisende spuckt er jedes Mal aus, darunter immer mehr Touristen aus der Volksrepublik. Sie werden dort – wie übrigens auch am Münchner Flughafen – von Chinesisch sprechendem Bodenpersonal der deutschen Airline begrüßt und gegebenenfalls betreut.

Für chinesische Touristen ist Frankfurt die erste Station. »Wer aus Asien kommt, landet in Paris, London oder Frankfurt«, sagt Frankfurts Einzelhandelspräsident Frank Albrecht gegenüber der *F.A.Z.* und freut sich, dass es so ist, denn er profitiert von den Ankömmlingen.

Albrecht hat eine Parfümerie in Frankfurts nobler Goethestraße. Viele Chinesen kaufen schon bei ihm ein. Er überlegt deshalb, ob er eine Asiatin als Verkäuferin einstellt. Zumindest sollen seine Verkäuferinnen ein paar Brocken Chinesisch sprechen lernen, um seinen Kunden aus Fernost ein paar freundliche Wortfetzen entgegenschleudern zu können – zum Beispiel *ni hao* (Guten Tag), *xie xie* (Danke) und *zai jian* (Auf Wiedersehen).

Rund 650 000 Übernachtungen von Chinesen registrierte die Tourismusbehörde in Deutschland. 2009 sollen es bereits über eine Million sein. Ihre Reiseroute stellen die Chinesen nicht unbedingt nach touristischen oder kulturellen Sehenswürdigkeiten zusammen, sondern eher nach Orten mit günstigen Einkaufsmöglichkeiten – sie besuchen in der Regel lieber Konsumtempel als den Kölner Dom.

Fast ein Muss auf ihrer Deutschland-Tournee sind Stopps in Titisee beim Kuckucksuhren-Hersteller Drubba und natürlich im schwäbischen Metzingen, wo Deutschlands Edelschneider Boss seinen Fabrikverkauf unterhält.

Metzingen ist auch Station einer – für deutschen Geschmack – sehr gewöhnungsbedürftigen Reiseform, die Chinesen bereits angeboten wird – eine *Selfdrive-Tour* ins Autoland Deutschland. Rund 3000 Euro blättern autoverrückte Neureiche hin, um in schnellen Schlitten der Marke Audi über Deutschlands Autobahnen rasen zu dürfen. Auf ihrer sechstägigen Fahrt durch deutsche Lande besuchen sie Rothenburg ob der Tauber, das Münchner Hofbräuhaus, BMW, Audi, Mercedes-Benz und Boss, wo sie sich häufig für Tausende von Euros neu einkleiden.

Im Schnitt lassen Chinesen in deutschen Geschäften 217 Euro pro Rechnung liegen. Was sie am liebsten kaufen? »Messer aus Solingen sind sehr beliebt, teure Uhren und Parfüms. Und CDs mit klassischer Musik«, sagt Mang Chen, der bei Hamburgs Reisebüro Caissa chinesische Touristen betreut, gegenüber der *Zeit*.

In München gibt es schon einen Laden speziell für chinesische Touristen mit Produkten deutscher Wertarbeit. Die Inhaber sind Chinesen, die wissen, was ihre Landsleute hierzulande gerne einkaufen.

Die Deutsche Zentrale für Tourismus (DZT) gibt bereits Shopping Guides in Chinesisch heraus. Seit 2001 hat die DZT auch ein Büro in Chinas Hauptstadt. Zusammen mit deutschen Reisebüros und Hotels macht sie immer wieder Werbetouren durch China, veröffentlicht einen monatlichen Newsletter *Meet Germany* für chinesische Reisefachleute und -journalisten und bietet eine Internetseite auf Chinesisch an.

Auch Deutschlands größter Reiseveranstalter TUI ist inzwischen mit einem Büro in Beijing vertreten, doch dürfen sie bislang nur deutsche Pauschaltouristen nach China bringen und ihnen dort die zahlreichen Sehenswürdigkeiten zeigen. Aber Chinesen nach Deutschland zu locken, das ist TUI bislang verwehrt, denn dieses lukrative Geschäft bleibt – vorerst noch – in den Händen chinesischer Reisebüros.

Wenn Chinesen reisen …

Chinesen sind keine einfachen Gäste. Sie haben ihre Gewohnheiten, wir unsere Vorurteile. Da prallen oft Welten aufeinander. Doch wir werden uns auf die neuen Gäste und deren Gepflogenheiten einstellen müssen.

Zum Beispiel: Die Chinesen sind laut, viel lauter zum Beispiel als japanische Reisende. Sie lassen gerne ihre Hotelzimmer offen und kommunizieren in gebührender Lautstärke mit ihren Landsleuten quer über den Flur. Sie kochen mitgebrachte Instant-Suppen auf dem Zimmer, in das manchmal mangels Achtsamkeit Wasser aus der überlaufenden Badewanne schwappt.

Ja, und zu allem Übel rauchen sie auch noch. Die Chinesen sind Weltmeister im Rauchen. »Jeder, der Geschäfte mit Chinesen machen will, braucht einen Aschenbecher«, rät deshalb Benjamin Vuchot, Asien-Pazifik-Chef des Juweliers Van Cleef & Arpels, »sie sind starke Raucher, und wenn Aschenbecher da sind, fühlen sie sich gleich wohl in Ihrem Geschäft.«

Es mangelt wirklich nicht an guten und wohlmeinenden Tipps für all die vielen unwissenden Laden- und Hotelbesitzer, denen die Chinesen bald in Scharen zulaufen werden. So hat der Tourismusverband der Schweiz für seine Mitglieder einen kleinen Führer mit Hinweisen für den Umgang mit den unbekannten Wesen aus Fernost produziert. Eine Warnung an die Hoteliers des Landes daraus lautet völlig zu Recht: »Gib einem chinesischen Gast nie ein Zimmer mit einer 4 in der Zimmernummer, denn die 4 bringt Unglück.«

Doch die teuren Hotels – ob in der Schweiz oder anderswo – werden vergeblich auf die chinesischen Massen warten. Die werden nämlich in billigeren Herbergen absteigen und auch einfache Restaurants den Gourmet-Tempeln vorziehen.

Doch nicht nur die Gastgeber der chinesischen Touristen werden sich arrangieren müssen, auch die Chinesen müssen sich anpassen, selbst wenn es ihnen manchmal schwer fallen sollte. So klagen sie in den Hotels über zu kleine Zimmer, zu kleine Lifte und zu bescheidene Lobbys.

Und immer wieder rümpfen sie die empfindliche Nase über das seltsame nicht-chinesische Essen. Ein ausführliches Menü in drei Stunden – wie sie es in Frankreich aufgetischt bekommen – ist nicht nach ihrem Geschmack. Sie wollen wie zu Hause ihr mehrgängiges Essen in zehn Minuten auf dem Tisch haben, um es dann unter – für Mitteleuropäer etwas befremdlichen – Geräuschen zu sich zu nehmen.

Doch die Chinesen geloben Besserung in ihrem Umgangston. Jedenfalls bittet die führende Reiseagentur CYTS ihre Kunden in einer Broschüre, sich an gewisse Verhaltensratschläge zu halten. Ein kleiner Auszug aus dem chinesischen Knigge: »Es ist nicht angemessen, laut zu sprechen, zu spucken oder überall Abfall hinzuwerfen.«

Bei den Olympischen Spielen in Athen hatten die ersten chinesischen Touristen den Knigge schon im Gepäck.

Probelaufen in Athen

Schon zu Beginn der Olympischen Sommerspiele in Athen demonstrierten die Chinesen Größe. Beim Einmarsch der Gladiatoren war der Fahnenträger des chinesischen Teams kein Geringerer als der 2,26 Meter lange Riese Yao Ming. Der Basketball-Profi vom NBA-Klub Houston Rockets führte die größte chinesische Olympiamannschaft aller Zeiten ins Athener Stadion.

Exakt 405 Athleten folgten ihm. Ungewöhnlich war der Geschlechter-Proporz: Dabei waren 267 Frauen und nur 138 Männer. Warum so viele Frauen? »Unsere Frauen sind im Vergleich zu westlichen Typen physisch weniger benachteiligt als die Männer«, sagt laut *Spiegel online* Li Furong, Chef de Mission, also Boss der Athener Olympiamannschaft. Und er ergänzt: »Frauen sind im täglichen Training leichter zu managen. Sie haben eine bessere Arbeitsmoral.«

Die chinesische Mannschaft in Athen war sehr jung. Das Durchschnittsalter betrug gerade einmal 23 Jahre. Bei der Nominierung ließ man im Zweifelsfall die älteren Athleten zu Hause und entschied sich lieber für die jüngeren. So musste zum Beispiel der chinesische Meister im Tischtennis zugunsten eines 21-jährigen Hoffnungsträgers auf die Reise nach Athen verzichten.

Grund des Jugendkults: Man wollte den Jungen eine Chance geben, Erfahrung zu sammeln – für die Olympischen Spiele 2008 im eigenen Land, in Beijing. Dort sollen sie dann im Zenit ihrer Leistung stehen. Darauf ist das ganze Streben der chinesischen Sportstrategen ausgerichtet.

Doch das junge Team sammelte schon in Athen fleißig Medaillen. Vielleicht motivierten sie die Preisgelder, die die Beijinger Regierung ausgelobt hatte. Die Sieger bekamen fast 25 000 Euro, die Zweiten rund 15 000 und die Dritten knapp 10 000 Euro. Besonders attraktiven Siegern winkten zusätzlich lukrative Werbeverträge chinesischer Firmen, die längst den Werbewert von erfolgreichen Sportlern erkannt haben.

Der Medaillensegen von Athen kam freilich etwas unerwartet und den Offiziellen fast ungelegen. »Wir sind noch keine sportliche Supermacht«, versuchte Yuan Weimin, Präsident des Nationalen Olympischen Komitees (OK), zu beschwichtigen, »es gibt noch eine beträchtliche Lücke zu den USA und Russland.« Die Chinesen rechnen sich lieber klein, damit sich die anderen Nationen nicht vor dem neuen roten Sportlerriesen fürchten.

»Wir sind noch schwach in den Königsdisziplinen«, sagt Yuan. Dazu zählen die populären Sportarten Leichtathletik, Schwimmen und Turnen. Während die Chinesen in weniger attraktiven Disziplinen wie Gewichtheben oder Schießen absahnten, gewannen sie in den »großen« Disziplinen nur zwei Goldmedaillen.

Die eine holte die Brustschwimmerin Luo Xuejuan, die umgehend zur Nationalheldin avancierte. Die andere erlief sich der Leichtathlet Liu Xiang. Der Schlaks aus Shanghai gewann den 110-Meter-Hürdenlauf und war danach sehr stolz auf sich und seine Nation: »Ich habe bewiesen, dass Menschen mit gelber Haut so schnell laufen können wie solche mit schwarzer oder weißer Haut.«

Nationalismus spielt mit

Es war nur ein Fußballspiel, aber dafür ein ziemlich wichtiges. Es war das Endspiel um die Asien-Meisterschaft. Aber es ging nicht nur um den ehrenvollen Titel, es ging um mehr, um Prestige, um Nationalstolz. Denn die Paarung lautete China gegen Japan, ein sportliches Duell der politischen Erzrivalen.

Im Sommer 2004 standen sie sich auf dem Rasen des Arbeiterstadions in Beijing gegenüber. Es war kein schönes Spiel, weder auf dem Platz noch auf den Rängen. Japan siegte mit 3:1, und die Chinesen verloren ihr Gesicht. Nach dem Spiel kam es zu gewalttätigen Auseinandersetzungen. Die chinesischen Fans skandierten rüde Sprüche wie »Nieder mit den japanischen Piraten«. Ein Auto der japanischen Botschaft wurde demoliert.

Schon in den Vorrundenspielen der Asien-Meisterschaft, die diesmal in China ausgetragen wurde, war den Japanern übel mitgespielt worden. Beim Abspielen der japanischen Nationalhymne blieben die chinesischen Zuschauer demonstrativ sitzen. Sobald die japanischen Spieler am Ball waren, ertönte ein tausendfaches Buh. Japanische Fans wurden mit Gemüse beworfen. Japanische Flaggen wurden außerhalb der Stadien verbrannt.

Nein, es waren keine heiteren Spiele. Der Generalsekretär der

Asian Football Confederation, Peter Velappan, übte laut *Japan Times* heftige Kritik an den chinesischen Gastgebern: »Das hat mit Sportgeist nichts mehr zu tun. Das chinesische Volk hat eine große Kultur, Bildung und Geschichte, aber das heutige Verhalten ...« Er beendete den Satz nicht und begann einen neuen: »Ich bin mir nicht sicher, ob Beijing Gastgeber guter Olympischer Spiele sein kann.«

Waren die anti-japanischen Ausschreitungen beim Asien-Cup im Sommer 2004 wirklich ein Vorgeschmack auf Beijing 2008? Wird es dort zu nationalistischen Wallungen kommen?

Mit dem wirtschaftlichen und politischen Aufstieg Chinas nimmt der latente Nationalismus im Lande zu. Man ist nach all den Jahrzehnten der Demütigungen und Entbehrungen stolz auf das Erreichte und möchte das der ganzen Welt zeigen.

Zudem konstatiert der US-Politikwissenschaftler Peter Gries in seinem Buch *China's New Nationalism: Pride, Politics and Diplomacy*, dass Chinas kommunistische Regierung häufiger nationalistische Ausbrüche manipuliert und gefördert hat. Eine Regierung in der Legitimitätskrise – und in dieser sieht er die herrschende Kommunistische Partei Chinas – versuche meist durch von oben gelenkte Demonstrationen von Nationalismus die Reihen enger zu schließen.

Erinnert sei an die anti-amerikanischen Ausschreitungen nach dem – versehentlichen? – amerikanischen Bombardement der chinesischen Botschaft in Belgrad während des Balkan-Krieges. Aber auch an die immer wiederkehrenden anti-japanischen Kundgebungen, wo die Ordnungskräfte oft demonstrativ wegschauen und aufreizend spät eingreifen.

Nirgendwo kann sich freilich der aufkeimende chinesische Nationalismus friedfertiger austoben als im Sport. Das konnte man bei den Athener Spielen deutlich erkennen. Die Nation fieberte überschwänglich mit. Obwohl die meisten Entscheidungen der Athener Spiele nach Mitternacht Beijinger Zeit fielen, hockte jeder dritte Chinese zu dieser späten frühen Stunde vor dem Fernsehgerät. »Die Leute schauten sich die Spiele aber nicht aus Interesse am Sport an.

Nein, sie schauten sie an, weil sie China siegen sehen wollten«, sagt im *Wall Street Journal* Vincent Cheung, Mitarbeiter der Marktforschungsfirma CSM, die das Fernsehverhalten während der Spiele untersuchte.

Live und vor Ort wird das anno 2008 nicht anders sein: Während ausländische Sieger emotionslos und pflichtschuldig registriert werden, werden chinesische Sieger überschwänglich von einer fähnchenschwenkenden Masse bejubelt werden. Und zu feiern werden sie genug haben – in Beijing 2008.

Auf Wiedersehen in Beijing

Der Plan, der von höchster sportlicher Stelle aufgelegt wurde, hat den schlichten Titel »119«. Warum gerade 119? Weil in den drei wichtigsten Sportarten der Olympischen Spiele – Leichtathletik, Schwimmen und Turnen – exakt 119 Goldmedaillen vergeben werden. Und davon wollen die Chinesen möglichst viele gewinnen bei den Spielen im eigenen Lande.

Der Staat tut alles, um die Sportler in ihrer Aufholjagd zu unterstützen. Staatschef Hu Jintao hat beim Empfang der rückkehrenden Sportler aus Athen bereits die Parole ausgegeben: »Arbeitet hart und schneidet noch besser ab bei den Spielen 2008.«

Das Sportsystem in China funktioniert noch immer sehr planwirtschaftlich und erinnert stark an das der DDR oder der UdSSR. Rund 185 000 begabte Kinder werden in speziellen Sportschulen ausgebildet. Die besten von ihnen – das sind immerhin rund 20 000 – kommen weiter. Sie werden in staatlich geförderten Trainingszentren kaserniert und gedrillt, in der Hoffnung, dass ein paar von ihnen es bis zu den Olympischen Spielen bringen.

Der Staat lässt sich diese sportliche Auslese jedes Jahr rund 500 Millionen Euro kosten. Die Top-Sportler mit Aussicht auf Olympia erhalten Stipendien von bis zu 500 Euro im Monat. Trainiert wird mit modernstem technischen Gerät. Wo das Know-how fehlt, engagiert man westliche Trainer, besonders für die Mannschaftssportarten. Das Basketball-Team in Athen trainierte zum Beispiel Del Harris, ein ehemaliger NBA-Coach aus den USA.

Die Betreuung außerhalb der Wettkampfstätten erfolgt durch Mediziner und Wissenschaftler. Dopingmittel sollen nicht mehr auf dem Speiseplan stehen. Doping? »Das ist ein Problem von gestern«, erwidert eher unwirsch Li Furong, der Chef de Mission in Athen. Damals – vor den Spielen 2000 in Sydney – hätte man 27 Sportler wegen Doping aus dem Kader genommen. »Seitdem gehen wir ganz konsequent gegen Dopingvergehen vor«, versichert der Sportfunktionär.

Die Chinesen wollen 2008 – anders als die düpierten griechischen Gastgeber 2004 – im eigenen Land als Saubermänner dastehen. Und nicht nur das: In Beijing will sich China der ganzen Welt als moderne, dynamische Hightech-Nation präsentieren. Neben der Welt-Expo, die 2010 in Shanghai stattfinden wird, ist Beijing 2008 *das* Prestigeobjekt für die chinesische Führung.

Deshalb wird derzeit überall in Beijing gebuddelt und gebaut. 35 neue Wettkampf- und 59 Trainingsstätten sollen entstehen, darunter das neue Olympiastadion, das der Volksmund wegen seines Aussehens schon »Vogelnest« getauft hat. Dazu kommen neue Metro-Linien und Straßen. Beim Bau der vielen Sportstätten liegen die Chinesen übrigens weit über Plan.

Der Countdown für Beijing 2008 läuft also, deutlich sichtbar an einer Uhr, die am Platz des Himmlischen Friedens hängt und die noch verbleibende Zeit bis zum Beginn der Olympischen Spiele am 8. August 2008 anzeigt.

Die Spiele im eigenen Lande werden – da sind sich die Experten einig – die Chinesen dominieren. Nicht nur Deutschlands NOK-Präsident Klaus Steinbach prophezeite in Athen: »In vier Jahren erwarte ich China auf Platz eins.« Keine Frage: Beijing 2008 wird die Sportwelt verändern. Doch die spannendere Frage ist: Wird die sportliche Großveranstaltung auch das politische System der Volksrepublik verändern?

Einige Beobachter sind dieser Meinung. Sie ziehen einen Vergleich zu den Olympischen Spielen in Südkoreas Hauptstadt Seoul und behaupten, es gebe Parallelen zwischen Korea 1988 und China 20 Jahre später. Beide Spiele dienten der jeweiligen Regierung als Demonstration ihrer wirtschaftlichen Stärke. Beide wollten durch die Ausrichtung eines solchen Mammutereignisses der Weltgemeinschaft beweisen, zu welchen Anstrengungen sie in der Lage sind.

Und beide Staaten seien zum Zeitpunkt der Spiele in einer ähnlichen politischen Situation gewesen, nämlich in einem Übergangsstadium von einem repressiven zu einem demokratischen System. In Seoul hatte sich damals – begleitet von massiven Demonstrationen erst koreanischer Studenten, dann aber zunehmend auch von Arbeitern – eine starke Opposition gebildet, die ein Jahr vor den Spielen eine Verfassungsänderung Richtung Demokratie durchsetzen konnte.

Ein Grund, warum die Regierung den Demonstranten nachgab, war sicher auch die Tatsache, dass man der Welt vor und während der an sich friedfertigen Olympischen Spiele nicht das Schauspiel sitzstreikender Demonstranten und knüppelnder Polizisten bieten wollte. Durch die Ausrichtung der Spiele rückt ein Land plötzlich massiv in den Fokus der Weltöffentlichkeit, die sehr kritisch beäugt, was dort auch politisch passiert.

Wird sich die Geschichte wiederholen? Wird es vor 2008 auch in Beijing zu politischen Demonstrationen und notgedrungen zu Konzessionen der Machthaber kommen? Wird China dank Olympischer Spiele – wie Südkorea 20 Jahre davor – einen demokratischen Weg einschlagen?

12. Nichts Neues im Osten
Wann wird China demokratisch?

»Ich bin mir sicher, dass China eines Tages die Demokratie für ein modernes Regierungssystem benötigt. Nur, um dahin zu gelangen, braucht China eine starke Regierung. Würde die Demokratie plötzlich kommen, wäre sie zum Scheitern verurteilt.«

Zhang Chaoyang, Chef des Internet-Unternehmens Sohu.com

Es ist Donnerstagnacht zwischen ein und zwei Uhr. Ort: Irgendeine Disko in Shenyang, einer Metropole im Nordosten Chinas, dem Rostgürtel des Landes. Die Sechs-Millionen-Stadt ist eher durch alte sterbende Industrien und hohe Arbeitslosigkeit bekannt als durch vibrierendes Nachtleben. Und trotzdem: Die Clubs und Diskos der Stadt sind brechend voll.

Auf den Tischen stehen Heineken-Bierflaschen. An der Bar trinken junge Chinesen den irischen Schokoladenlikör Baileys. Auf einer Bühne heizt ein DJ die Stimmung an, ein Einpeitscher tanzt mit tätowiertem Oberkörper und Militärhosen, unterstützt von zwei Go-Go-Girls in knappen Jeans-Höschen und mit Bikini-Oberteilen im Muster der US-Flagge. Das Publikum stampft und tanzt begeistert zu den monotonen Techno-Rhythmen.

Bei diesem Anblick und Gedröhne kommt unwillkürlich die Frage auf: Ist das noch ein kommunistisches Land? Oder ist China schon im »dekadenten« kapitalistischen Westen angekommen?

Viele sehen angesichts der fortschreitenden Kommerzialisierung vieler Lebensbereiche die Volksrepublik auf dem Weg zu einem kapitalistischen westlichen Staat. Daraus resultiert eine der spannendsten und zentralen Fragen der nächsten Jahre und Jahrzehnte: Wird China – wenn es immer westlicher wird – irgendwann auch zwangsläufig demokratisch?

Zur Antwort muss das Modell Taiwan herhalten. Der abtrünnige chinesische Inselstaat ist nämlich genau diesen Weg gegangen – von der autoritären Ein-Parteien-Diktatur zu einer funktionierenden Demokratie. Die Modernisierungstheoretiker sagen, dieser Weg sei zwangsläufig. Mit wachsendem Wohlstand entstehe eine Mittelschicht, die irgendwann politisches Mitspracherecht fordern werde. So sei es auf Taiwan gewesen, aber auch in Südkorea.

Einspruch, sagen die Kritiker. Sie verweisen auf zwei andere asiatische Musterländle: Hongkong und Singapur. Beide sind wohlhabende politische Einheiten, aber von demokratischen Idealzuständen weit entfernt. Die Gleichung hohes Pro-Kopf-Einkommen gleich hohe Partizipation gilt dort nicht.

Das Rennen ist also offen. Wird das große China den Weg des kleinen demokratischen Taiwans gehen? Oder nimmt es den Stadtstaat Singapur mit seinem autoritären System als Vorbild?

Noch regiert allerdings die Kommunistische Partei Chinas, eine straff organisierte Kaderpartei, die keine anderen politischen Größen neben sich duldet. Noch ist das politische System Chinas ein autoritär-repressives, das Andersdenkende verfolgt. Noch ist die Presse von Beijing ferngesteuert und gleichgeschaltet.

Daran sollten sich immer wieder all diejenigen erinnern, die sich von den glitzernden Metropolen Beijing und Shanghai blenden lassen.

Der trügerische Schein

Ausländische Besucher, die für ein paar Tage nach China fliegen und die Vorzeigestädte Beijing und Shanghai durchstreifen, kehren zurück und sagen: Das hätte ich nicht gedacht, das ist ja fast wie bei uns. An nahezu jeder Ecke gibt es ein McDonald's-Restaurant, Kentucky Fried Chicken oder ein Starbucks Café – Letzteres sogar in der Verbotenen Stadt Beijings. Deutsche können in eines der Paulaner Brauhäuser gehen und für stolze sieben Euro eine frisch gezapfte Halbe trinken.

Wer geschäftlich in den beiden Metropolen unterwegs ist, wird auf aufgeschlossene Wirtschaftsexperten und freundlich lächelnde Parteifunktionäre treffen, die seine Sprache sprechen und verstehen. Er wird auf seinem Zimmer in einem der vielen Luxus-Hotels BBC, CNN oder Deutsche Welle anschauen und dabei vielleicht einen Johnny-Walker-Whisky trinken.

An den Wochenenden zeigt der staatliche Sportsender CCTV 5 stundenlang Liveübertragungen aus den Fußballstadien Deutschlands, Englands, Italiens und Spaniens. Wen Basketball interessiert, der kann – ebenfalls live, versteht sich – die Spiele der amerikanischen NBA verfolgen. Die westliche Vergnügungswelt kommt kostenfrei ins chinesische Wohnzimmer.

Alles Westliche, vor allem alles Amerikanische ist schick. Es ist für die, die es sich leisten können, »cool«, in einem der vielen Starbucks-Läden einen Espresso oder eine Latte Macchiato zu schlürfen. Viele Chinesen verhalten sich bereits wie Amerikaner oder Europäer – und entwickeln sich entsprechend.

So nimmt die Zahl der übergewichtigen Kinder deutlich zu. Rund 70 Millionen junger Chinesen werden dank McDonald's & Co. als übergewichtig klassifiziert. Jedes Jahr wächst die Schar dicker Kinder um zehn Prozent.

So steigt in den großen Städten – wie im Westen – die Zahl der DINKs (*Double Income No Kids*), also kinderloser Doppelverdiener. Viele Paare warten länger mit dem Kinderkriegen oder wollen erst gar keine. Auch die Zahl der Singles wächst. Aus einer Studie der East China Normal University über Akademikerinnen geht hervor, dass die meisten alleinstehenden Befragten unter 30 Jahre alt und unverheiratet waren. 23 Prozent der Frauen hatten sogar noch nie einen Freund.

So mag der erste Eindruck entstehen, China sei auf dem Weg in den Westen, in dem der Konsum und nicht der Kommunismus regiert. Doch dieser Eindruck täuscht: Beijing und Shanghai stellen das eine, das moderne China dar. Wer abends um 18 Uhr in einen der Nachtzüge von Beijing nach Shanghai steigt, wird das andere China bald kennen lernen.

Schon nach knapp einer Stunde, wenn der Zug die Vorstädte Beijings hinter sich gelassen hat, beginnt das China jenseits der glitzernden Einkaufstempel. Erdfarbene Lehmhütten, die sich zu Dörfern gruppieren, kaum Autos, viele kleine Motorräder, sehr viele Fahrräder. Menschen mit sonnengegerbten Gesichtern rackern auf riesigen Ackerflächen. Graue, schmutzige Städte ohne jegliche Farbtupfer huschen vorbei.

So ist die 14-stündige Reise von Beijing nach Shanghai fast wie eine Zeitreise – von der Moderne ins Mittelalter und zurück. Auf dieser kurzen Bahnfahrt wird einem die Ambivalenz dieses Landes deutlich vor Augen geführt. Hier Hochhäuser, dort Lehmhütten. Einerseits ein offiziell kommunistischer Staat, anderseits ein Land, das fast dem Manchester-Kapitalismus frönt.

Nirgendwo wird dieser Widerspruch zwischen kommunistischer Rhetorik und kapitalistischem Alltag deutlicher als in Xintiandi, jenem neuen schicken Amüsierviertel mitten in Shanghai. Hier sind zahlreiche »In«-Bars, schicke Boutiquen und noble Restaurants. Abends flanieren hier neureiche Chinesen und staunende ausländische Touristen.

Doch dazwischen – fast versteckt zwischen all den edlen Konsumtempeln – steht ein kleines Museum, das an eine revolutionäre Tat erinnert. Hier war die Wiege der Kommunistischen Partei Chinas. Der junge Mao Zedong und elf weitere Weggenossen sollen – so die Parteihistoriker – an dieser Stelle am 23. Juli 1921 die KPCh gegründet haben.

Die Kultstätte der KPCh ist zwar hier in Xintiandi in den Hintergrund gerückt, aber die KPCh ist deswegen noch lange keine Randerscheinung in der Volksrepublik China. Sie herrscht weiterhin über das 1,3-Milliarden-Volk – und das nach wie vor mit harter Hand.

Taiwans demokratischer Dreisprung

Taiwan ist nicht nur wirtschaftlich, sondern auch politisch ein Musterland. Das wissen die wenigsten. Taiwan hat sich von einer autoritären Ein-Parteien-Diktatur zu einer funktionierenden Demokratie entwickelt, und das ohne jegliche Gewalt. Seine demokratische Reifeprüfung legte die Inselrepublik bei den Präsidentschaftswahlen im März 2000 ab; denn damals gelang ein friedlicher Machtwechsel durch Wahlen. Es siegte der Oppositionspolitiker Chen Shuibian von der Demokratischen Fortschrittspartei (DFP) gegen den Amtsinhaber Lee Tenghui von der jahrzehntelang herrschenden Guomindang. Im April 2004 wiederholte Chen Shuibian seinen Sieg. Taiwans Demokratie scheint damit etabliert.

Lange Zeit war Taiwan eine repressive Republik. Es dominierte seit Ende der 40er Jahre eine Art Ermächtigungsgesetz, das der Guomindang-Regierung und dem Sicherheitsapparat freie Hand gab, gegen unliebsame Geister vorzugehen. So wurden Regimekritiker mit Berufsverboten belegt, exmatrikuliert oder gar ins Gefängnis gesteckt. Man sprach vom »weißen Terror« der Guomindang. Die Schutzmacht USA schaute dem anti-demokratischen Treiben stillschweigend zu, schließlich war man ja in den Zeiten des Kalten Krieges – Hauptsache, Taiwan war ein aufrechtes Bollwerk gegen den Kommunismus.

Erst als sich die Lage entspannte und die USA und China sich näher kamen, erhöhten die Amerikaner den Druck auf das diktatorische taiwanesische Regime, doch endlich demokratische Freiheiten zuzulassen. Parallel dazu begann sich in den 70er Jahren auf Taiwan eine Oppositionsbewegung zu formieren – sie nannte sich *Dangwai,* »außerhalb der Partei«.

Aus der Dangwei wurde 1986 eine formelle Partei: die Demokratische Fortschrittspartei. Mit diesem Datum setzte eine Liberalisierung des Regimes ein. Das Vereinigungsverbot wurde aufgehoben, die Pressefreiheit eingeführt, und Anfang der 90er Jahre fanden die ersten freien Parlamentswahlen statt. Heute hat Taiwan ein parlamentarisch-präsidentielles System, das etabliert ist. »Das politische System Taiwans kann heute als nach westlichen Maßstäben demokratisch konsolidiert gelten«, sagt der Berliner Politik-Professor Eberhard Sandschneider.

In Südkorea war es ähnlich. Auch hier herrschte lange Zeit eine Entwicklungsdiktatur. Erst regierte mit harter Hand Syngman Rhee, dann Generalmajor Park Chung Hee, der sich 1961 an die Macht putschte und dort bis zu seiner Ermordung im Oktober 1979 blieb. Doch auch hier kamen mit dem wirtschaftlichen Wohlstand die Forderungen nach politischen Freiheiten, die schließlich im Oktober 1987 mit einer grundlegenden Verfassungsreform erfüllt wurden.

Für Dieter Senghaas, einen der deutschen Altmeister der Politischen Wissenschaften, ist nach den Erfahrungen dieser beiden Länder klar: »Eine sich modernisierende oder gar schon eine moderne Gesellschaft kann nur vorübergehend mit Mitteln der Entwicklungsdiktatur und Autokratie manipuliert werden, wie etwa Taiwan oder Südkorea.«

Einige seiner Kollegen aus dem Lager der Modernisierungstheoretiker gehen sogar so weit und nennen eine bestimme Einkommensgröße von 4000 bis 5000 Dollar, ab der ein autoritäres Land quasi zwangsläufig zu einer Demokratie mutiere.

Das Gegenbeispiel: Hongkongs Bürger verfügen im Schnitt über ein Jahreseinkommen von 25 000 Dollar und sind trotzdem keine Demokratie.

Lehrstück Hongkong

Es herrschte sengende Hitze an diesem 1. Juli 2004 – mindestens 35 Grad im Schatten der Hongkonger Hochhäuser. Trotzdem verließen 530 000 Menschen ihre klimatisierten Wohnungen und gingen auf die Straßen der ehemaligen Kronkolonie. Sie wollten demonstrieren – wie jedes Jahr an diesem Tag, der den Übergang von der britischen zur chinesischen Herrschaft markiert. Am 1. Juli 1997 kam Hongkong heim ins Riesenreich der Volksrepublik.

Von einem Häuflein aufrechter Demokraten mauserte sich die fast schon traditionelle 1.-Juli-Demonstration seit 1997 zu einer machtvollen Willensbekundung der Hongkonger. Diesmal, am 1. Juli 2004, waren es besonders viele. Sie trugen Plakate mit Aufschriften wie *Defend Freedom: Fight for Democracy* und skandierten »Return the Power to the People«.

Die chinesische Führung hatte diesen massenhaften Protest durch ihre starre Haltung provoziert. Wochen zuvor hatte es Beijing abgelehnt, den Hongkonger Regierungschef bei den Wahlen 2007 direkt wählen zu lassen. Stattdessen soll er nach wie vor von einem 400-köpfigen – nicht demokratisch legitimierten – Gremium bestimmt werden. Auch soll bei den Parlamentswahlen 2008 weiterhin nur die Hälfte der 60-köpfigen Versammlung (*Legislative Council*, kurz: LegCo) vom Volk gewählt werden dürfen.

Die Demokraten Hongkongs, die sich in diversen Parteien engagieren, kritisierten diese Entscheidung heftig. Und auch die USA und die ehemalige Kolonialmacht Großbritannien stimmten in den Chor der Kritiker ein. Doch die Vorwürfe des Westens sind an Scheinheiligkeit kaum zu überbieten. Die Briten hätten Jahrzehnte Zeit gehabt, während ihrer Herrschaft stärkere demokratische Strukturen einzuführen. Doch fast nichts geschah.

Erst als es in die finalen Vertrags-Verhandlungen mit Beijing ging, spielte der letzte Hongkonger Gouverneur Chris Patten den starken Mann und forderte von China ein, was die britischen Kolonialherren ihren Untertanen jahrelang vorenthielten: Demokratie.

Genüsslich halten die Chinesen den Briten dies vor und erschüttern damit deren Glaubwürdigkeit.

Die Chinesen haben wenig Interesse, Hongkong mit der Demokratie zu beglücken. Sie fürchten, dass nach einer Einführung der Demokratie in Hongkong diese durch die immer poröser werdende Grenze in die Volksrepublik diffundiert – wehret den plebiszitären Anfängen.

Hongkong ist ein gutes Lehrstück, das zeigt, was die Machthaber in Beijing von der Demokratie halten, nämlich wenig bis gar nichts. Wenn sie schon ein Vorbild haben, dann liegt dieses mehrere Tausend Kilometer südlich und wird auch von Chinesen beherrscht: Singapur.

Die Autokratie von Singapur

Inmitten eines Parks im Herzen der Stadt steht ein weißer kolonialer Prachtbau. Früher war die Istana der Amtssitz des britischen Gouverneurs, heute ist er die Residenz des Premierministers von Singapur. Er hat sein Büro im zweiten Stock. Seit August 2004 sitzt hier Lee Hsien Loong und regiert das 4,2-Millionen-Volk des Stadtstaates.

Eine Etage darüber thront Lee Kuan Yew, der Vater von Lee Hsien Loong. Der weißhaarige Mann ist über 80 und die graue Eminenz des Stadtstaates. *Senior Minister* lautet sein Titel, was immer das heißen mag. In der Verfassung ist solch ein Amt jedenfalls nicht vorgesehen. Entscheidend aber ist: Ohne Lee Kuan Yew (und gegen ihn) läuft gar nichts.

Er ist der Gründer der Republik, die sich 1965 im Streit von der Malaiischen Föderation trennte und am Südzipfel der malaysischen Halbinsel zu einem Wirtschaftswunderland wurde. Heute ist Singapur eines der modernsten Länder der Welt mit einem hohen Anteil von Hightech-Unternehmen, vorbildlichen Dienstleistungsbranchen und einer hochmodernen Infrastruktur.

Möglich wurde dieser phänomenale Aufstieg des kleinen Landes durch mehrere Faktoren: Standortvorteile durch die günstige Lage inmitten Südostasiens und wichtige Schifffahrtswege, konfuzianische Ordnung und Disziplin, hohe Investitionen in Bildung sowie eine effiziente, korruptionsfreie Bürokratie und Regierung. Sie greift lenkend und steuernd in den Wirtschaftsprozess ein, allen voran das Economic Development Board (EDB), das mit erstklassigen Leuten – viele haben an den Elite-Universitäten in den USA und England studiert – besetzt ist.

Heute hat Singapur eines der höchsten Pro-Kopf-Einkommen der Welt, nämlich rund 30 000 Dollar, und ist keine Demokratie, jedenfalls keine nach westlichem Muster. Lee Kuan Yew, der Vater, ist ein Anhänger und Prediger des konfuzianischen Modells, das er – wie übrigens sein malaysischer Nachbar und Ex-Premier Mahathir – als Gegenmodell zur westlichen Demokratie sieht.

So machen die singapurianischen Bürokraten auch keinen Hehl daraus, dass Demokratie mit ihren häufigen Regierungswechseln und endlosen Diskussionen eher schädlich für ein effizientes Gemeinwesen sei. Ein Diplomat des Landes sagt klipp und klar: »Wozu sollen wir denn alle paar Jahre die Regierung wechseln, nur um den Schein von Demokratie zu wahren? Es kommt doch nur darauf an, dass notwendige Entscheidungen schnell fallen. So war es immer in der chinesischen Tradition: Wenn der Herrscher gut regiert, muss man sich mit seinen Eigenarten abfinden.«

Zu diesen Besonderheiten in Singapur zählt, dass seit Gründung des Staates nur eine Partei dominiert: die PAP – People's Action Party. Zwischen 1968 und 1980 gewann sie alle Mandate, bei späteren Wahlen durfte die Opposition ein paar Alibi-Mandate erreichen (derzeit hat sie zwei von 84 Mandaten).

Früher war die PAP eine sozialdemokratische Partei und gehörte sogar – wie die deutsche SPD – der Sozialistischen Internationale an. Doch heute ist das Programm der PAP ziemlich ideologiefrei.

Das Wahlvolk ist zufrieden, wenn es der Partei durch ihre Regierungspolitik gelingt, den Lebensstandard zu erhöhen. Insofern ähnelt die PAP der Kommunistischen Partei Chinas, die ihre Legitimation allein dadurch erreicht, dass sie den Wohlstand des chinesischen Volkes mehrt. Eine weitere Gemeinsamkeit beider Parteien: Die PAP trägt ebenfalls Züge einer kommunistischen Kaderpartei – die Willensbildung erfolgt von oben nach unten.

Überhaupt sind die beiden Systeme Chinas und Singapurs nicht so weit voneinander entfernt. Kein Wunder: Lee Kuan Yew, dessen Großeltern als arme Tagelöhner aus China nach Singapur auswanderten, ist gern gesehener Gast in China und auch Berater der kommunistischen Machthaber, die das Modell Singapur sehr genau studieren und es in Teilen nachzuahmen versuchen.

In Suzhou – einer Stadt nahe Shanghai – ist bereits ein Mini-Singapur entstanden. Dort wurde mit Unterstützung Singapurs ein riesiger moderner Industriepark gebaut, der Arbeit und Wohnung für rund 400 000 Menschen bietet.

China und Singapur – zwei Staaten auf dem Wege zur Konvergenz. Wie in der Volksrepublik sind auch in Singapur die Gewerkschaften im National Trade Union Congress gleichgeschaltet. Unbequeme Kritiker landen auch im Stadtstaat ohne viele Beweise schnell im Gefängnis, denn durch den *Internal Security Act* kann jeder Querulant inhaftiert werden.

Die Meinungsfreiheit ist begrenzt, die Presselandschaft eintönig. Drei Tageszeitungen gibt es: *Straits Times*, *Business Times* und das Boulevard-Blatt *New Paper.* Alle drei Blätter kommen aus einem Verlag, den die Regierung kontrolliert. Claus Richter, der als ZDF-Korrespondent lange Jahre in Singapur lebte und arbeitete, urteilt: »Das Ganze erinnert an die gelenkte Propaganda-Öffentlichkeit der ehemaligen Ostblock-Staaten.«

Nichtssagende Sprachrohre

Der *Far Eastern Economic Review* gilt als eines der besten Magazine im asiatisch-pazifischen Raum. Kompetent und kritisch berichtet es seit Jahrzehnten von Nordkorea bis nach Sri Lanka. Sitz der Redaktion ist Hongkong, Eigentümer die amerikanische DowJones-Gruppe.

Der *Review* hat Korrespondenten in Beijing und Shanghai, die über ihr Gastland genauso kritisch berichten, wie es die Kollegen über jedes andere Land im weiten Verbreitungsgebiet des *Review* tun. War es in den Augen der chinesischen Machthaber allerdings wieder einmal zu kritisch, merkt der Leser es sofort. In den Kiosken der großen, teuren Hotels – und nur dort ist die Zeitschrift zu kaufen – gibt es dann keinen *Review.* »Sorry Sir, no Review this week«, sagen die Verkäuferinnen in dem Kempinskis und Grand Hyatts der Hauptstadt. »Why?« Ein Achselzucken muss als Antwort reichen.

Die Frage müsste man natürlich dem staatlichen Zensor stellen. Doch der sitzt irgendwo in seinem Kämmerlein und beantwortet solche Fragen nicht. Er durchforstet stattdessen die wenigen ausländischen Print-Medien, die ins Land dürfen, daraufhin, ob sie zu kritisch mit der Volksrepublik umgehen. Und er beobachtet die zahlreichen ausländischen Korrespondenten, die mittlerweile im Lande sind.

Nach wie vor müssen sie jede Reise außerhalb Beijings melden. Das tut freilich keiner, und die staatlichen Aufpasser dulden diese verbotene Reisefreiheit. Doch sollte ein Korrespondent einmal Unbotmäßiges berichten, können sie ihm jederzeit illegales Verhalten vorwerfen und ihn notfalls bestrafen, im schlimmsten Falle mit der Ausweisung. So hängt über jedem Auslandskorrespondenten das Damokles-Schwert des Rauswurfs. (Fairerweise muss man sagen, dass die Chinesen in den vergangenen Jahren hiervon keinen Gebrauch gemacht haben.)

Ausländische Blätter bekommt man nur sehr selektiv, und wenn, wie gesagt, nur in den absoluten Spitzenhotels der großen Städte

Beijing und Shanghai. Selbst in den First-Class-Hotels und Flughäfen der Millionenstädte wie Ningbo, Qingdao oder Shenyang sucht man vergeblich nach ausländischer Lektüre. *International Herald Tribune*? *Asian Wall Street Journal*? *South China Morning Post*? Nie gehört, nie gesehen. Selbst im neuen Flughafen Shanghais *Pudong International (!) Airport* bekommt man äußerst selten ein ausländisches Medium.

Stattdessen liegen in den Abflughallen massenhaft kostenlose Exemplare der *Shanghai Daily* herum. In dem billigen Acht-Seiten-Blättchen wird kurz und knapp und zensiert berichtet, was in China und der Welt passiert ist. Kaum mehr Informationsgehalt bietet *China Daily*, die national vertriebene Tageszeitung. Die Zeitungen sind eintönig und langweilig. Meist beziehen sie den Großteil ihrer Meldungen von der allmächtigen staatlichen Nachrichtenagentur *Xinhua*.

Die Medienlandschaft in China bietet ein trauriges Bild. Unpolitische Zeitungen und Zeitschriften gibt es en masse. Bunte Auto-, Frauen- und Fußballblätter hängen dutzendweise an den Kiosken. Das Geschäft der *Yellow Press* boomt. Aber informative und objektive Blätter mit politischem, wirtschaftlichem und gesellschaftlichem Inhalt sucht man vergeblich.

Zwar hat sich die Berichterstattung in den vergangenen zehn bis 15 Jahren gebessert. Unfälle, die in dem Riesenreich fast jeden Tag irgendwo passieren, werden nicht mehr totgeschwiegen. Es darf sogar die Frage nach den Schuldigen gestellt werden. Über Probleme – seien es soziale oder ökologische – darf berichtet werden. Es gibt sogar so etwas wie ein investigatives Magazin namens *Caijing*. Seine Reporter dürfen zum Beispiel Skandale in Banken und staatlichen Unternehmen aufdecken und die Verantwortlichen an den Pranger stellen. Doch hier – wie in allen anderen Medien – gilt: Der Zensor liest mit.

Sollte ein Reporter dies missachten, wird gnadenlos durchgegriffen wie etwa im Fall der *Southern Metropolitan Daily* in Guangzhou. Einige Schreiber dieser Zeitung wurden wegen angeblicher Korruption zu mehrjährigen Gefängnisstrafen verurteilt. In Wirklichkeit hatten sie über einen Folterskandal in einer Polizeistation berichtet.

Ist im Zeitalter des Internet eine solche Zensur noch durchzuhalten? Bricht der Überwachungsstaat nicht unter den Informationsfluten des Internets irgendwann zusammen? Immerhin gibt es in China über 90 Millionen Internet-User. Das ist die größte Netzgemeinde nach den USA. Kann man diese vielen Menschen kontrollieren?

Man kann. Auch hier wird manipuliert und zensiert. Der gesamte Netzverkehr läuft über Server der Regierung. Mindestens 30 000 Internet-Polizisten überwachen nach Schätzung der *International Herald Tribune* die Datenströme. Häufig ist der Zugang zu kritischen Homepages versperrt. So ist CNN ein beliebtes Zensuropfer. Auch die Suchmaschinen Google und Yahoo werden gelegentlich aus irgendwelchen Gründen verbannt. »Man kann nie sicher sein, ob hier die chinesische Regierung als Zensor eingreift, oder ob es tatsächlich momentan technische Schwierigkeiten sind«, sagt Carsten Giese vom Ostasiatischen Institut der Universität Hamburg.

Gerne gehen die Behörden auch gegen Internet-Cafés vor. Als eines in Beijing im Jahre 2002 abgebrannt war, war das für die Bürokraten eine willkommene Gelegenheit, landesweit Tausende von Internet-Cafés zu schließen – aus Sicherheitsgründen, versteht sich. Wer öffentlich surft, wird überwacht. Welche Seiten er aufgerufen hat, wird protokolliert und gegebenenfalls gegen ihn verwendet.

So fallen die Medien bis auf weiteres als ein möglicher Katalysator für politische Veränderungen aus. Der Trierer Politikwissenschaftler Sebastian Heilmann kommentiert: »Der Beitrag der Medien und des Internets zur Entstehung einer pluralistischen Meinungsbildung und öffentlichen Kontrolle ist gegenwärtig skeptisch zu beurteilen.«

Ein-Parteien-Herrschaft

Sie ist die größte Partei der Welt – die Kommunistische Partei Chinas. Rund 70 Millionen Mitglieder umfasst die Kartei der Partei, und für viele Chinesen ist eine Mitgliedschaft in der KPCh immer noch attraktiv. Denn man hat nach wie vor Vorteile, wenn man der Partei beitritt. Es fördert die berufliche Karriere, man bekommt schneller eine Wohnung und kommt leichter an eine begehrte Auslandsreise.

Es sind längst nicht mehr nur Arbeiter und Bauern, die der einstigen Partei der Unterprivilegierten beitreten, es sind vielmehr Angehörige der neuen Mittelschicht, die sich von ihrer Mitgliedschaft Vorteile erhoffen. So sind von den neuen Parteigenossen der vergangenen 15 Jahre die meisten jünger als 35 Jahre, viele haben einen Oberschulabschluss. »Die neue städtische Mittelschicht als Gewinner der Wirtschaftsreformen ist zur wichtigsten sozialen Basis für die Herrschaft der KPCh geworden«, sagt Sebastian Heilmann.

Auch wenn ihre Macht nicht mehr so umfassend ist wie vielleicht noch vor 20 Jahren, ist zu betonen: Noch hat die KPCh in der Volksrepublik das Machtmonopol inne – und dieses will sie auch mit allen Mitteln behalten. Wie eine Krake hat sie sich in allen gesellschaftlichen Bereichen festgesetzt. Ihre Funktionäre sitzen an allen wichtigen Schalthebeln der chinesischen Politik: Ob in Verwaltung, Justiz, Gewerkschaften, Staatsunternehmen, Verbänden oder Sicherheitsorganen – die Partei mischt und lenkt überall mit. Besonders starke Kontrolle übt sie über die Polizei und Armee aus.

Die Partei ist straff organisiert – eine typische Kaderpartei. Entschieden wird ganz oben von einer sehr kleinen Gruppe. Der Ständige Ausschuss des Politbüros ist *das* Entscheidungszentrum der KPCh, dem momentan sieben Mitglieder angehören. Ihr Chef ist derzeit Hu Jintao, der Präsident des Landes und Generalsekretär der KPCh. Qua Ämterhäufung ist Hu ein starker Mann, aber er ist nicht die entscheidende Figur in der Partei.

Im Gegensatz zu früher, als Mao und Deng herrschten, wird die heutige KPCh nicht mehr von einer Person dominiert, und sie ist deshalb auch nicht mehr von einer Person abhängig. Heute pflegt die Führungsspitze der Partei einen kollektiveren und konsultativeren Führungsstil. Man trifft sich regelmäßig zum Meinungsaustausch in Zhongnanhai, dem abgeschotteten Regierungsviertel unmittelbar neben der Verbotenen Stadt.

Mögen die straffen Organisationsstrukturen noch an eine leninistische Kaderpartei erinnern, so hat sich die KPCh inhaltlich von den Idealen Lenins, aber auch von denen Karl Marx' und Friedrich Engels' längst verabschiedet. Die Diktatur des Proletariats – jenes nebulöse Endziel des Kommunismus – ist weiter entfernt denn je und wird ernsthaft auch nicht mehr angestrebt.

Stattdessen herrscht die Diktatur des Konsums. Die KPCh bezieht ihre Legitimation nur noch dadurch, dass es ihr gelingt, den Wohlstand der Chinesen zu mehren und möglichst viele Chinesen in Arbeit zu bringen. Allein diesen beiden Zielen gehorcht die pragmatische, un-ideologische Politik der Partei.

Kommunistisch sind bei der KPCh nur noch der Name und der Schein. Der amerikanische China-Kenner Laurence Brahm, der seit über 30 Jahren in China lebt, ortet deshalb die KPCh im Parteienspektrum neu ein: »Heutzutage sind die Werte und Perspektiven der Kommunistischen Partei näher an jenen der Sozialdemokraten Europas.«

Doch manchmal ist die KPCh nicht einmal sozial. Jahrelang sah sie tatenlos zu, wie die soziale Kluft zwischen Arm und Reich immer größer wurde und wie die Bauern immer ärmer wurden. Erst jetzt, in der vierten Führungsgeneration, kümmert sie sich um das Problem des regionalen wie sozialen Gefälles. Sie hat erkannt, dass ein großes Konfliktpotenzial entstehen könnte, das in Unruhen kulminieren könnte. Deshalb nimmt sie sich wieder etwas ihrer alten Klientel – der Bauern – an.

Der Vorteil der KPCh ist, dass es derzeit keine Alternative zu ihrer Herrschaft gibt. Keine Organisation, Vereinigung, Bewegung oder andere gesellschaftliche Kräfte attackiert die Diktatur der KPCh und stellt ihr Machtmonopol in Frage.

Trotzdem kommt immer wieder die Frage auf: Wie lange wird die KPCh ihr Machtmonopol noch halten können? Werden die Regierenden wie jene einst in Südkorea und Taiwan irgendwann von der aufstrebenden Mittelschicht hinweggefegt?

Wo bleibt die Opposition?

Die Mittelschicht in China wächst und wächst. Basierend auf – allerdings aus dem Jahr 2000 stammenden – Zahlen der Chinesischen Akademie der Sozialwissenschaften schätzt der Politologe Sebastian Heilmann, dass inzwischen sieben Millionen Chinesen der Oberschicht, 123 Millionen der oberen und 250 Millionen der mittleren Mittelschicht angehören.

Das wäre ein großes Protestpotenzial, wenn diese Masse politisch zu bewegen wäre – was sie aber derzeit – noch – nicht ist. Denn die Prioritätenskala der Chinesen sieht im Moment anders aus. Der Konsum steht ganz oben: Erst ein Auto, dann eine größere Wohnung oder umgekehrt, dann die Ausbildung des einzigen Kindes, denn es soll es ja schließlich besser haben als die Eltern. Diese Wunschliste erinnert stark an die deutsche Nachkriegszeit der 50er und 60er Jahre, als die Menschen auch einen großen Nachholbedarf an Konsumgütern aller Art hatten. Nicht anders ist es im heutigen China. Die *New York Times* kommentiert trefflich: »Die Massen sind zu stark damit beschäftigt, Geld zu verdienen, um sich mobilisieren zu lassen.«

Ob China also den Weg Taiwans oder Südkoreas geht, wo eine starke Mittelschicht mit ihren partizipatorischen Forderungen letztlich das Ende der autoritären Regime zugunsten demokratischer Systeme einläutete, ist sehr fraglich. Man hat dies vor allem nach 1989, nach dem niedergeschlagenen Aufstand auf dem Platz des Himmlischen Friedens, heftig diskutiert. Doch die Antwort bleibt nach wie vor offen.

Nicht nur das politische Desinteresse der Mittelschicht, deren

Priorität das Geldverdienen und -ausgeben ist, verhindert einen emanzipatorischen »Aufstand«. Hinzu kommt, dass die vielen Angehörigen der Mittelschicht noch stark im herrschenden System verankert sind. Sie arbeiten in staatlichen oder staatsnahen Organisationen und Betrieben und damit in einer gewissen Abhängigkeit vom Staat, mit dem sie sich nicht anlegen wollen.

Auch die Privatunternehmer, die aufgrund ihrer Diskriminierung eigentlich Widerpart der Staatsgewalt sein müssten, fallen als Protestpotenzial noch aus. Sie »besitzen keine gemeinsame Gruppenidentität«, sagt Heilmann. Sie bevorzugen stattdessen die individuelle Kontaktpflege zu Partei- und Regierungskadern. So beteiligte sich an den politischen Protesten der vergangenen 15 Jahre kaum jemand aus den einkommensstarken Mittelschichten.

Die Träger der Protestbewegung waren andere. Sie kamen in der Regel aus dem intellektuellen und künstlerischen Milieu. Viele leben im Exil, meist in den USA. Eine Demokratiebewegung hat sich erst nach 1989 entwickelt. Einer Meinung sind die Oppositionellen freilich nicht. Sie sind – grob gesagt – in zwei Lager gespalten, in ein gemäßigtes und ein radikales.

Die Gemäßigten wollen eine friedliche und graduelle Demokratisierung des Landes. Sie propagieren ein *phasing out,* ein »Ausschleichen« der KPCh, an deren Stelle sukzessive andere politische Gruppierungen und Parteien treten sollten. Die Radikalen dagegen arbeiten auf einen sofortigen Systemwechsel hin – notfalls auch mit Gewalt. Vor allem in der Exil-Opposition sind diese beiden extremen Positionen heftig umstritten. Der prominenteste Exil-Oppositionelle Wei Jingsheng versucht zu schlichten. Er plädiert für eine Doppelstrategie aus offener Opposition und Untergrundbewegung.

Unter den Oppositionellen, die im Lande leben, hat sich dagegen die gemäßigte Linie durchgesetzt. Es kam sogar kurzzeitig Ende der 90er Jahre zu der Gründung zweier Oppositionsparteien, der *Zhongguo minzhu dang* (*Chinesische Demokratische Partei/CDP*) und der *Zhongguo Fazhan Lianhehui* (*China Development Union/*

CDU). Doch beide Gruppierungen wurden nach anfänglicher Duldung des Regimes verboten.

Die Regierung verfolgt eine harte Linie. Jede Opposition soll im Keime erstickt werden. Zur Unterdrückung setzt sie das übliche Instrumentarium ein: Gefängnisstrafen, Umerziehung im Arbeitslager, permanente Bespitzelungen sowie kleine und große Schikanen. Durch diese alltäglichen Repressionen kann Chinas Regierung die Zahl der Systemkritiker klein halten.

Ding Ding, Politologe an der Freien Universität Berlin, geht davon aus, »dass die oppositionellen Aktivitäten weitgehend auf einen kleinen Personenkreis beschränkt sind«. 1993 hätte es im ganzen Land nur knapp 50 risikobereite Oppositionelle gegeben. Heute gebe es immerhin in fast jeder Großstadt ein paar Dutzend aktive Regimegegner.

Doch ihr Einfluss ist äußerst gering. Sie haben im gegenwärtigen China noch keinen starken gesellschaftlichen Rückhalt. Mangels Opposition wird es also vorerst zu keiner Änderung des Systems und zu einer Demokratisierung kommen. Heißt die Devise also »Weiter so«?

Weder Chaos noch Demokratie

Gordon Chang ist Anwalt. 20 Jahre lebte er in China, zuletzt arbeitete er für die US-Anwaltskanzlei Paul Weiss. Nebenher schrieb er für amerikanische Blätter über China. Ende der 90er Jahre drängte es ihn zu einem Buch, und er schrieb *The Coming Collapse of China*, ein apokalyptisches Szenario über den zu erwartenden Zusammenbruch des chinesischen Systems. Das Buch erschien 2001. Bislang ist das System nicht zusammengebrochen.

Bruce Gilley ist Journalist. Er lebte mehr als zehn Jahre in Hongkong und China, wo er für den *Far Eastern Economic Review* arbeitete. Als Nebenprodukt seines journalistischen Wirkens schrieb er mehrere Bücher, zuletzt im Jahre 2004 *China's Democratic Future*.

Darin beschreibt er das Ende der Herrschaft der KPCh und den Beginn des demokratischen Zeitalters in China. Aber noch regiert die KPCh mit harter Hand.

Was nun? Hat Chang Recht, und es kommt die Apokalypse? Oder hat Gilley Recht, und China steht vor einer glorreichen Zukunft?

Die Bandbreite möglicher Szenarien, wohin das politische System der Volksrepublik China in den nächsten Jahren und Jahrzehnten driften könnte, ist groß. Im Meinungsspektrum ist alles vertreten – vom Katastrophentheoretiker bis zum grenzenlosen Euphoriker. Je nachdem wird China als finstere Macht oder Heil bringender Riese betrachtet.

Wissenschaftler denken da anders als Anwälte, Berater oder Publizisten. Sie sind vorsichtiger. Sie legen sich nicht auf eine bestimmte Richtung fest. Vielmehr entwickeln sie verschiedene Szenarien und rechnen jedem Szenario eine Wahrscheinlichkeit des Eintretens zu. Sie unterscheiden dabei in der Regel zwischen *worst* und *best case*. Und irgendwo zwischen den beiden Extremen befindet sich der wahrscheinlichste Fall der Entwicklung.

Zunächst zu den schlimmsten, den *worst case*-Szenarien, die ein im Chaos versinkendes China prognostizieren. »Kollaps-Szenario« nennt Sebastian Heilmann seine apokalyptische Variante einer möglichen Entwicklung Chinas. Danach zerfällt die KPCh in mehrere Flügel und Gruppierungen, die sich offen befehden. Zudem führen die zunehmenden sozialen und regionalen Gegensätze zu Protestbewegungen und ethnischen Konflikten.

Es kommt, dieser Prognose zufolge, angesichts einer schwachen Zentralgewalt zu einer Verselbständigung politischer und militärischer Cliquen in den Provinzen. Angesichts der Unsicherheiten ziehen sich ausländische Investoren zurück. Die Regierung versucht durch Militäraktionen, zum Beispiel gegen Taiwan, von den innenpolitischen Missständen abzulenken. Ähnlich wie in den ersten zehn Jahren des postkommunistischen Russlands zerfällt der Staat.

Dieses Untergangs-Szenario beschreibt auch Gordon Chang. Er mischt alles Negative in seine Analyse und rührt es zu einem düsteren Bild zusammen. Zunehmende Finanzprobleme, die Negativ-Folgen des WTO-Beitritts, eine unfähige Regierung, allenthalben soziale Proteste – all das führt zum Untergang des herrschenden Regimes, orakelt Chang. Seine Schlussfolgerung und Alternative: »Das einzige, was China retten kann, ist eine politische Reform.«

Genau diese beschreiben die *best-case*-Szenarien. So hätten es gerne der Westen und Chinas Nachbarn: Die Volksrepublik China wird demokratisch, und zwar auf relativ friedlichem Wege, ohne Aufstand, ohne Blutvergießen. Nicht eine Bewegung von unten, von der Straße, fordert den Wechsel zur Demokratie, sondern er wird von den Herrschenden eingeleitet. Er kommt quasi aus dem Innern des Systems.

Heilmann nennt dies ein »Szenario der Modernisierung von oben«. Danach beginnt eine Allianz technokratisch orientierter Parteiführer eine schrittweise politische Transformation. Die KPCh distanziert sich vom Marxismus-Leninismus, ändert ihren Namen und verwandelt sich in eine Volkspartei, die durch eine Vielzahl innerparteilicher Gruppierungen zunehmend pluralisiert wird. Aus der KPCh und den neuen gesellschaftlichen Organisationen entwickeln sich Parteien. Am Ende steht ein demokratischer, föderaler Verfassungsstaat.

Einen ähnlich zwangsläufigen Prozess sieht Bruce Gilley. »Die Voraussetzungen für eine Demokratie in China sind besser denn je«, sagt er. Den gescheiterten Tiananmen-Aufstand von 1989 sieht er als Vorspiel zu einem demokratischen Durchbruch – wie Budapest 1956, Prag 1968 oder Warschau 1981. Für ihn kommt die regierende KPCh zunehmend in Schwierigkeiten, die Probleme des Landes zu lösen.

Die Forderungen nach Demokratie kommen dieser Einschätzung zufolge weder aus der entstehenden Mittelschicht noch von Oppositionellen, sondern aus der KPCh heraus. Hier hat Gilley einen starken reformistischen Flügel entdeckt, der zusammen mit den Eliten aus Wirtschaft und Wissenschaft den politischen Wandel herbeiführen werde. Darauf festlegen, wann dieser Wandel stattfinden könnte, will sich Gilley freilich nicht: »Es kann morgen sein oder es kann noch mehr als ein Jahrzehnt dauern.« Er ist sich nur sicher: Die Reform kommt, entweder in aller Öffentlichkeit durch einen großen Parteitag oder durch die Hintertür in Form einer völligen Neubewertung des Tiananmen-Massakers.

Das klingt zu schön, um wahr zu werden. Andererseits ist der *worst case* zu pessimistisch. Ein Weg dazwischen scheint realistischer.

Der Pragmatismus regiert weiter

Es ist der Weg, den China in den vergangenen rund 25 Jahren seit Beginn der Reformpolitik eingeschlagen hat – der Weg des *Trial-and-Error*, des Versuchs und Irrtums. Zwei oder mehr Schritte nach vorn, aber auch mal wieder einen zurück. So tastet sich China derzeit nach vorne.

Dabei ist das China von heute frei von jeglicher Ideologie. Kein Kommunismus, kein Sozialismus, kein Kapitalismus – es regiert der Pragmatismus. Das ist die Regierungsform, die China in den vergangenen Jahrhunderten geprägt hat – erst ausgeführt und vertreten durch die Kaiser, nun durch die Kader der Partei.

Die herrschende Partei, die nur aus historischen Gründen noch Kommunistische Partei Chinas heißt, wird weiter regieren. Aber ihre Parteiführer werden klug und pragmatisch genug sein, um zu wissen, wann sie Zugeständnisse machen müssen – so wie sie schon in den vergangenen Jahren das System für Außenstehende nahezu unmerklich reformierten. Kai Strittmatter, als China-Korrespondent der *Süddeutschen Zeitung* seit Jahren scharfzüngiger Beobachter der Szene, urteilt: »Der Ein-Parteien-Staat ist kein totalitärer mehr, er gewährt private Freiheiten, schlägt aber sofort zu, wenn er sich politisch bedroht fühlt.«

So wird die KPCh sukzessive demokratische Elemente innerhalb der Partei einführen. Das heißt nicht: Das System wird demokratisch, sondern »nur« die Partei, und das auch nur in kleinen Schritten. Versuchsweise gibt es schon die eine oder andere Wahl von Gremien in der Partei, vor allem auf lokaler Ebene. Demokratische Stimmen, die vor allem aus der Parteischule kommen, werden lauter. Sie erreichen auch die Spitze, die – wie KP-Chef Hu Jintao – höhere Transparenz und Verantwortlichkeit innerhalb der Partei einfordert.

Die Partei reformiert sich, das System kaum. Nicht die Taiwan-, sondern die Singapur-Variante wird vorerst in China siegen – ein neo-autoritäres Staatsmodell also, das dem Land einen gewaltigen Modernisierungskurs verordnet und sich das Wohlwollen des Volkes durch Mehrung seines Wohlstandes sichert.

Darf man als Demokrat diese Frage überhaupt stellen: Ist diese Regierungsform in der derzeitigen Phase der Volksrepublik, wo viele Probleme einer schnellen Lösung harren, nicht die adäquate? Eine autoritäre Regierung kann direkt und sofort Lösungen von oben verordnen. Sie kann eine mittelfristige, planende Politik betreiben, weil sie nicht durch permanente Wahlen zu kurzatmiger, häufig populistischer Politik gezwungen wird.

Hat China also – ketzerisch gefragt – auch bei der Regierungsform einen Standortvorteil? Während im Westen Entscheidungen langwierig ausdiskutiert und am Ende – wie in der Bundesrepublik – im Konsensgetümmel verwässert werden, handelt China, wo sich nur ein paar Damen und Herren im Politbüro einig sein müssen, viel schneller.

Ausgerechnet liberale Marktwirtschaftler zollen der autoritären chinesischen Regierung höchsten Respekt. So lobt MIT-Professor Lester Thurow in seinem Buch *Die Zukunft der Weltwirtschaft:* »China hat eine effektive Regierung, die Strategien entwerfen und Entscheidungen treffen und durchsetzen kann.«

Eine Meinung, die von höchst renommierten Professoren-Kollegen geteilt wird. Im September 2004 trafen sich auf der Insel

Mainau im Bodensee fast alle lebenden Wirtschafts-Nobelpreisträger. Das *Wall Street Journal* fragte die Laureaten: Welches Land macht derzeit die beste Wirtschaftspolitik? Die meisten nannten – neben den USA – China.

Die Zeitung wollte von den Experten auch wissen, welche Wirtschaft in 75 Jahren die größte der Welt sein werde. Die Antworten der durchweg amerikanischen Wirtschaftskoryphäen ließen keine Fragen offen. William F. Sharpe: »Zu 50 Prozent China, zu 30 Prozent die EU und zu 20 Prozent die USA.« Lawrence R. Klein: »Am wahrscheinlichsten China.« Kenneth J. Arrow: »China wird die größte Wirtschaft in der Welt sein.« Ronald H. Coase: »Ich habe wenig Zweifel, dass in 75 Jahren China eine größere Wirtschaft haben wird als die USA und die EU.« Und zu guter Letzt antwortete Kommunisten-Hasser Milton Friedman kurz und bündig: »China.«

So viele Nobelpreisträger können nicht irren. Das Chinesische Zeitalter hat begonnen.

Literaturverzeichnis

Bernstein, Richard und Munro, Ross H.: *The Coming Conflict with China*, New York 1997.

Betge, Dirk: »Umweltkrise und Umweltpolitik«, in: Herrmann-Pillath, Carsten und Lackner, Michael (Hrsg.), *Länderbericht China*, Bonn 1998.

Brahm, Laurence J.: *Chinas Jahrhundert*, Weinheim 2001.

Brown, Lester R.: *Wer ernährt China?*, Holm 1997.

Burstein, Daniel und de Keijzer, Arne: *Big Dragon*, New York 1998.

Chan, Anthony B.: *Li Ka-shing*, New York 1996.

Chang, Gordon: *The Coming Collapse of China*, London 2001.

Chang, Iris: *The Chinese in America*, New York 2003.

Deloitte Research: *The World's Factory: China Enters the 21st Century*, o.O. 2003

Ding, Ding: »Regimeopposition als Träger der chinesischen Demokratiebewegung«, in: Schubert, Gunter (Hrsg.): *China: Konturen einer Übergangsgesellschaft auf dem Weg in das 21. Jahrhundert*, Hamburg 2001.

Draguhn, Werner (Hrsg.): *Chinas und Japans Bedeutung für Ostasien und die Weltwirtschaft*, Hamburg 2003.

Economy, Elizabeth C.: *The River Runs Black*, Ithaca & London 2004.

Ess, Hans van: *Der Konfuzianismus*, München 2003.

Evans, Richard: *Deng Xiaoping and the Making of Modern China*, London 1993.

Fairbank, John K.: *Geschichte des modernen China 1800–1985*, München 1989.

Fukuyama, Francis: *Konfuzius und Marktwirtschaft*, München 1995.

Gernet, Jacques: *Die chinesische Welt*, Frankfurt 1988.

Gilley, Bruce: *China's Democratic Future – How it will happen and where it will lead*, New York 2004.

Gilmore, Fiona und Dumont, Serge: *Brand Warriors China*, London 2003.

Goldman Sachs: *Dreaming With BRICs: The Path To 2050*, New York 2003.

Gottwald, Jörn-Carsten und Kirchberger, Sarah: *Pragmatischer Realismus – Chinesische Außenpolitik zwischen Hegemonialstreben und wirtschaftlichen Zwängen*, Center for East Asian and Pacific Studies Trier University, Oktober 2001.

Heck, Peter: »Nachhaltige Entwicklung oder nachhaltige Katastrophe? Chinas Umweltkrise und der Primat der Ökonomie«, in: Schubert, Gunter (Hrsg.), *China: Konturen einer Übergangsgesellschaft auf dem Weg in das 21. Jahrhundert*, Hamburg 2001.

Heilmann, Sebastian: *Das politische System der Volksrepublik China*, Wiesbaden 2002.

Herrmann-Pillath, Carsten und Lackner, Michael (Hrsg.): *Länderbericht China*, Bonn 1998.

Hilpert, Hanns Günther und Wacker, Gudrun: *China und Japan: Kooperation und Rivalität*, Stiftung Wissenschaft und Politik-Studie, Berlin 2004.

Huntington, Samuel: *Kampf der Kulturen*, München 1996.

Keller, Eugen von und Zhou, Wie: *From Middle Kingdom to Global Market*, Roland Berger Strategy Consultants, München 2003.

Kemenade, Willem van: *China, Hong Kong, Taiwan Inc.*, New York 1997.

Kempf, Gustav: *Chinas Außenpolitik*, München 2002.

Kennedy, Paul: *Aufstieg und Fall der großen Mächte*, Frankfurt/M. 1989.

Levathes, Louise: *When China Ruled The Seas*, New York 1994.

Mauer, Victor: »Die geostrategischen Konsequenzen nach dem 11. September«, in: *Aus Politik und Zeitgeschichte*, 3–4/2004.

Mearsheimer, John: »The Future of the American Pacifier«, in: *Foreign Affairs*, September/Oktober 2001.

Medeiros, Evan und Fravel, Taylor: »China's New Diplomacy«, in: *Foreign Affairs*, November/Dezember 2003.

Münkler, Marina: *Marco Polo*, München 1998.

Nathan, Andrew und Gilley, Bruce: *China's New Rulers*, London 2002.

Nolan, Peter: *China at the Crossroads*, Cambridge 2004.

Overholt, William H.: *China: The Next Economic Superpower*, London 1993.

o. V., *Das Wissen der alten Chinesen*, Düsseldorf 2001.

Pan, Lynn: *Sons Of the Yellow Emperor*, London 1990.

Pomeranz, Kenneth: *The Great Divergence*, Princeton 2000.

Raszelenberg, Patrick und Scheerer, Hans: *China, Vietnam und die Gebietsansprüche im Südchinesischen Meer*, Hamburg 2002.

Redding, Gordon: *The Spirit of Chinese Capitalism*, Berlin 1991.

Richter, Claus: »Modell Singapur? Über Propaganda und Realität eines

asiatischen Musterstaates«, in: Sabine Stahl, Ulrich Mihr (Hrsg.): *Die Krallen der Tiger und Drachen*, München 1995.
Rozelle, Scott, Qiao Fangbin und Huang Jikun: »Plant Biotechnology in the Developing World: The Case of China«, in: *Science* 295.
Saich, Tony: *Governance and Politics of China*, New York 2001.
Sandschneider, Eberhard: »Demokratisierung in China? Perspektiven des politischen Wandels«, in: Schubert, Gunter (Hrsg.), *China: Konturen einer Übergangsgesellschaft auf dem Weg in das 21. Jahrhundert*, Hamburg 2001.
Schmidt-Glintzer, Helwig: *Das Alte China*, München 1995.
Schmidt-Glintzer, Helwig: *Das Neue China*, München 1999.
Schubert, Gunter (Hrsg.): *China: Konturen einer Übergangsgesellschaft auf dem Weg in das 21. Jahrhundert*, Hamburg 2001.
Seagrave, Sterling: *Lords of the Rim*, London 1995.
Seitz, Konrad: *China – Eine Weltmacht kehrt zurück*, Berlin 2000.
Shambaugh, David: *Modernizing China's Military*, Berkeley und Los Angeles 2002.
Shaocheng, Tang: »Das Dreiecksverhältnis zwischen den USA, der VR China und Taiwan«, in: *Aus Politik und Zeitgeschichte*, 35–36/2003.
Spence, Jonathan: *Chinas Weg in die Moderne*, München/Wien 1995.
Spence, Jonathan: *Mao*, München 2003.
Staiger, Brunhild, Friedrich, Stefan und Schütte, Hans-Wilm: *Das große China-Lexikon*, Darmstadt 2003.
Studwell, Joe: *The China Dream*, London 2002.
Terrill, Ross: *The New Chinese Empire*, New York 2003.
Thurow, Lester: *Die Zukunft der Weltwirtschaft*, Frankfurt 2003.
Umbach, Frank: »Geostrategische und geoökonomische Aspekte der chinesischen Sicherheits- und Rüstungspolitik zu Beginn des 21. Jahrhunderts – Die Verknüpfung traditioneller Sicherheitspolitik mit Ressourcenfragen im geopolitischen Denken Chinas«, in: Schubert, Gunter (Hrsg.), *China: Konturen einer Übergangsgesellschaft auf dem Weg in das 21. Jahrhundert*, Hamburg 2001.
U.S. Embassy Beijing: *Human Embryonic Stem Cell Research in China*, September 2002.
U.S.-China Economic and Security Review Commission: *Hearing on China's Energy Needs and Strategies*, 30. Oktober 2003.
U.S.-China Economic and Security Review Commission: *Hearing on China's Growth as a Regional Power: Impacts and Implications*, 4. Dezember 2003.

U.S.-China Economic amd Security Review Commission: *Hearing on China as an Emerging Regional and Technology Power: Implications for U.S. Economic and Security Interests*, 12.-13. Februar 2004.
U.S.-China Economic and Security Review Commission: *2004 Report to Congress*, Juni 2004.
Wacker, Gudrun: *Führungswechsel in China*, Stiftung Wissenschaft und Politik-Studie, Berlin 2003.
Weggel, Oskar: *Das Auslandschinesentum*, Hamburg 1999.
Weggel, Oskar: *Wie mächtig wird Asien?*, München 1999.
Weggel, Oskar: *Die Asiaten*, München 1989.
Weidenbaum, Murray und Hughes, Samuel: *The Bamboo Network*, New York 1996.
Wo-Lap Lam, Willy: *The Era of Jiang Zemin*, Singapur 1999.
Woetzel, Jonathan R.: *Capitalist China*, Singapur 2003.
Zeng Ming und Williamson, Peter J.: »Die verborgenen Drachen«, in: *Harvard Business Manager*, Januar 2004.

Außerdem wurden folgende Periodika ausgewertet:
Asian Wall Street Journal
Beijing Rundschau/Beijing Review
Business Week
China aktuell
China Daily
Der Spiegel
Die Zeit
Financial Times
Financial Times Deutschland
Foreign Affairs
Fortune
Frankfurter Allgemeine Zeitung
Far Eastern Economic Review
Handelsblatt
International Herald Tribune
Japan Times
The New York Times
Nikkei Weekly
People's Daily
Süddeutsche Zeitung
Wall Street Journal Europe